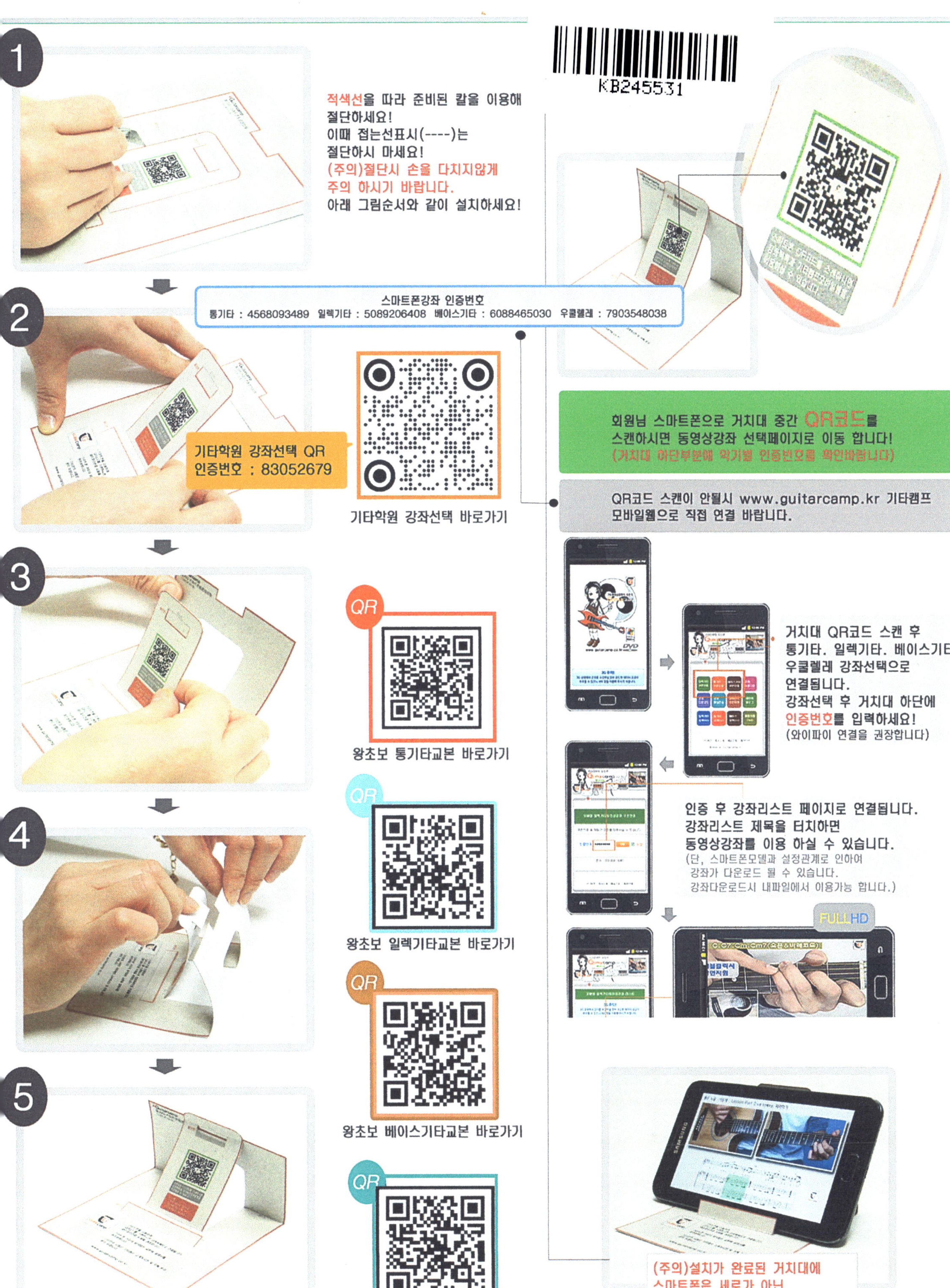
기타학원 . 통합교본 스마트폰 거치대 설치안내! & 스마트폰 동영상강좌 안내!
1
적색선을 따라 준비된 칼을 이용해 절단하세요!
이때 접는선표시(----)는 절단하시 마세요!
(주의)절단시 손을 다치지않게 주의 하시기 바랍니다.
아래 그림순서와 같이 설치하세요!
KB245531
2
스마트폰강좌 인증번호
통기타 : 4568093489 일렉기타 : 5089206408 베이스기타 : 6088465030 우쿨렐레 : 7903548038
기타학원 강좌선택 QR
인증번호 : 83052679
기타학원 강좌선택 바로가기
회원님 스마트폰으로 거치대 중간 QR코드를 스캔하시면 동영상강좌 선택페이지로 이동 합니다!
(거치대 하단부분에 왁기별 인증번호를 확인바랍니다)
QR코드 스캔이 안될시 www.guitarcamp.kr 기타캠프 모바일웹으로 직접 연결 바랍니다.
3
QR
왕초보 통기타교본 바로가기
거치대 QR코드 스캔 후 통기타. 일렉기타. 베이스기타 우쿨렐레 강좌선택으로 연결됩니다.
강좌선택 후 거치대 하단에 인증번호를 입력하세요!
(와이파이 연결을 권장합니다)
4
QR
왕초보 일렉기타교본 바로가기
인증 후 강좌리스트 페이지로 연결됩니다.
강좌리스트 제목을 터치하면 동영상강좌를 이용 하실 수 있습니다.
(단, 스마트폰모델과 설정관계로 인하여 강좌가 다운로드 될 수 있습니다.
강좌다운로드시 내파일에서 이용가능 합니다.)
FULLHD
QR
왕초보 베이스기타교본 바로가기
5
QR
왕초보 우쿨렐레교본 바로가기
(주의)설치가 완료된 거치대에 스마트폰은 세로가 아닌 가로로 꼭 거치하시기 바랍니다.
세로로 거치시 쓰러질 수 있습니다.

1

적색선을 따라 준비된 칼을 이용해
절단하세요!
이때 접는선표시(----)는
절단하시 마세요!
(주의)절단시 손을 다치지않게
주의 하시기 바랍니다.
아래 그림순서와 같이 설치하세요!

2

3

4

5

(주의)설치가 완료된 거치대에
스마트폰은 세로가 아닌
가로로 꼭 거치하시기 바랍니다.
세로로 거치시 쓰러질 수 있습니다.

회원님 스마트폰으로 거치대 중간 QR코드를
스캔하시면 별도 인증없이 동영상강좌 페이지로
바로 이동 합니다!

QR코드 스캔이 안될시 www.guitarcamp.kr 기타캠프
모바일웹으로 직접 연결 바랍니다.

"통기타교본" 버튼터치 후
인증번호 입력페이지에서
인증번호를 입력하세요!
(와이파이 연결을 권장합니다)

인증번호 : 53207568

인증 후 강좌리스트 페이지로 연결됩니다.
강좌리스트 제목을 티치하면
동영상강좌를 이용 하실 수 있습니다.
(단, 스마트폰모델과 설정관계로 인하여
강좌가 다운로드 될 수 있습니다.
강좌다운로드시 내파일에서 이용가능 합니다.)

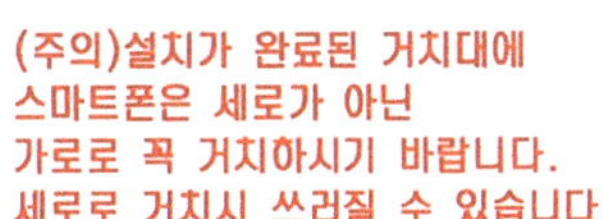

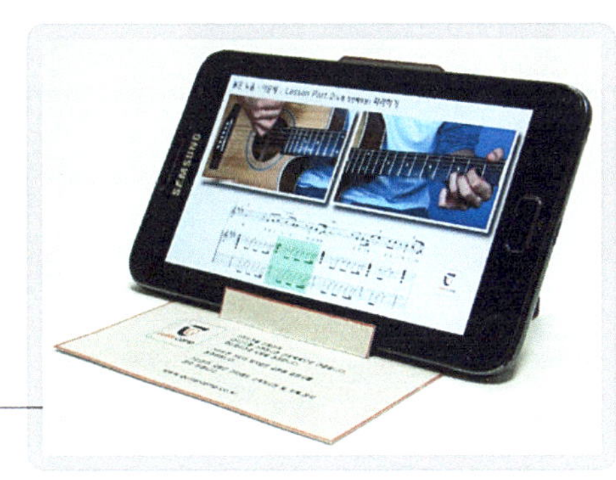

1강 - 본강좌 이용전 기타 key튜닝 및 사용안내(필독)

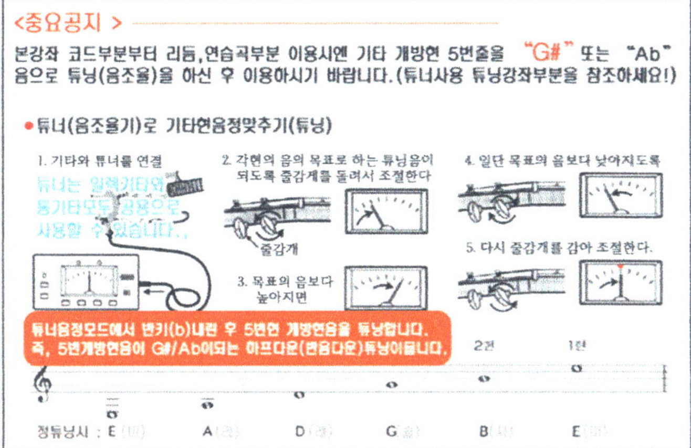

3강 - 각현(줄)의 개방현 알아보기

기타 핑거보드 음계 구성

각현의 개방현음은 숙지하셔야 합니다(변하지 않는 음입니다)
1번현부터 - 미.시.솔.레.라.미 / 6번현부터 - 미.라.레.솔.시.미
음정 표기 설명(중요합니다. 꼭 숙지하세요)

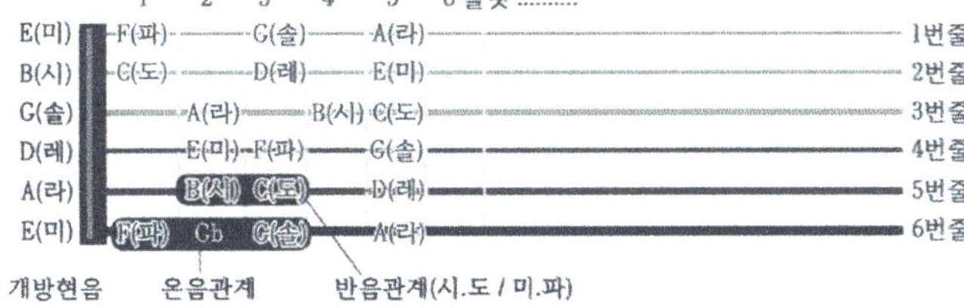

2강 - 각부분 명칭 및 역할 알아보기

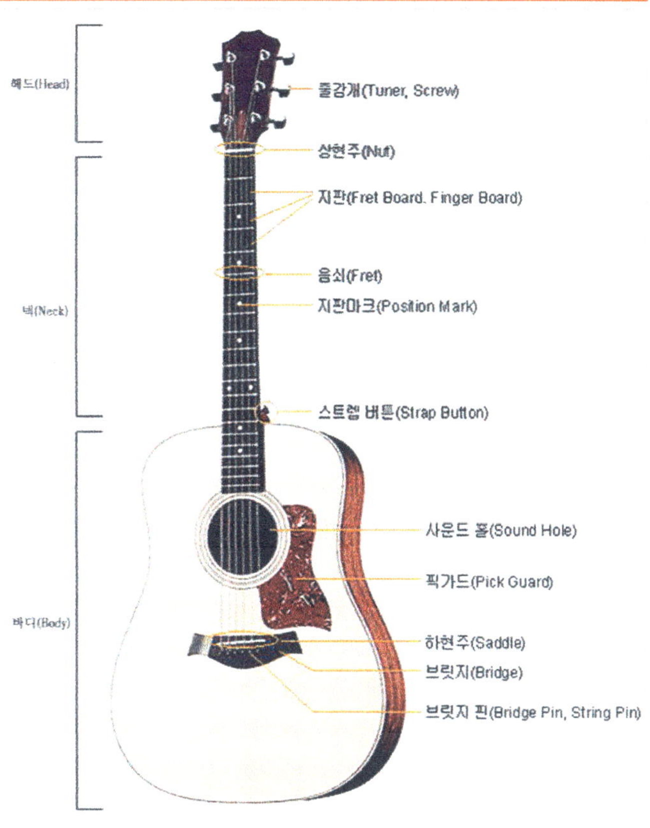

개방현음 - 왼손으로 현을 누르지 않은 내츄럴상태에 음을 말함.
가장 기본이 되는 음으로써 숙지하는 것이 좋습니다.

예) 6번현부터 - 미.라.레.솔.시.미
1번현부터 - 미.시.솔.레.라.미

6번현과 1번현의 개방현음은 똑같은 "미"음을 갖는다.

코드 잡는 방법 알아보기

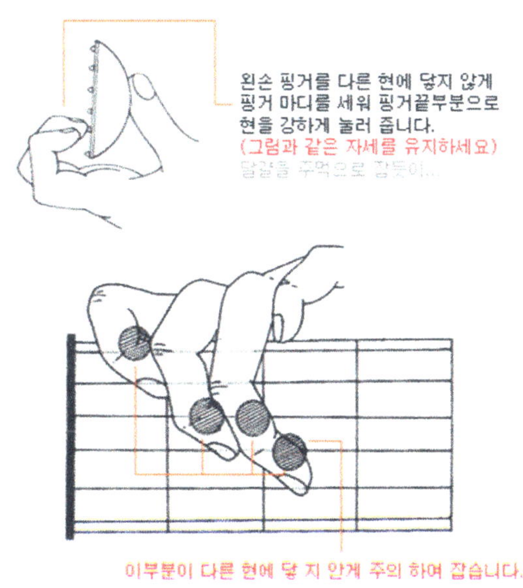

4강 - 왼손 핑거링법(줄누르는법) 알아보기

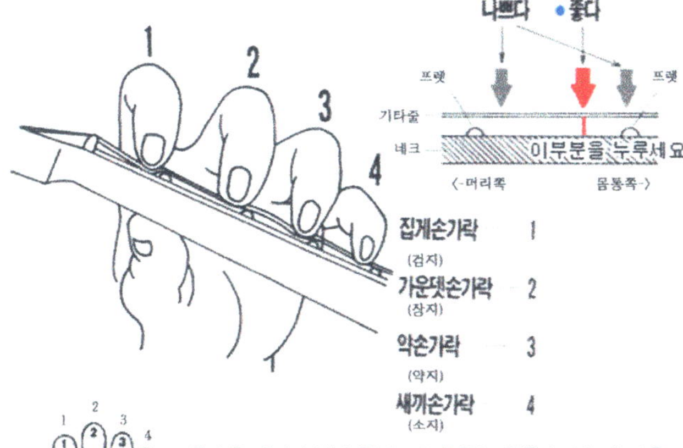

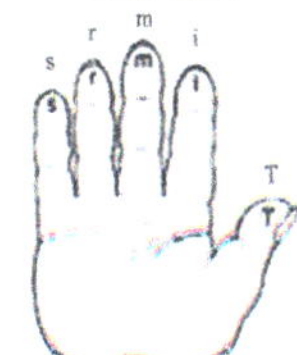

왼손은 기타의 넥에 핑거보드에 있는 현을 누르는데 사용
왼손은 그림과같이 집개손가락 부터
1번에서 ~ 4번까지구성
엄지손가락은 0번이 됩니다.
(왼손은 기타넥을 공을 쥐듯이 자세를 잡습니다.)
손가락의 마디끝을 세운뒤 기타현(줄)을 누릅니다.
기타 핑거보드 1플렛은 1번손가락이 담당.
(플렛번호에 맞게 4개단위씩 잡아줍니다.)

오른손은 기타의 리듬,피킹,아르페이지오등 주법에 사용
아르페이지오(분산화음)에서는 T, i m r s로 표기
T 손가락은 6, 5.4번 현 담당
i 손가락은 3번 현 담당
m 손가락은 2번 현 담당
r 손가락은 1번 현 담당
피크사용시 T와 i 손가락 사용

5강 - 오른손 피크잡는법과 피킹법 알아보기

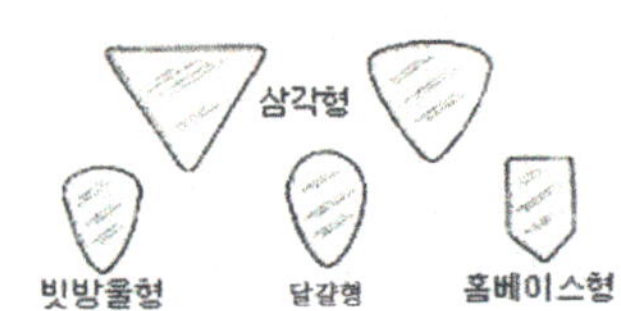

피크란? 오른손 주법시 사용되는 도구이다.
구체적 멜로디와 빠른 연주사용시 이용
빗방울형, 삼각형, 홈베이스형등
여러 종류가 있음 또한 두께와 재질도한 여러
종류이다.

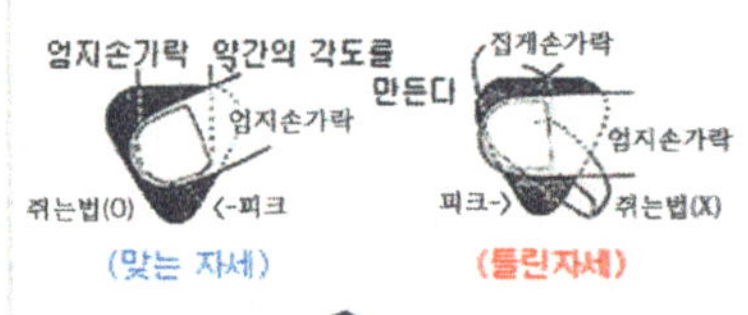

그림과 같이 피크는 잡는 자세에
따라 기타연주에 큰영향을 주는
요소이다.
꾸준한 연습으로 올바른 피킹자세를
익히는 것이 중요함.

6강 - 튜너를 사용한 튜닝법(음조율) 알아보기

<중요공지 >

본강좌 코드부분부터 리듬,연습곡부분 이용시엔 기타 개방현 5번줄을 "G#" 또는 "Ab"
음으로 튜닝(음조율)을 아신 후 이용하시기 바랍니다.(튜너사용 튜닝강좌부분을 참조하세요!)

● 튜너(음조율기)로 기타현음정맞추기(튜닝)

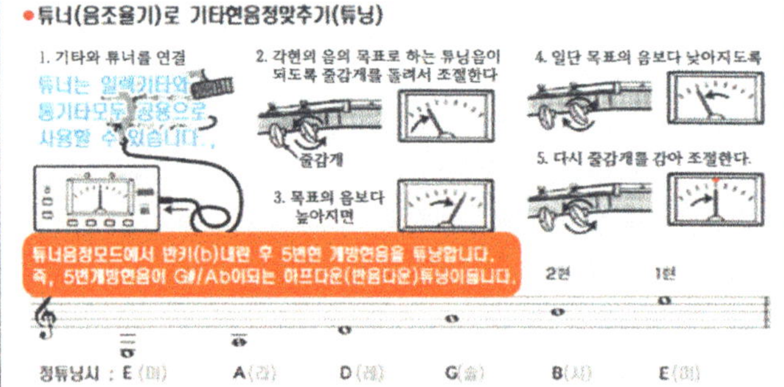

7강 - 청음를 사용한 네츄럴튜닝법(음조율) 알아보기

(튜닝은 여러방법이 있습니다. 예를 들어 네추럴하모닉스 튜닝 튜닝기계를 이용한
튜닝 등이 있지만 이번시간엔 기본이 되는 개방현을 청음(음을듣기)튜닝 방법을
알아 보겠습니다.)(청음튜닝은 많은 노력이 필요함을 알려드립니다.)

5프렛 튜닝법
가장 많이 쓰이는 튜닝법으로 여기서는 피치 파이프(Pitch Pipe)를
통한 튜닝 방법을 설명하겠다. (다른 악기를 통한 튜닝도 같은 방법으로 하면 된다.)
또한 튜너를 사용하여 튜닝(조율)할 수 있다

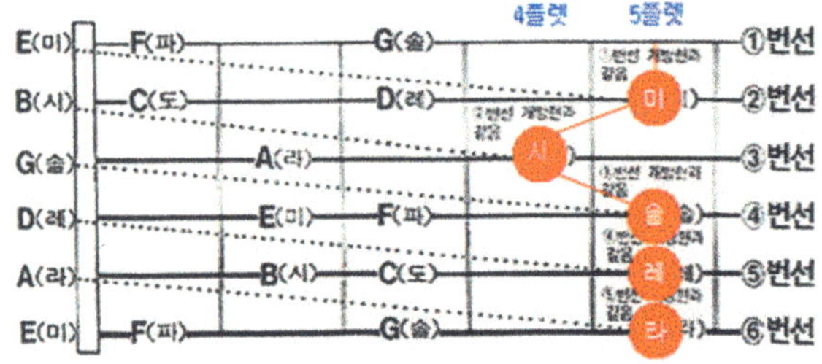

위 그림을 간단히 글로 정리해 보면....
1. 피치 파이프를 이용하여 ⑤번선 개방음을 정확히 A(음)으로 맞춘다.
2. ⑤번선의 5프렛 음정으로 D음이 나오는데 이 음을 ④번선 개방현에 맞춘다.
3. ④번선의 5프렛 음정으로 G음이 나오는데 이 음을 ③번선 개방현에 맞춘다.
4. ③번선의 5프렛 음정으로 B음이 나오는데 이 음을 ②번선 개방현에 맞춘다.
5. ②번선의 5프렛 음정으로 E음이 나오는데 이 음을 ①번선 개방현에 맞춘다.
6. ①번선의 개방음(E음)에 ⑥번선의 개방음(E음)을 맞춘다.
7. ⑥번선이 정확한 음으로 조율됐는지 확인하려면
   ⑥번선 5프렛을 누르고 ⑤번선 개방음과 비교해 본다.
8. 1~7까지 한두 차례 확인해 보도록 하자.

8강 - 악보보는법 (음표/쉼표/타블레쳐악보) 알아보기 (동영상미지원)

● 기타기초 테크닉 악보기호 설명

⊓	다운피킹 - 현을 위에서 아래로 내려치는 피킹
V	업피킹 - 현을 아래에서 위로 올려치는 피킹
cho	쵸킹(밴딩) - 현을 위또는 아래로 올려 연주왐
- C -	쵸킹(밴딩) 종류 - 한음반/한음/반음/쵸킹다운/더블/유니즌/쿼터/쵸킹비브라토 등이 있음
C/D	쵸킹다운 - 쵸킹 후 현을 위또는 아래로 음을 계속 음유지하며 음직여 처음 쵸킹전의 음으로 돌아오는 쵸킹연주
- H -	에머링 온 - 왼손핑거를 피킹없이 망치로 현을 내려치듯 연주
- P -	풀링오프 - 왼손핑거를 피킹없이 아래로 현을 퉝키듯 뛰어주며 연주
- S -	슬라이드 - 시작음과 끝나는음이 정해진상태에서 미끄러지듯이 연주
geiss	글리스 - 시작음과 끝나는음이 비정확한 상태에서 미끄러지듯이 연주
Vib^^^	비브라토 - 위라래로 또는 좌우로 현의 떨림을 주어 연주 (예 보이스 바이브레리션 효과와같음)
- M -	뮤트 - 원음사운드에 손을 현에 살짝대어 연주 (즉, 묵음을 말함)
Tr	트릴 - 에머링온과 풀링오프 테크닉을 반복적으로 사용해 연주
•	스타카토 - 끊어지듯이 연주
Arm	트레몰로암 - 트레몰로암을 위아래 또는 상하로 움직여 연주
Pick griss	피크 글리스(포리타멘토) - 피크의 한면을 세워 현에 대고 미끄러져 연주
Hr	네추럴 하모닉스 - 지정된 핑거보드 플렛 현위에서 연주
P.hr	피킹하모닉스 - 피크와 오른손 업지핑거를 사용해 현을 내려침과 동시에 현에서 엄지핑거를 살짝대고 떼어주며 연주

이외 다수의 테크닉이 있습니다 (라이트핸드/레카토/스윕피킹등등)
밴딩 - 머큐식 쵸킹 - 일본식 명칭

원음- 피아노의 하얀건반 도레미파솔라시도를 원음이라고 합니다.
그리고 이러한 계이름은 각 나라마다 다르게 부르고 있습니다.
아래 그림을 참고 하세요.

이탈리아	Do(도)	Re(레)	Mi(미)	Fa(파)	Sol(솔)	La(라)	Si(시)	Do(도)
미국,영국	C	D	E	F	G	A	B	C
한 국	다	라	마	바	사	가	나	다

온음과 반음
서양음악은 7음계 이며 도레미파솔라시에서 미파와 시도는 반음입니다.
피아노 건반에서 미파와 시도 사이에는 검정건반이 없습니다.
즉 계단으로 보면은 미파와 시도는 반계단을 올라가는것입니다

사이음이란?
피아노의 검정건반음을 사이음이라고 합니다.

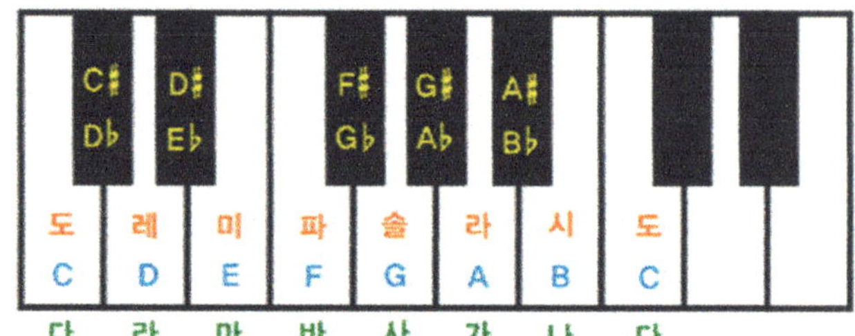

옥타브- 기준음에서 8번째 음가지를 1옥타브라고 합니다.
도를 기준으로 한다면 낮은도와 높은도사이가 1옥타브가 되겠지요.

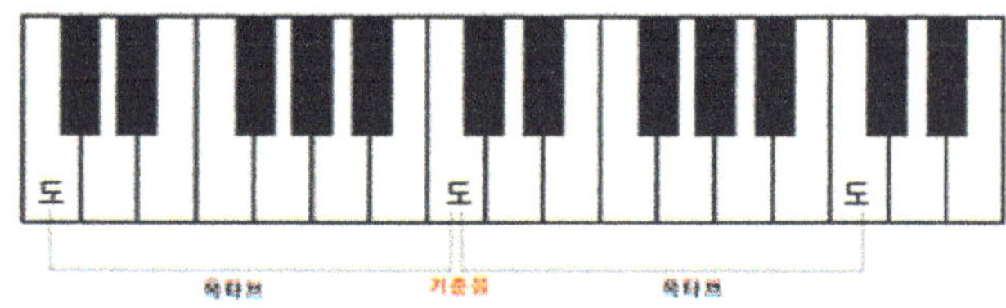

8강 - 악보보는법 (음표/쉼표/타블레춰악보) 알아보기 (동영상미지원)

보 표
음표를 기입하기 위해서는 오선지를 사용합니다.
여기에 음자리표를 기입한 것을 보표라고 합니다.
즉 악보를 그리기위한 원고지 입니다.

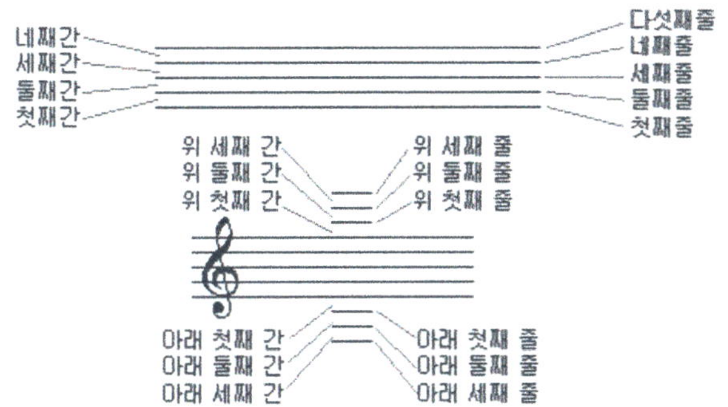

음 표
음표는 오선지에 기록이 되면서 길이와 음정을 나타내게 됩니다.

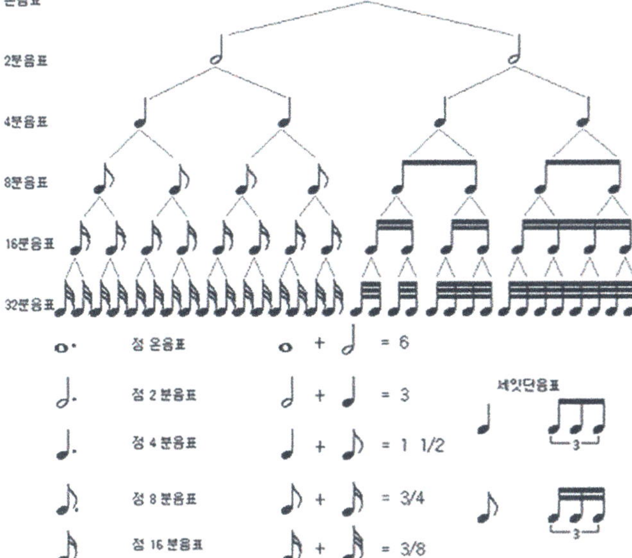

쉼표는 소리없이 진행함. 음표와 더불어 곡을 이루는데 있어 아주 중요한 요소입니다.

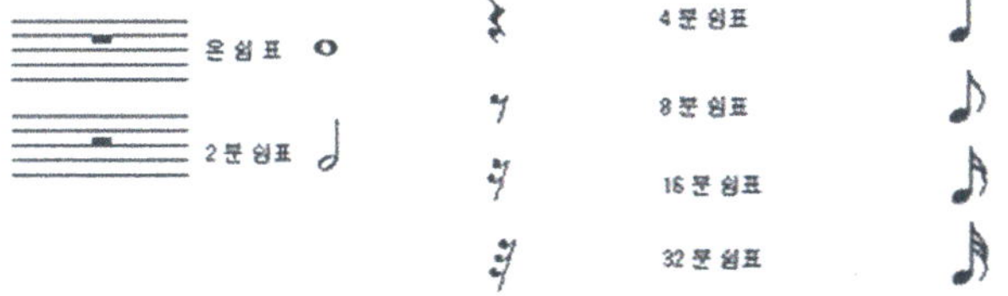

임시변환 기호
원음을 고치지 않고 그 마디에서만 반음을 올리고 내리는 기호입니다.

음자리표
높은 음자리표와 낮은 음자리표가 있으며 낮은 음자리표는
절대음보다 2음낮게 표기한다.

낮은 음자리표는 피아노의 왼손반주, 첼로, 베이스 기타 등
주로 저음악기의 악보로 쓰인다.

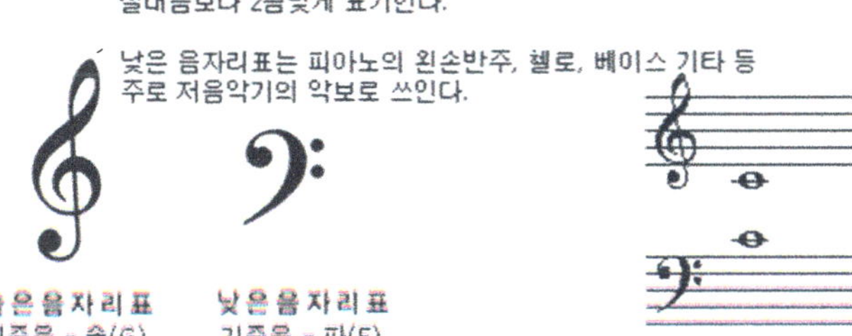

마 디
마디는 세로줄로 구분이 됩니다. 4/4박자 이면 1마디안에 4분음표가
4개가 들어갑니다.
즉 1마디안에서 음표와 쉼표에 의한 박자의 합이 정확하게 맞아야 됩니다.

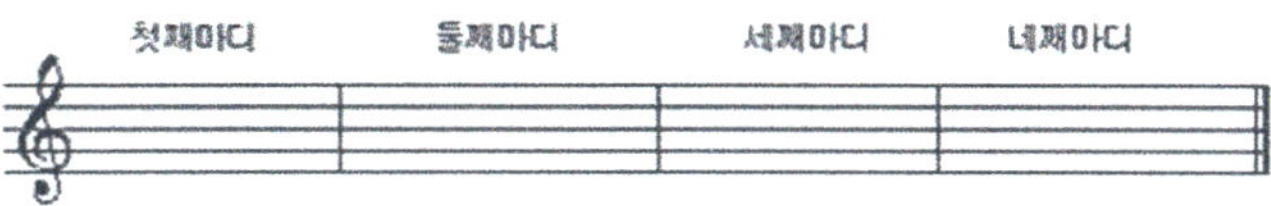

악보 보는법 알아보기

원음 - 피아노의 하얀건반 도레미파솔라시도를 원음이라고 합니다.
그리고 이러한 계이름을 각 나라마다 다르게 부르고 있습니다.
아래 그림을 참고 하세요.

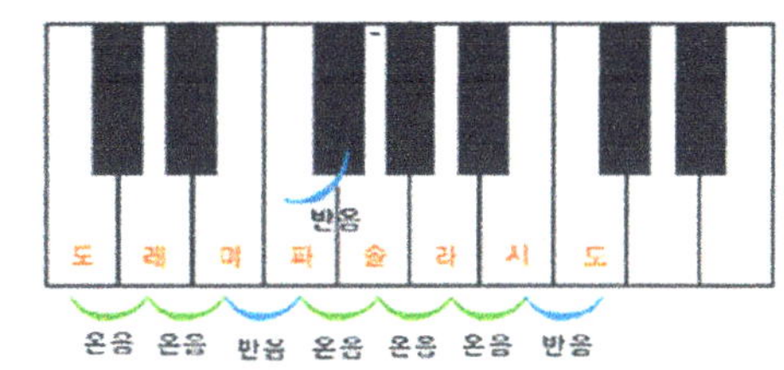

	Do(도)	Re(레)	Mi(미)	Fa(파)	Sol(솔)	La(라)	Si(시)	Do(도)
이탈리아	Do(도)	Re(레)	Mi(미)	Fa(파)	Sol(솔)	La(라)	Si(시)	Do(도)
미국,영국	C	D	E	F	G	A	B	C
한 국	다	라	마	바	사	가	나	다

온음과 반음
서양음악은 7음계 이며 도레미파솔라시에서 미파와 시도는 반음입니다.
피아노 건반에서 미파와 시도 사이에는 검정건반이 없습니다.
즉 계단으로 보면은 미파와 시도는 반계단을 올라가는것입니다

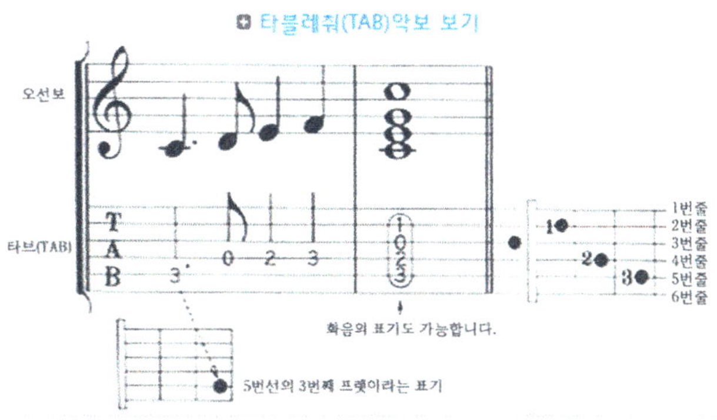

✪ 타블레춰(TAB)악보 보기

9강 - 오른손 스트로크법 알아보기

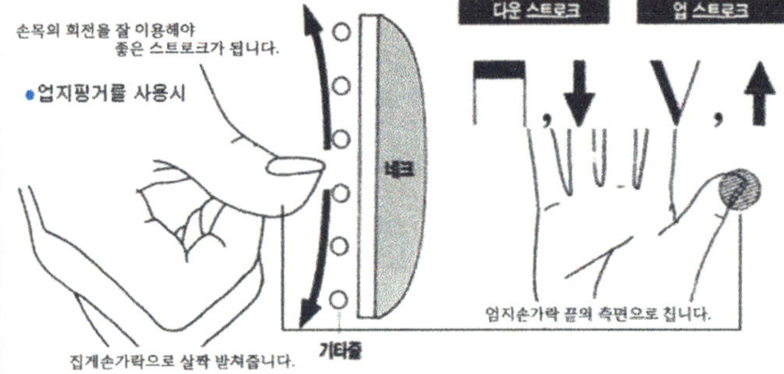

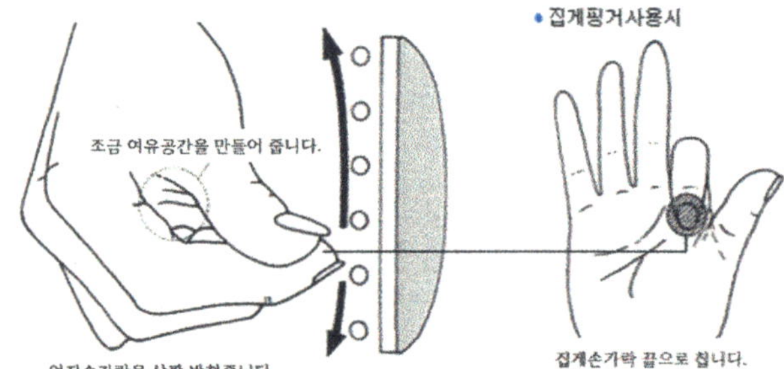

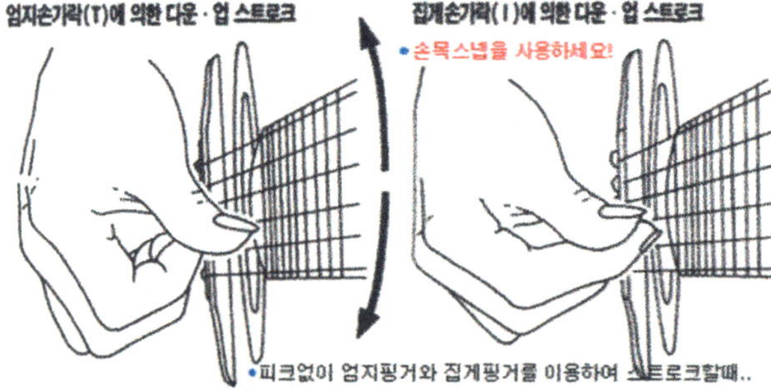

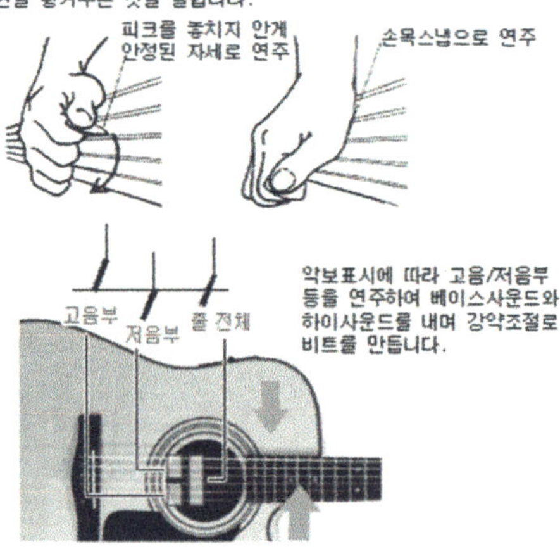

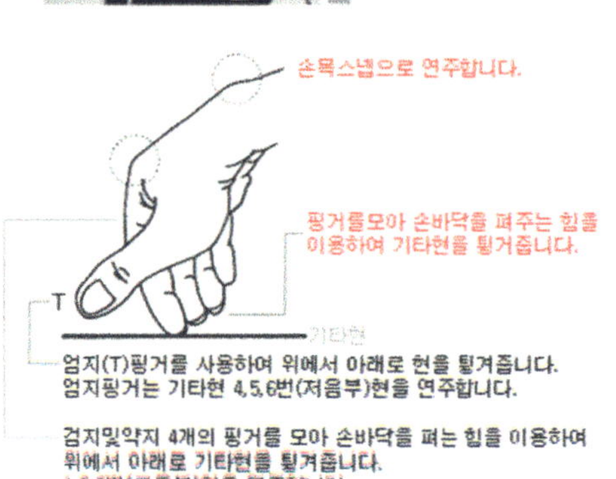

10강 - 왼손컷팅과 오른손뮤팅법 알아보기

왼손 뮤트(묵음) 방법

기타현을 누루지않고 그림과 같이 현위에 살짝 핑거를
올려 놓고 오른손으로 현을 스트로크 하여
원음이 아닌 묵음 즉 뮤트음을 내는 테크닉입니다.
(왼손 뮤트약보표기는 음표에 X로 표기됩니다.)
사운드는 "착착"하는 소리가 납니다.

뮤트 (Muting)

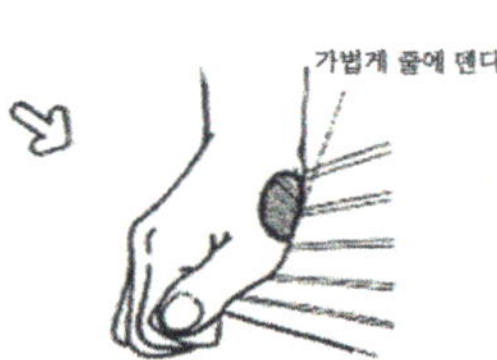

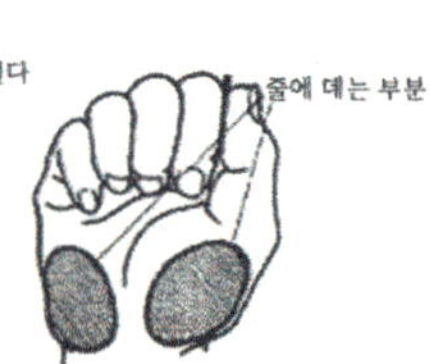

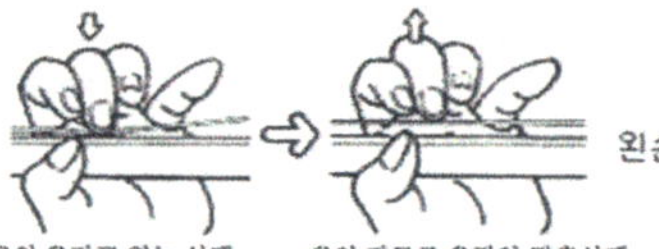

뮤트는 왼손가락이나 혹은 오른손의 새끼손가락 근처의 손바닥을 줄에 가볍게
대고 피킹하여 둔탁한 소리를 내는 주법이다.

머퓨 뮤트
오른손 테크닉으로 '쟈가쟈가'하는 뮤트음을 만든다.
그 방법은 브리지 위에 가볍게 손을 얹고 피킹한다.
머프 뮤트는 오른손 손목을 고정시킨 부자연스런 피킹이기 때문에 빠른 패시지나
극단적인 음(줄)의 도약 등에는 상당한 연습이 필요하다.
노이즈 뮤트
왼손 테크닉으로 그 방법은 핑거 커팅과 동일하다.
즉 줄을 누르고 있는 손가락의 힘을 빼고 손가락이 줄에 가볍게 댄 채로 피킹한다.
이 때 음정이 없는 노이즈를 얻을 수 있다.

11강 - 해머링온과 풀링오프, 트릴 테크닉 알아보기

해머링 온 (Hammering On)

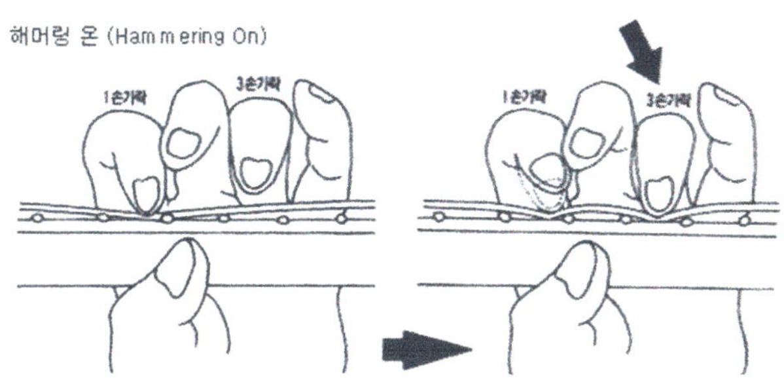

해머링 온 주법은 피킹하여 일단 음을 낸 후, 다시 피킹 하지 않고
왼손가락으로 줄을 세게 눌러서 다른 음정을 내는 주법이다.
"띠잉 -"하면서 새로 누른 손가락의 포지션 음정만큼 올라간다.

손가락이 줄을 약하게 누르면 줄의 소리가 울리지 않을 수도 있다.
해머링 온을 할 때는 순간적으로 강하게
눌러야 앞의 여운이 사라지지 않고 고운 소리가 남는다.

망치로 내려치듯 느낌으로 함.

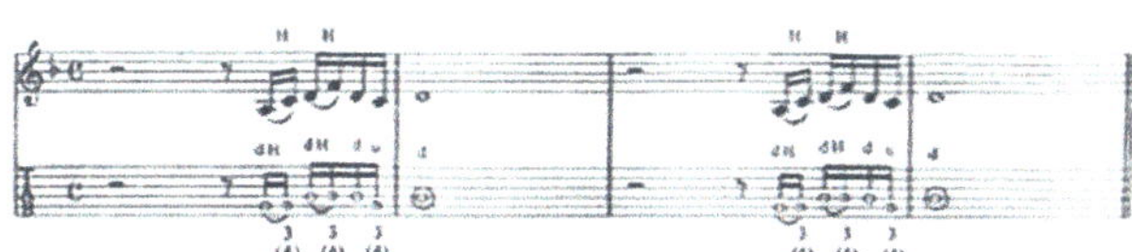

풀링 오프 (Pulling Off)

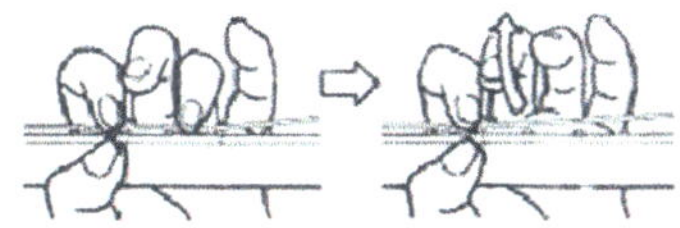

풀링 오프는 해머링 온과는 반대로 음을 누른 상태에서 줄을 퉁긴 후에,
줄을 눌렀던 왼손가락을 떼어서 다른 음정(처음 누른 음정)으로 바꾸는 주법을 말한다.

풀링 오프를 하는 손가락의 끝으로 줄을 긁듯이 강하게 퉁기면서
떼어야만 올바른 소리가 난다. 줄을 퉁겨 주지 않고 그냥 손가락을 떼면
소리가 아주 작아져서 잘 들리지 않게 된다.

트릴

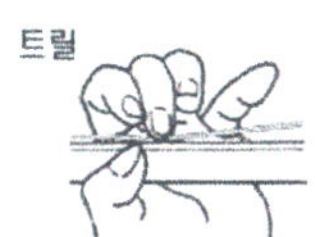

트릴테크닉은 해머링온과 풀링오프 테크닉을
빠르게 반복적으로 움직여 사운드를 내는 테크닉
입니다.

12강 - 슬라이드 테크닉 알아보기

슬라이드 (Slide)

슬라이드 다운

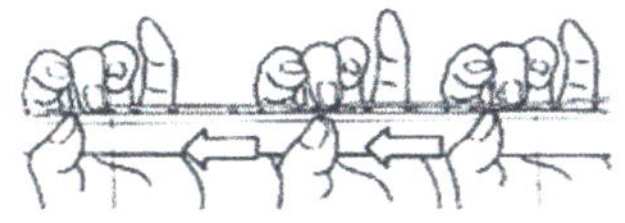

슬라이드 업

슬라이드란, 줄 위를 손가락으로 누른 후, 지판을 떼지 않고
미끄러뜨려 음정을 바꾸는 주법을 말한다.

글리산도(Glissado) 혹은 글리스(Gliss)라고도 한다.

슬라이드는 시작음과 끝나는 음이 명확하고
글리산도는 시작음이나 끝나는 음이 명확하지않다.

13강 - 네추럴하모닉스 테크닉 알아보기

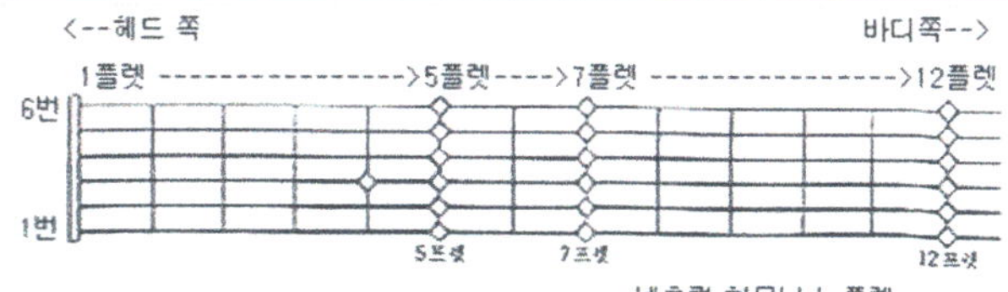

네츄럴 하모닉스 플렛

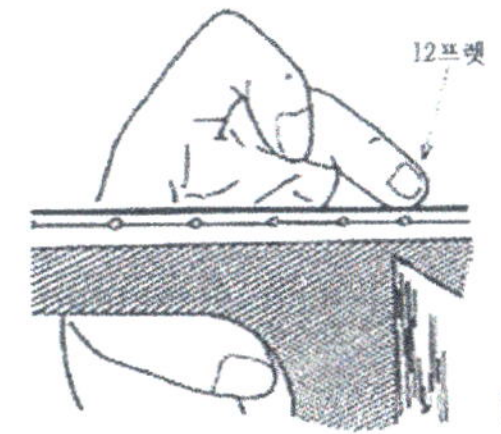

12 플렛 네추럴 하모닉스

5번현을 튜너로 A음을 맞춘후 5번줄 5플렛에서
4번줄 7프렛에서 하모닉스 사용하여 튜닝
4번줄 5플렛에서 3번줄 7프렛에서 하모닉스 사용하여 튜닝
3번줄 4플렛에서 2번줄 5프렛에서 하모닉스 사용하여 튜닝
(3,4번 하모닉스 튜닝시 잘안될경우 내츄널 튜닝 사용)
2번줄 5플렛에서 1번줄 7프렛에서 하모닉스 사용하여 튜닝
6번줄 5플렛(6번줄 페그를 돌려 맞춤)에서 5번줄 7프렛에서
하모닉스 사용하여 튜닝

전체적으로 확인함.

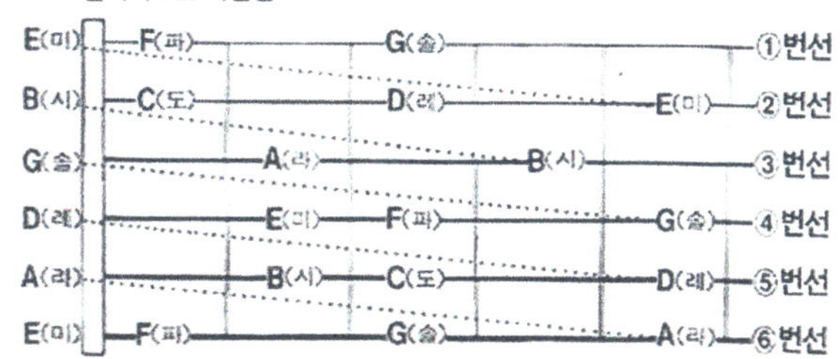

14강 - 쵸킹(밴딩) 테크닉 알아보기

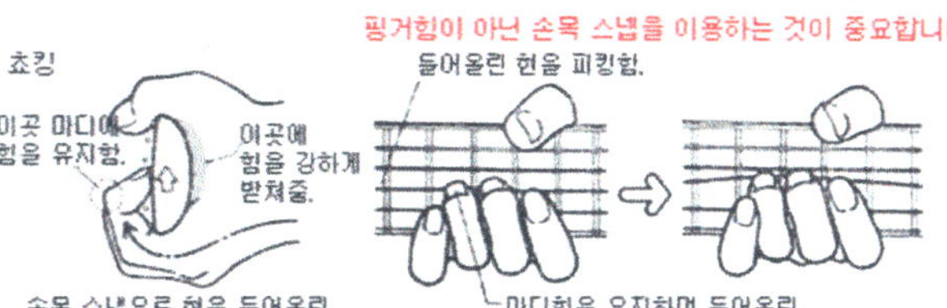

초킹(또는 벤딩:Bending)은 누르는 프렛을 옮기지 않은 채 왼손가락 끝으로
줄을 밀어서 음정을 변화시키는 주법을 말한다. 왼손가락의 1·2·3·4 중
어느 손가락으로도 초킹이 가능하도록 연습하여야 한다.
어쿠스틱 기타의 경우에는 줄의 장력이 강해서 보통 1/2음이나 1음 정도의
초킹이 많이 사용되고 있지만 일렉 기타의 경우에는 2음까지도 초킹 하는 경우도 있다.
초킹을 할 때 정확한 음정이 나올 수 있도록 주의를 기울이자.
① ② ③ ④번선은 ⑥번선 방향으로 밀어 올리고, ⑤ ⑥번선은 ①번선 방향으로
끌어내리는 것이 보편적인 방법이다.

정확한 초킹음정을 내기 위해서는 정확한 음을 구분할 수 있는 귀가 필요하다.
쉽게 말하자면 초킹을 하게 되면 음정이 올라간다.
따라서 원하는 음정을 끌어올리면서 원하는 음정을 구분할 줄 알아야 한다.
연습 방법은 먼저 선택한 연습곡을 귀에 완전히 익히도록 많이 듣고나서 초킹 연습을 한다
초킹의 실력 차이는 자기가 원하는 음정을 깨끗하게 표현하는데 있다.
통기타에서는 잘 모르지만 앰프에 연결하여 연주해
보면 초킹과 릴리즈의 전후로 잡음이 생긴다.
이는 초킹과 릴리즈를 하면서 그 줄의 위, 아래를 건들기 때문이다.
이 잡음을 막기 위해서는 어렵지만 잡음이 날 만한 줄을 뮤트 시키는 방법이
가장 효과적이다.

쵸킹(밴딩)은 일렉기타 테크닉 중 가장 중요한 요소이며 종류또한 많다.
2/1 쵸킹 한음쵸킹 쵸킹다운 유니즌쵸킹 쿼커쵸킹 더블쵸킹 한음반쵸킹 두음쵸킹등
많은 쵸킹테크닉이 있습니다. 하지만 기본적인 쵸킹연습이 중요함.

15강 - 비브라토 테크닉 알아보기

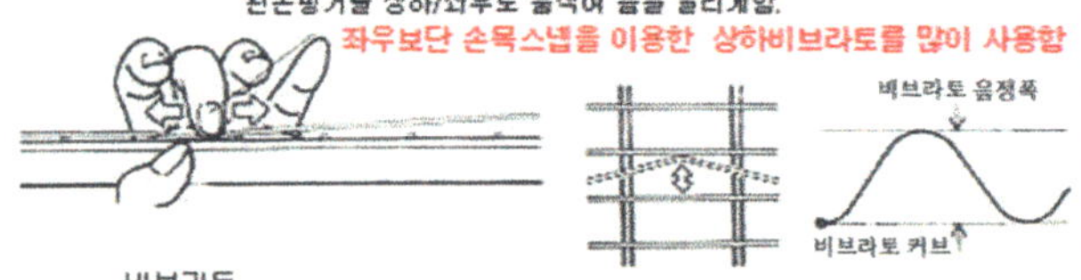

만약 멜로디나 프레이즈에 어떠한 표정도 덧붙이지 않는다고 한다면
그것은 음악이 아니라 단순한 신호음이 나열된 것과 같은 셈이다.

아무리 작은 프레이즈에도 반드시 거기에 어울리는 뉘앙스가
표현되어 있지 않으면 안된다. 여기서 다루는 비브라토는 음에
흔들림을 만드는 간단한 것이데, 많은 테크닉 중에서도 가장 정감적인
효과를 만드는 테크닉이라 할 수 있다. 기타 특유의 효과는
거의가 비브라토의 미묘한 움직임에서 생겨난다고 볼 수 있다.

핸드 비브라토
줄을 누르고 피킹한 다음 누르고 있는 손가락을 지점으로 하여
왼손 전체를 좌우로 흔들어 음에 흔들림 만든다.
이 때 엄지는 가볍게 네크에 닿는 정도이거나 떼도록 하는 것이 좋다.
그리고 음이 흔들리는 속도는 왼손을 흔드는 빠르기로 조종하고
흔들림의 깊이는 누르고 손가락의 힘으로 조종한다.

초킹 비브라토
초킹 비브라토는 초킹과 릴리즈의 되풀이로
비브라토를 만드는 테크닉이다. 흔들림의 스피드는 초킹과 릴리즈의
빠르기로 흔들림의 깊이는 초킹의 크기로 한다.
기타 테크닉 중 중요한 요소중 하나이다.

통기타 코드부문 강좌

17강 - 코드를 배우기 전에.. 코드잡는법 알아보기

코드 잡는 방법 알아보기

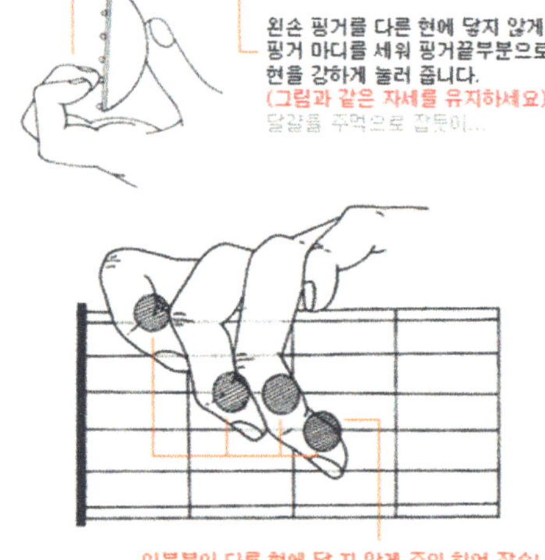

16강 - 기타줄(현) 교체법 알아보기

16강 기타줄(현) 교체법 알아보기 강좌는 스마트폰 동영상강좌를 보시면
자세한 내용을 보실 수 있습니다.

18강 - C - C7 - Cm - Cm7(오픈.바레)코드 알아보기

● 루트음(으뜸음)   ○ 3.5.7도 음   ✕ 루트(소리내지않음)

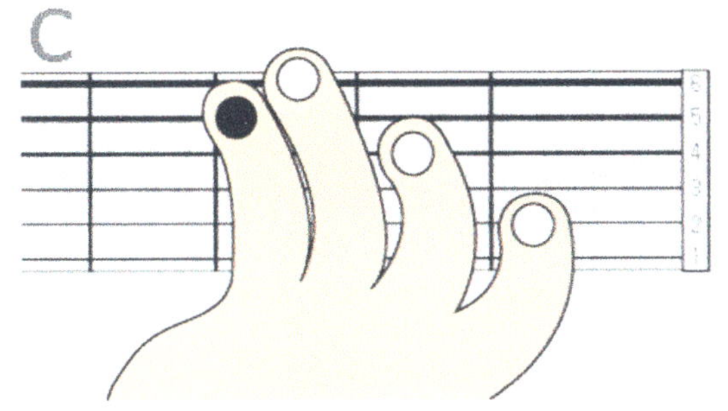

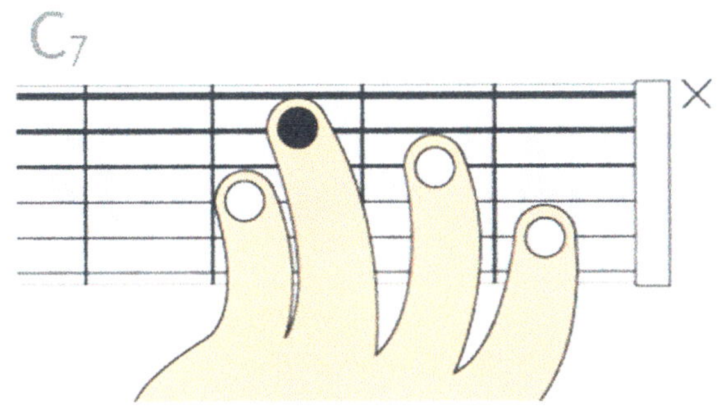

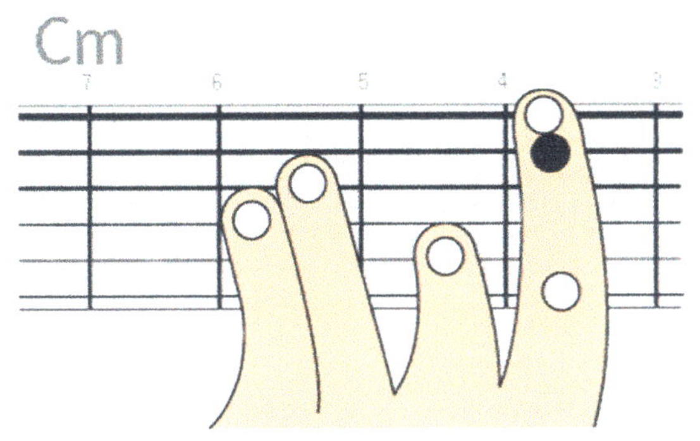

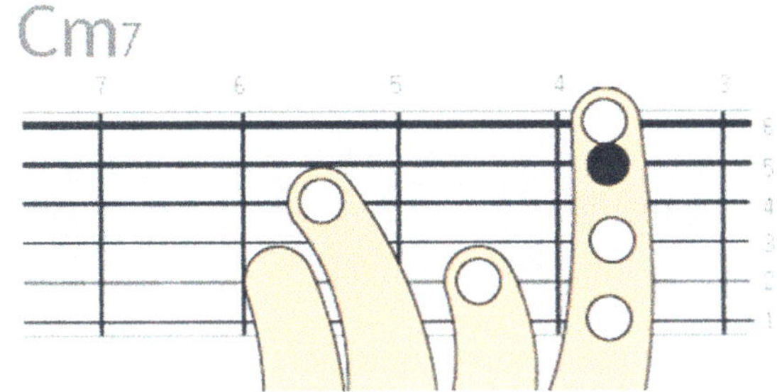

19강 - D - D7 - Dm - Dm7 (오픈.바레)코드 알아보기

● 루트음(으뜸음)   ○ 3.5.7도 음   ✕ 루트(소리내지않음)

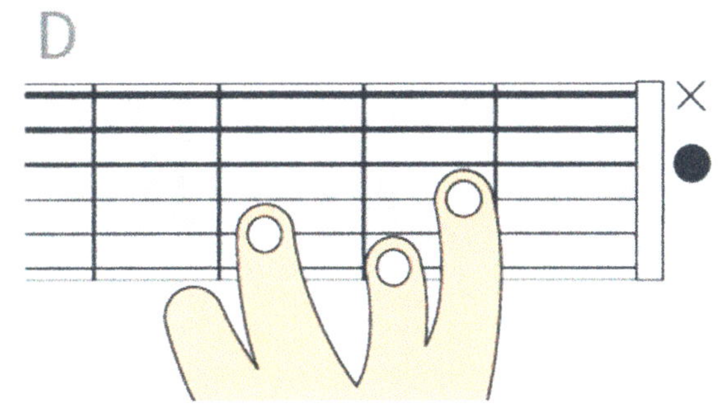

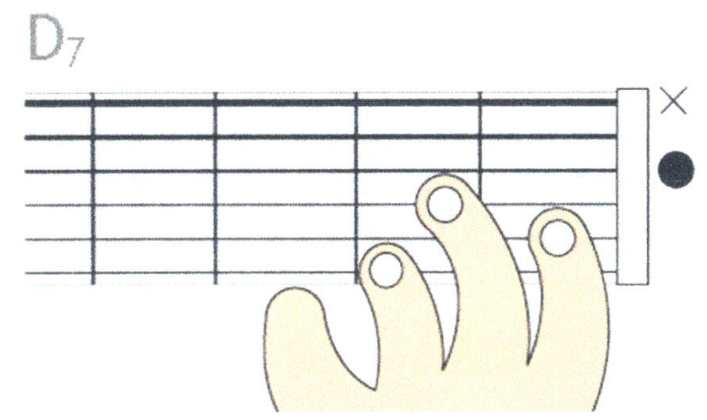

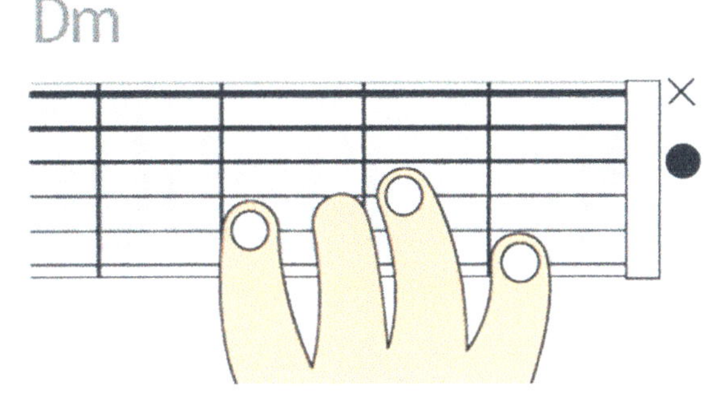

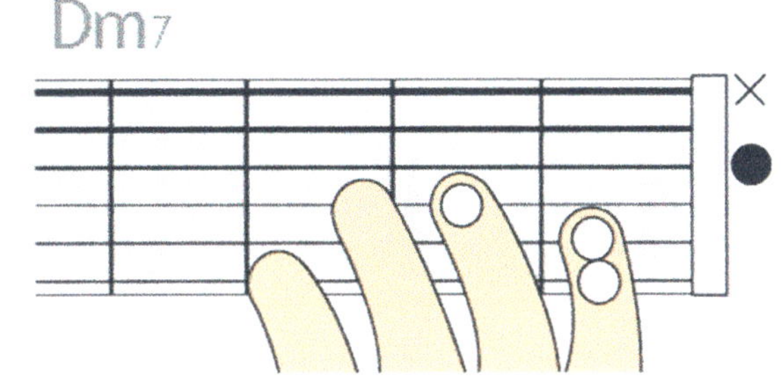

20강 - E - E7 - Em - Em7(오픈.바레)코드 알아보기

21강 - F - F7 - Fm - Fm7(오픈.바레)코드 알아보기

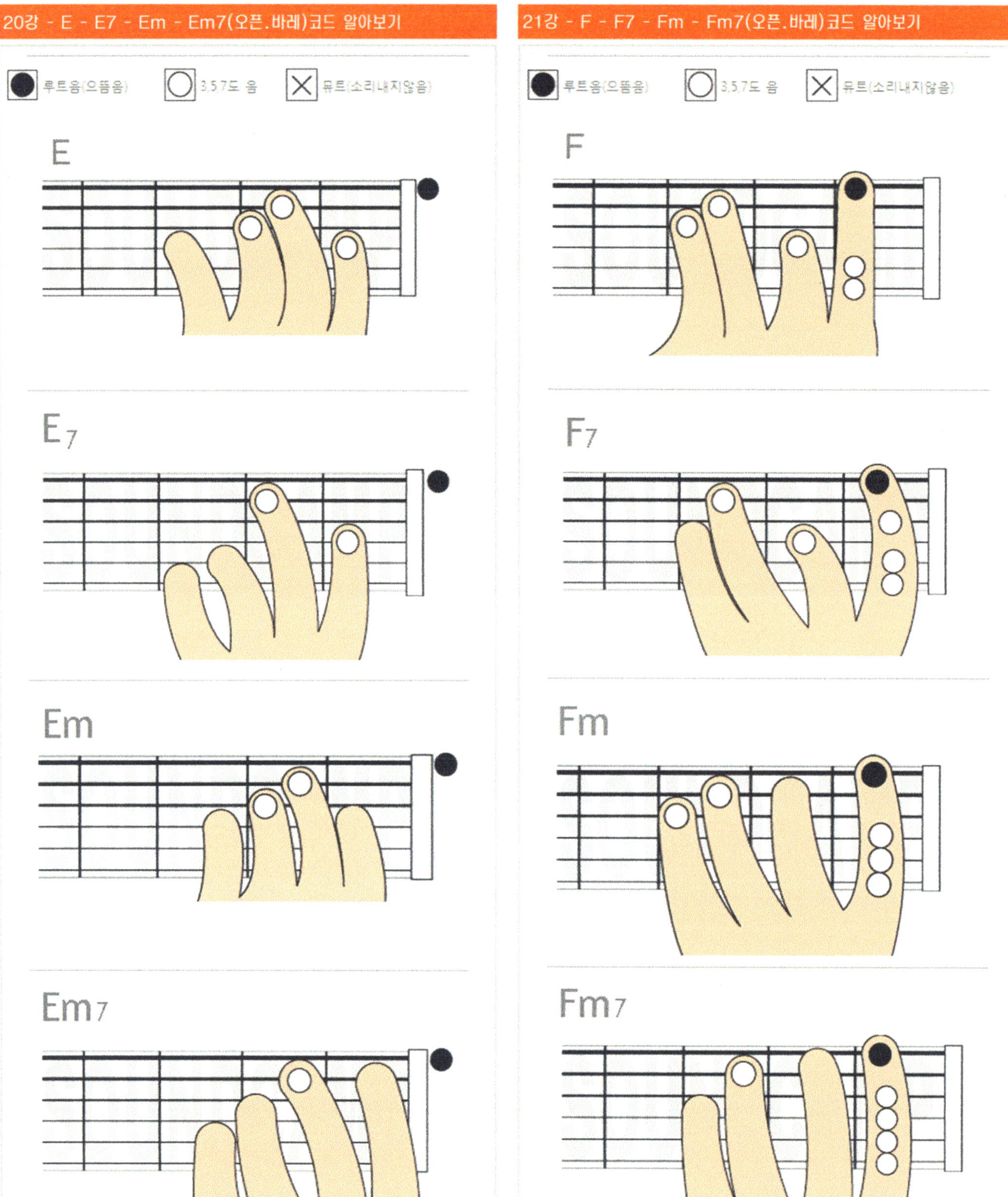

22강 - G - G7 - Gm - Gm7(오픈.바레)코드 알아보기

23강 - A - A7 - Am - Am7 (오픈.바레)코드 알아보기

● 루트음(으뜸음)   ○ 3.5.7도 음   ✕ 루트/스리내지않음

G

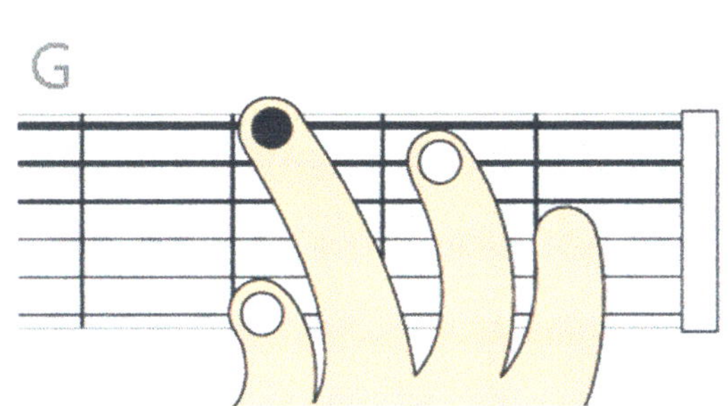

G7

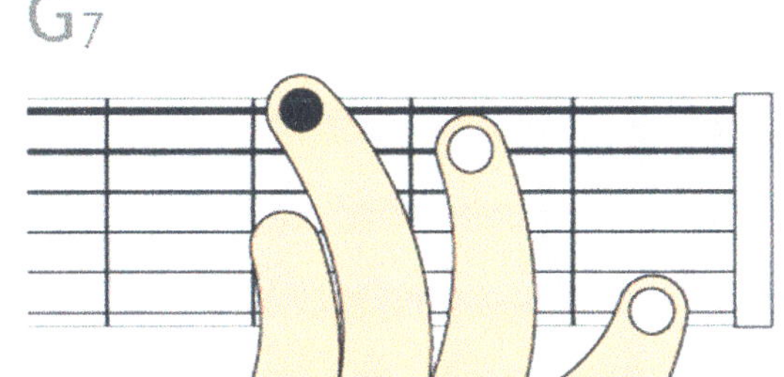

Gm

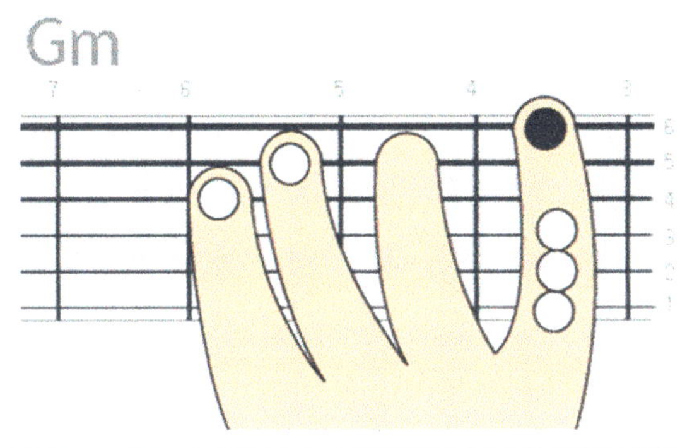

Gm7

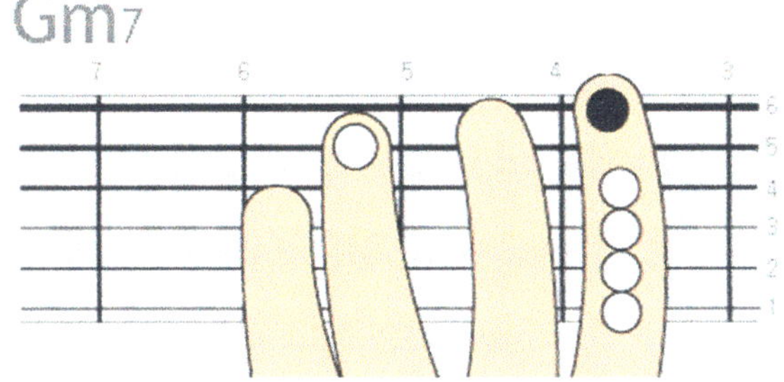

A

A7

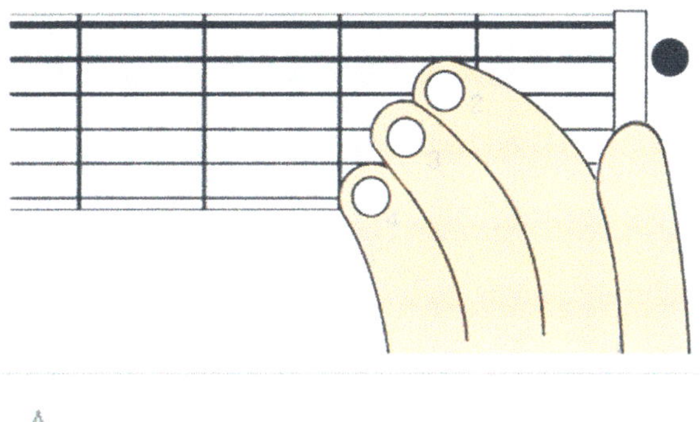

Am

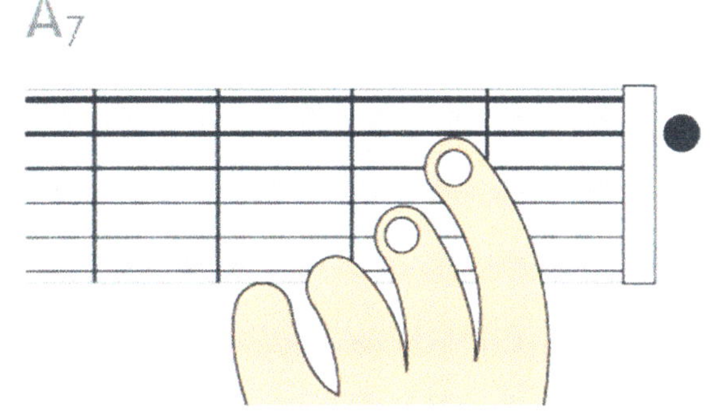

Am7

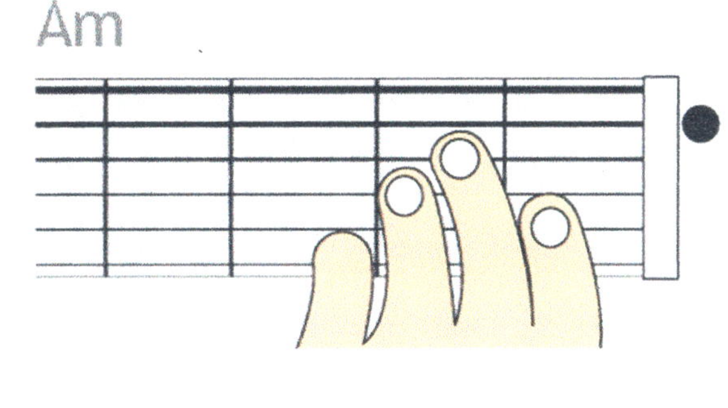

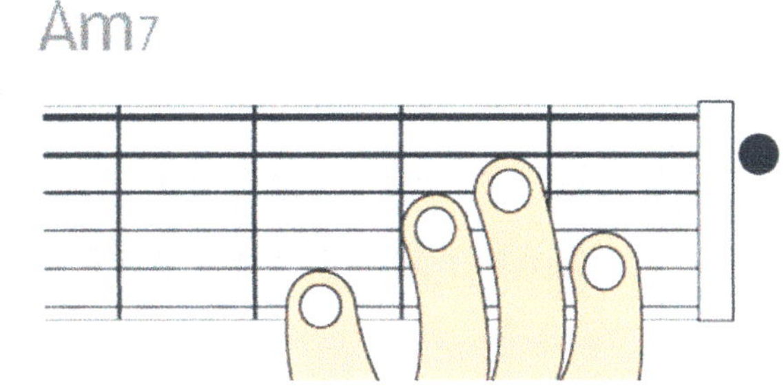

24강 - B - B7 - Bm - Bm7 (오픈.바레)코드 알아보기

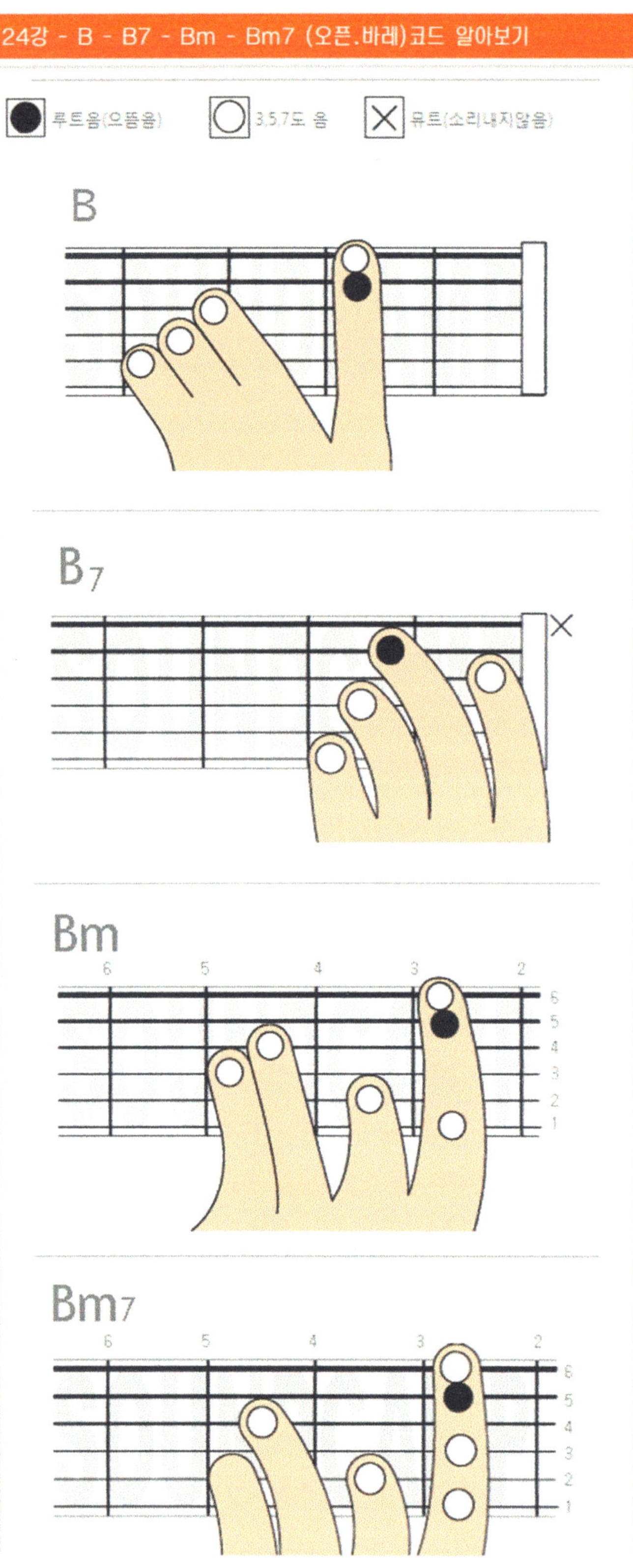

25강 - C - F - G7 - C 코드체인지 알아보기

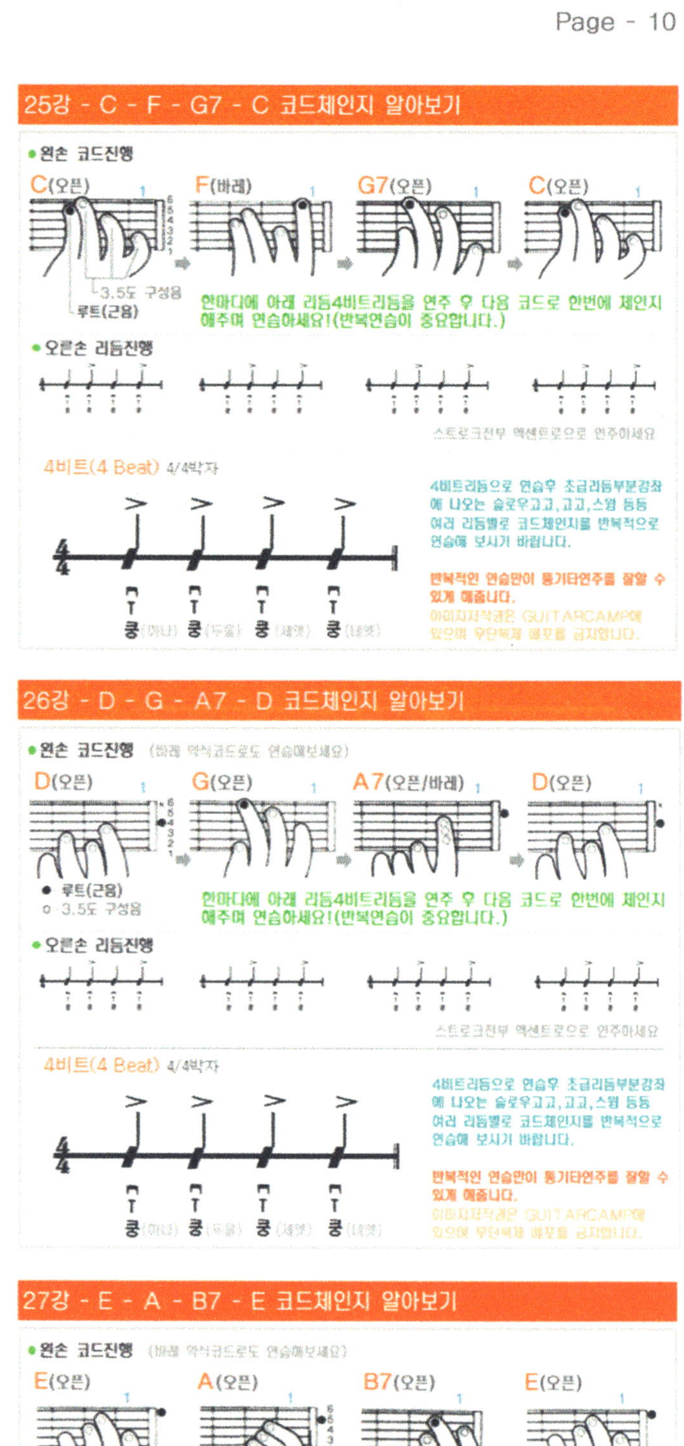

26강 - D - G - A7 - D 코드체인지 알아보기

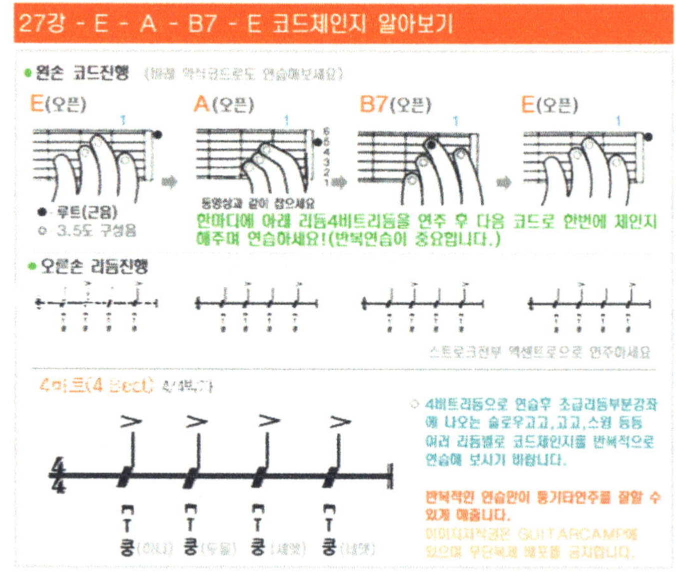

27강 - E - A - B7 - E 코드체인지 알아보기

28강 - F - Bb - C7 - F 코드체인지 알아보기

● 왼손 코드진행

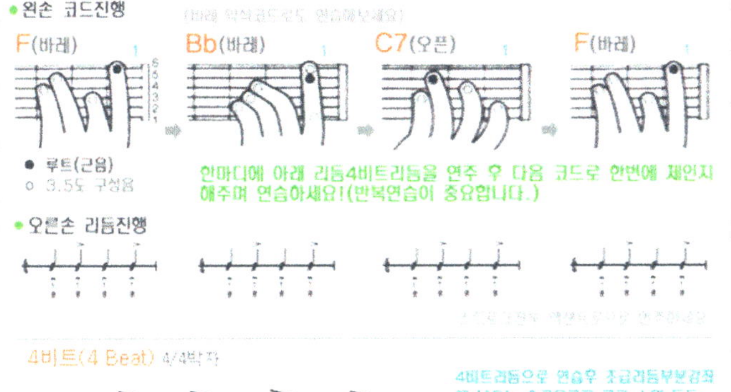

● 루트(근음)
○ 3.5도 구성음

한마디에 아래 리듬4비트리듬을 연주 후 다음 코드로 한번에 체인지 해주며 연습하세요!(반복연습이 중요합니다.)

● 오른손 리듬진행

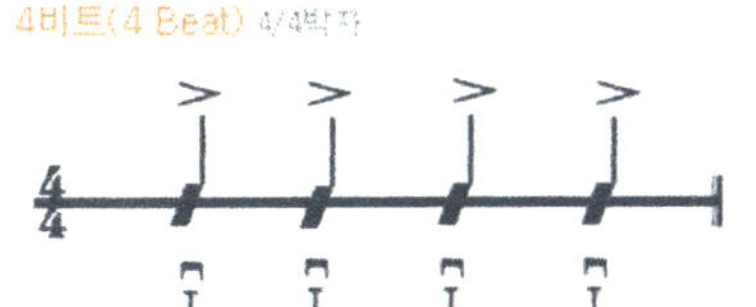

4비트(4 Beat) 4/4박자

쿵 쿵 쿵 쿵

4비트리듬으로 연습우 초급리듬부분강좌에 나오는 슬로우고고, 고고, 스윙 등등 여러 리듬별로 코드체인지를 반복적으로 연습해 보시기 바랍니다.

반복적인 연습만이 통기타연주를 잘할 수 있게 해줍니다.

31강 - B - E - F#7 - B 코드체인지 알아보기

● 왼손 코드진행

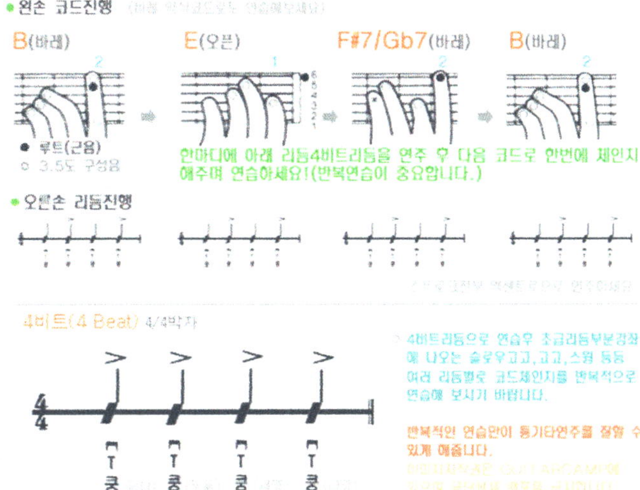

● 루트(근음)
○ 3.5도 구성음

한마디에 아래 리듬4비트리듬을 연주 후 다음 코드로 한번에 체인지 해주며 연습하세요!(반복연습이 중요합니다.)

● 오른손 리듬진행

4비트(4 Beat) 4/4박자

쿵 쿵 쿵 쿵

4비트리듬으로 연습우 초급리듬부분강좌에 나오는 슬로우고고, 고고, 스윙 등등 여러 리듬별로 코드체인지를 반복적으로 연습해 보시기 바랍니다.

반복적인 연습만이 통기타연주를 잘할 수 있게 해줍니다.

29강 - G - C - D7 - G 코드체인지 알아보기

● 왼손 코드진행

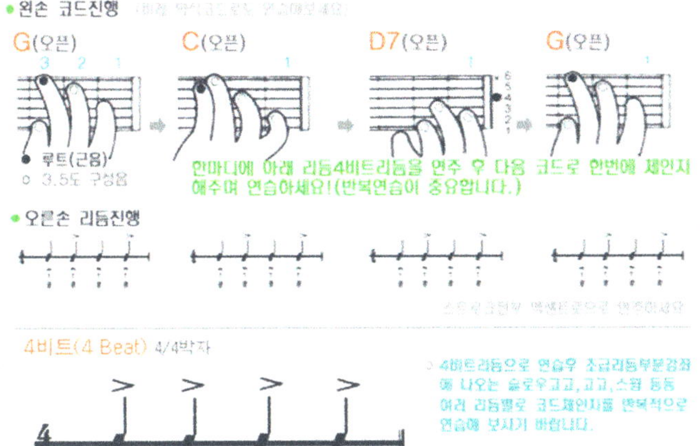

● 루트(근음)
○ 3.5도 구성음

한마디에 아래 리듬4비트리듬을 연주 후 다음 코드로 한번에 체인지 해주며 연습하세요!(반복연습이 중요합니다.)

● 오른손 리듬진행

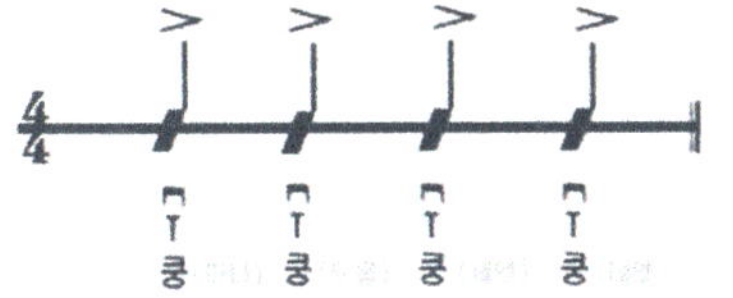

4비트(4 Beat) 4/4박자

쿵 쿵 쿵 쿵

4비트리듬으로 연습우 초급리듬부분강좌에 나오는 슬로우고고, 고고, 스윙 등등 여러 리듬별로 코드체인지를 반복적으로 연습해 보시기 바랍니다.

반복적인 연습만이 통기타연주를 잘할 수 있게 해줍니다.

32강 - Cm - Fm - G7 - Cm 코드체인지 알아보기

● 왼손 코드진행

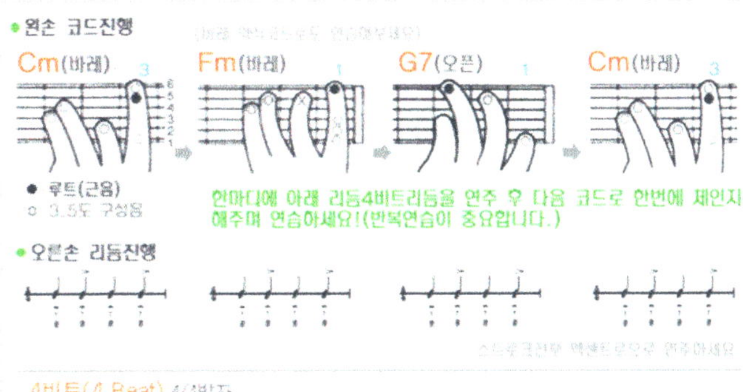

● 루트(근음)
○ 3.5도 구성음

한마디에 아래 리듬4비트리듬을 연주 후 다음 코드로 한번에 체인지 해주며 연습하세요!(반복연습이 중요합니다.)

● 오른손 리듬진행

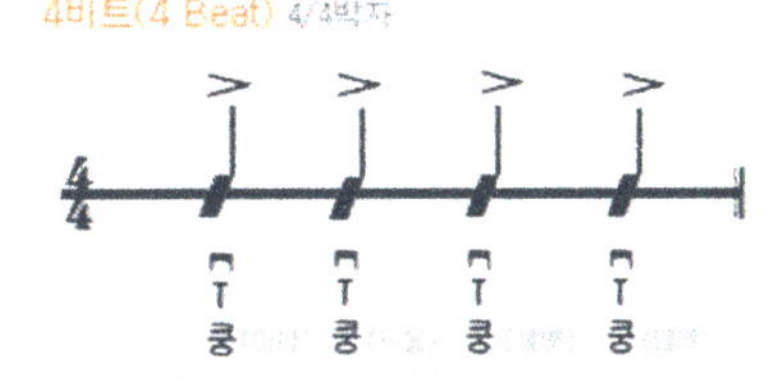

4비트(4 Beat) 4/4박자

쿵 쿵 쿵 쿵

4비트리듬으로 연습우 초급리듬부분강좌에 나오는 슬로우고고, 고고, 스윙 등등 여러 리듬별로 코드체인지를 반복적으로 연습해 보시기 바랍니다.

반복적인 연습만이 통기타연주를 잘할 수 있게 해줍니다.

30강 - A - D - E7 - A 코드체인지 알아보기

● 왼손 코드진행

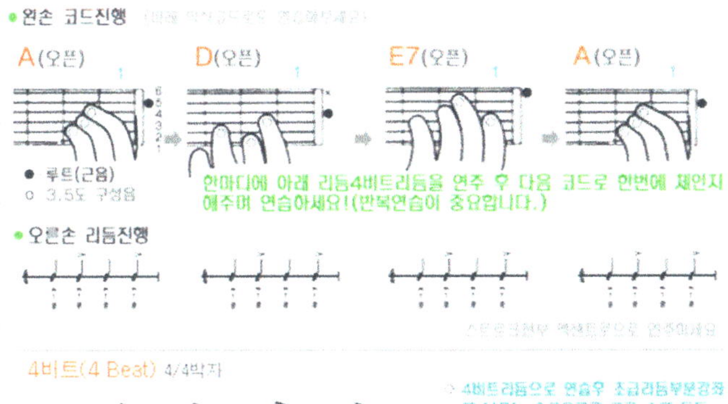

● 루트(근음)
○ 3.5도 구성음

한마디에 아래 리듬4비트리듬을 연주 후 다음 코드로 한번에 체인지 해주며 연습하세요!(반복연습이 중요합니다.)

● 오른손 리듬진행

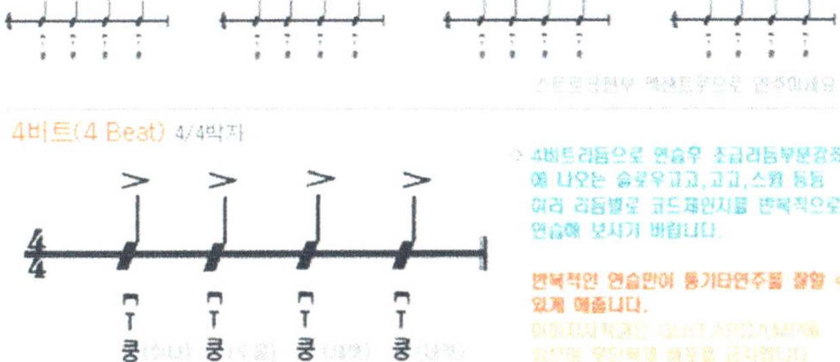

4비트(4 Beat) 4/4박자

쿵 쿵 쿵 쿵

4비트리듬으로 연습우 초급리듬부분강좌에 나오는 슬로우고고, 고고, 스윙 등등 여러 리듬별로 코드체인지를 반복적으로 연습해 보시기 바랍니다.

반복적인 연습만이 통기타연주를 잘할 수 있게 해줍니다.

33강 - Dm - Gm - A7 - Dm 코드체인지 알아보기

● 왼손 코드진행

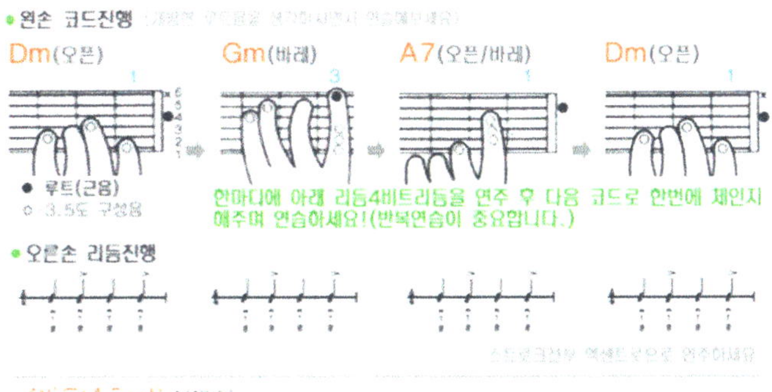

● 루트(근음)
○ 3.5도 구성음

한마디에 아래 리듬4비트리듬을 연주 후 다음 코드로 한번에 체인지 해주며 연습하세요!(반복연습이 중요합니다.)

● 오른손 리듬진행

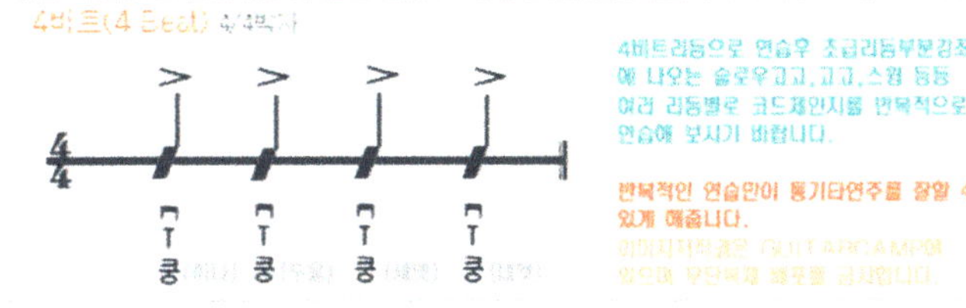

4비트(4 Beat) 4/4박자

쿵 쿵 쿵 쿵

4비트리듬으로 연습우 초급리듬부분강좌에 나오는 슬로우고고, 고고, 스윙 등등 여러 리듬별로 코드체인지를 반복적으로 연습해 보시기 바랍니다.

반복적인 연습만이 통기타연주를 잘할 수 있게 해줍니다.

34강 - Em - Am - B7 - Em 코드체인지 알아보기

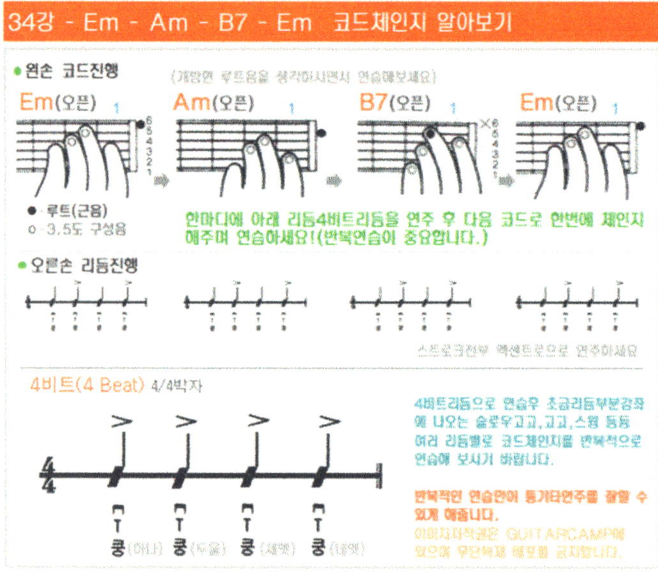

37강 - Am - Dm - E7 - Am 코드체인지 알아보기

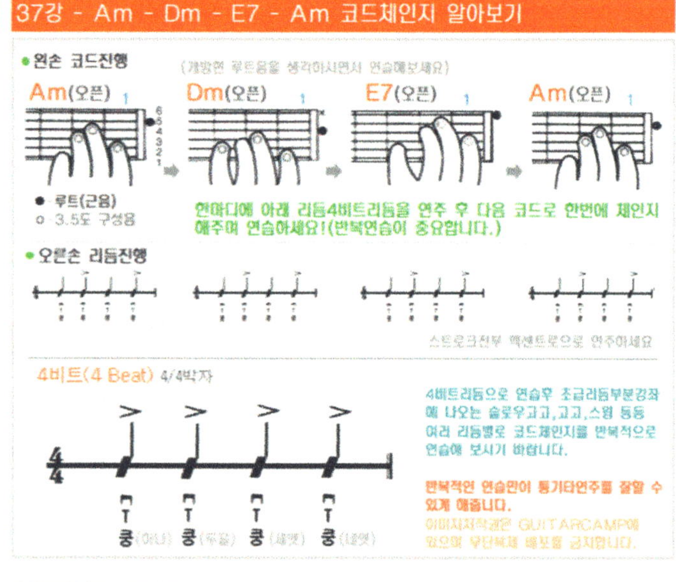

35강 - Fm - Bbm - C7 - Fm 코드체인지 알아보기

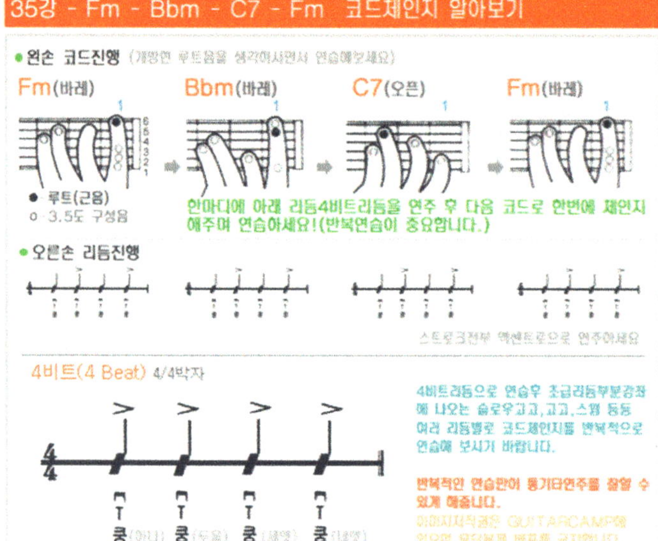

38강 - Bm - Em - F#7 - Bm 코드체인지 알아보기

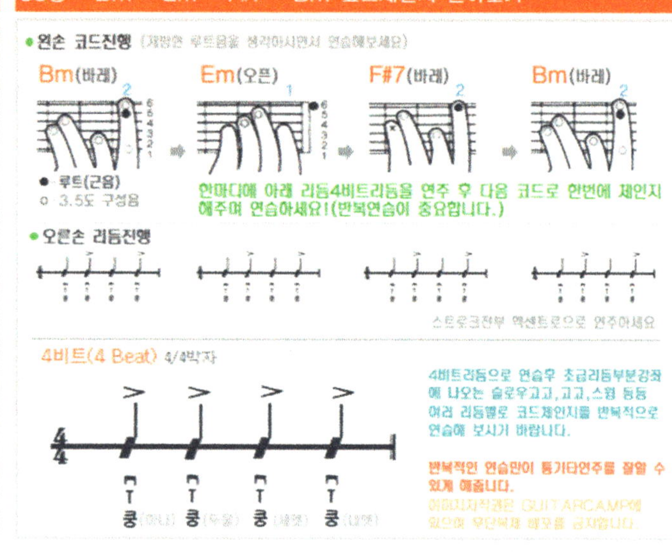

36강 - Gm - Cm - D7 - Gm 코드체인지 알아보기

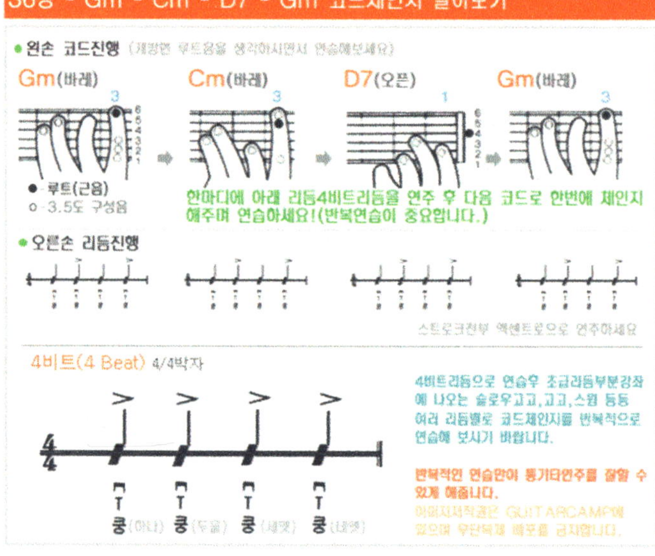

39강 - 왈츠(Waltz)리듬 알아보기

왈츠(Waltz) 4/3박자

18세기말에 오스트리아 바이에른 지방에서 독일 무곡의 영향으로 생겨난
보통 빠르기의 박자 춤곡입니다. 원래 왈츠는 남녀가 서로 끌어안고 원을
그리면서 추는 춤이었는데, 상류사회로 유행하기 시작한 것은 프랑스혁명
과19세기 사회구조의 변화 덕분이었습니다. 19, 20세기를 통하여 여러
가지 왈츠의 형식이 발전하였고, 오늘날에도 사교 댄스나 발레 음악에
없어서는 안될 춤과음악이 되었습니다.

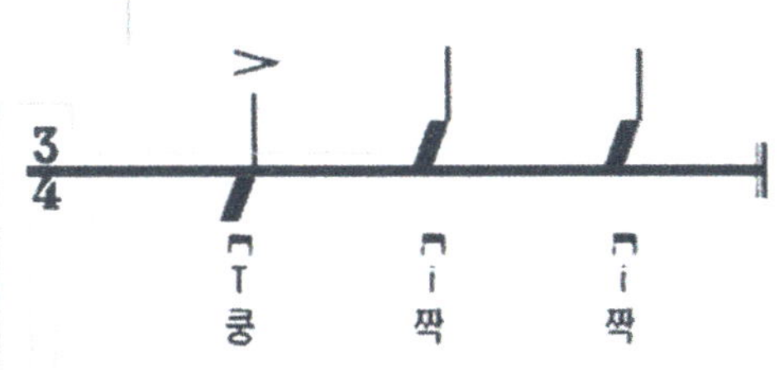

다운 스트로크로 연주
4.5.6번현을 스트로크로 연주함

1.2.3번현을 스트로크하여 연주함(피크사용권장)
(피크 사용 연주시에도 업다운 스트로크는 같습니다.)

연습)

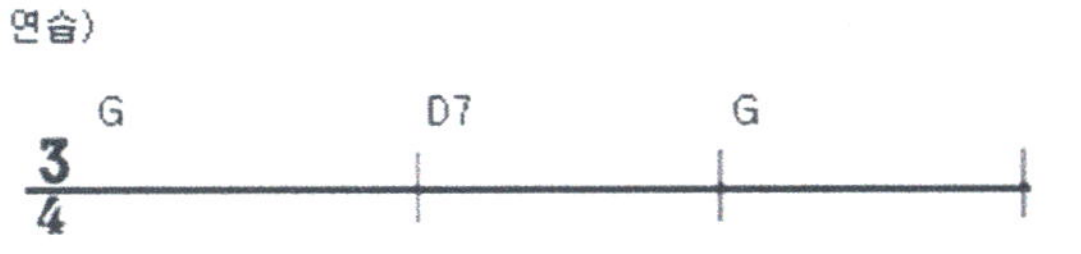

40강 - 4 beat리듬 알아보기

4비트(4 Beat) 4/4박자

4비트는 곡의 템포가 빠른 것에서부터 느린 것에 이르기까지 넓게
사용되고 있으므로 꼭 익혀두어야 하는 기본적인 리듬의 한 종류입니다
둘째 박과 넷째 박에 악센트를 넣고, 첫 박과 셋째 박은 약간 스타카토를
시키는 기분으로 연주합니다. 각 박자 사이의 여운을 가볍게 커팅시키는
요령도 필요합니다.

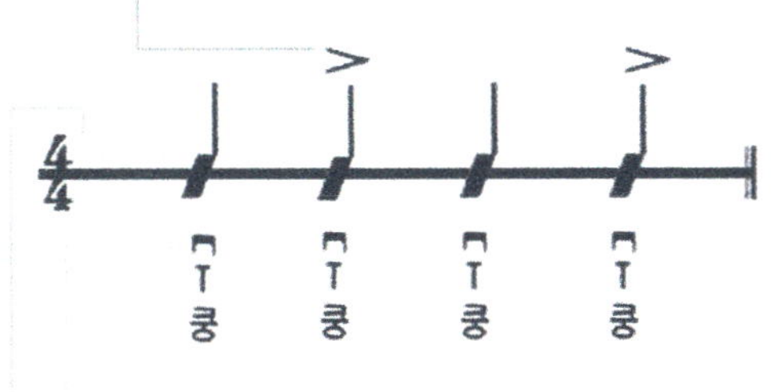

다운 스트로크로 연주

기타현모두를 스트로크하여 연주함(피크사용권장)
(피크 사용 연주시에도 업다운 스트로크는 같습니다.)

연습)

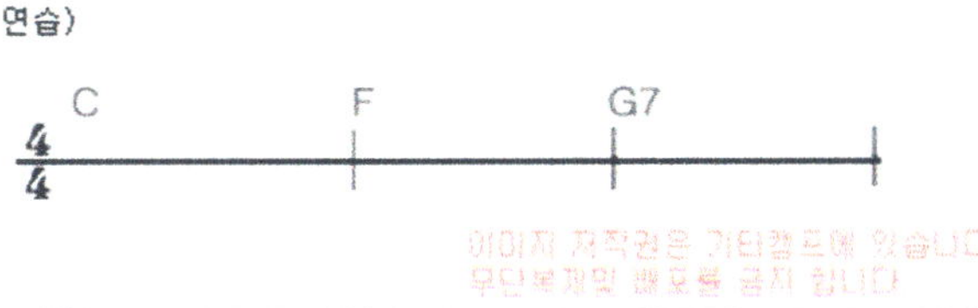

41강 - 8 beat리듬 알아보기

8Beat(고고(Go Go)) 4/4박자

트위스트, 림보, 몽키 등 60년대 중반에 유행한 댄스
뮤직의 총칭이 '고고'입니다라고 부르는 리듬은 정확히 얘기해서
8비트라고하는 것이 좋습니다

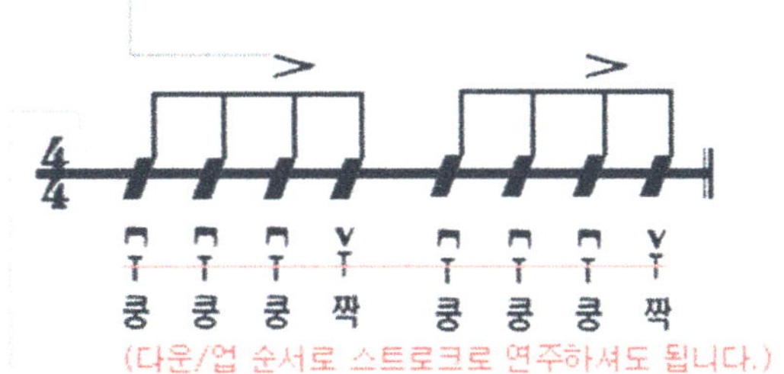

다운 스트로크로 연주
업 스트로크로 연주

기타현모두를 스트로크하여 연주함(피크사용권장)
(피크 사용 연주시에도 업다운 스트로크는 같습니다.)

연습) (액센트부분에 컷팅를 하시면 더욱 좋습니다)

42강 - 16 beat리듬 알아보기

16비트(16 Beat) 4/4박자

8비트에서 웨이크를 거쳐 16분 음표를 사용하는 16비트로, 이렇게 리듬은
복잡하게 발전해 나아가고 있습니다.
(첫박에 엑센트와 함께 빠르고 정확하게 연주하는 것이 중요합니다.)

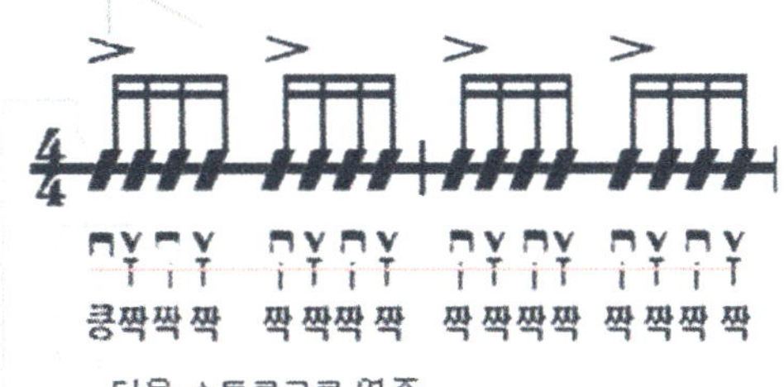

다운 스트로크로 연주
업 스트로그 연주

기타현모두를 스트로크하여 연주함(피크사용권장)
(피크 사용 연주시에도 업다운 스트로크는 같습니다.)

연습) (빠르고 정확하게 연주하세요!)

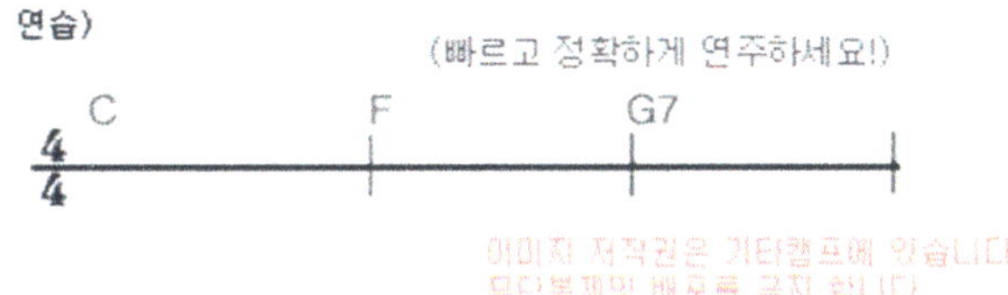

43강 - 슬로우락(Slow Rock)리듬

슬로우 록(Slow Rock) 12비트(12 Beat)

1940년대에 이르러 블루스 음악은 부기우기와 셔플로부터 생겨난 강렬한
댄스 비트와 어울려서 R&B로 발전합니다. 그 후 R&B는 로큰롤을
낳았지만, 발라드하면서 조금 느린 록음악에서는 R&B의 리듬 패턴을
계속 사용하였습니다. 결국 R&B나 록 발라드나 슬로우 록은 같은 패턴의
리듬입니다. 록 블루스(Rock Blues)라고도 합니다.
리듬의 여러 가지 이름 중에서 비교적 비트가 약한 것이 슬로우 록입니다.

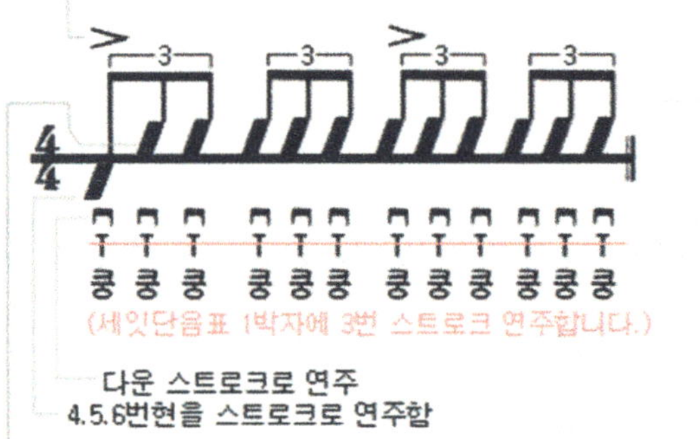

1.2.3번현을 스트로크하여 연주함(피크사용권장)
(피크 사용 연주시에도 업다운 스트로크는 같습니다.)

연습)

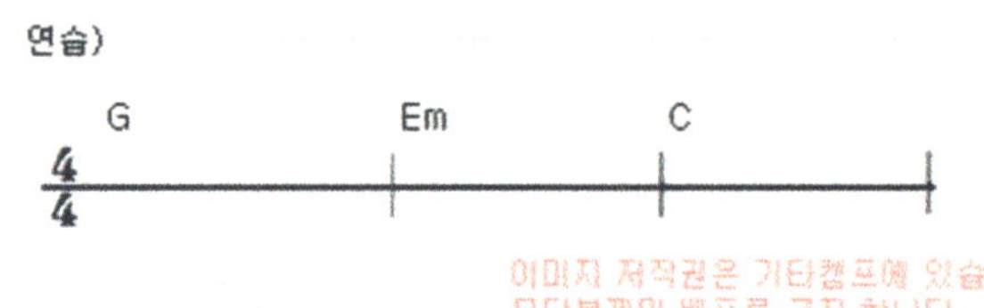

44강 - 슬로우고고(Slow GoGo)리듬

슬로우 고고(Slow GoGo) 4/4박자

조금 느린 템포의 8비트입니다.
통기타 리듬 연주 중 많이 사용되는 리듬입니다.
발라드 품의 느린템포의 곡을 연주시 많이 사용 됩니다.

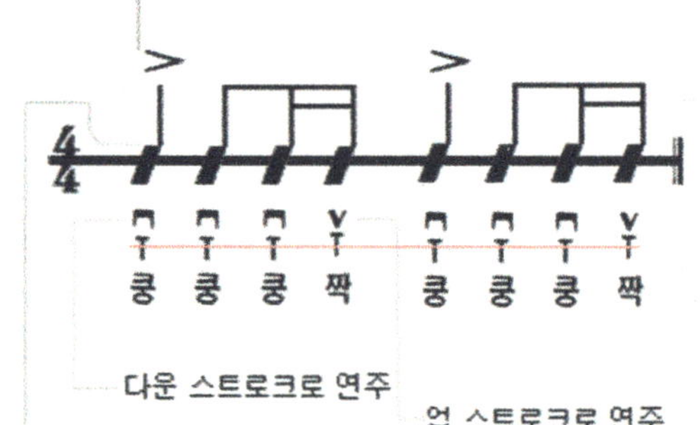

기타현모두를 스트로크하여 연주함(피크사용권장)
(피크 사용 연주시에도 업다운 스트로크는 같습니다.)

연습) (한마디에 2박자씩 코드 체인지)

다른 패턴의 슬로우고고 Slow GoGo
(실제 연주시에 많이 사용되는 리듬입니다.)

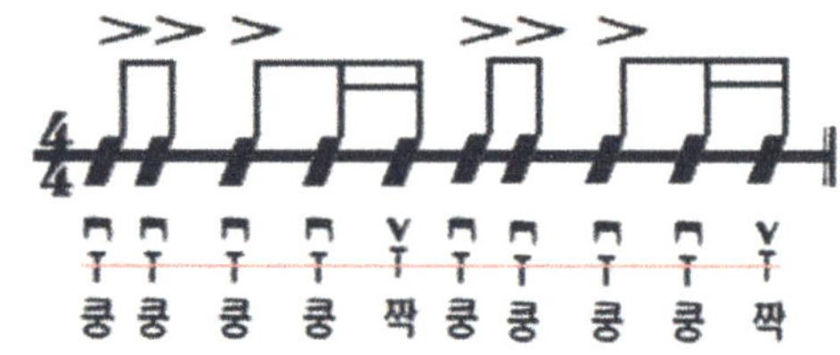

45강 - 고고(GoGo)리듬 알아보기

고고(Go Go) 4/4박자

트위스트, 림보, 몽키 등 60년대 중반에 유행한 댄스
뮤직의 총칭이 '고고'입니다라고 부르는 리듬은 정확히 얘기해서
8비트라고하는 것이 옳습니다

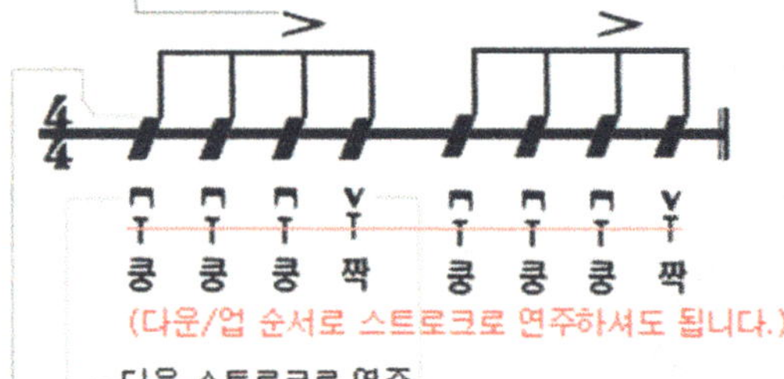

기타현모두를 스트로크하여 연주함(피크사용권장)
(피크 사용 연주시에도 업다운 스트로크는 같습니다.)

연습) (엑센트부분에 컷팅콜 하시면 더욱 좋습니다)

46강 - 칼립소(Calypso)리듬 알아보기

칼립소(Calypso) 4/4박자

팝 음악의 뿌리를 찾다보면 크게 유럽의 전통 음악과 아프리카의 흑인
음악으로 나눌 수가 있는데, 칼립소(Calypso), 삼바(Samba),
보사노바(Bossanova),레게(Reggae), 뿐만 아니라 재즈에서 사용되는
리듬의 거의 대부분은 아프리카 흑인들이 노예로 팔려나가서 세계 각
지역마다 독특한 리듬을 만들어 발전 시킨것들입니다.(흑인 음악에서 비롯
되고 있습니다.)

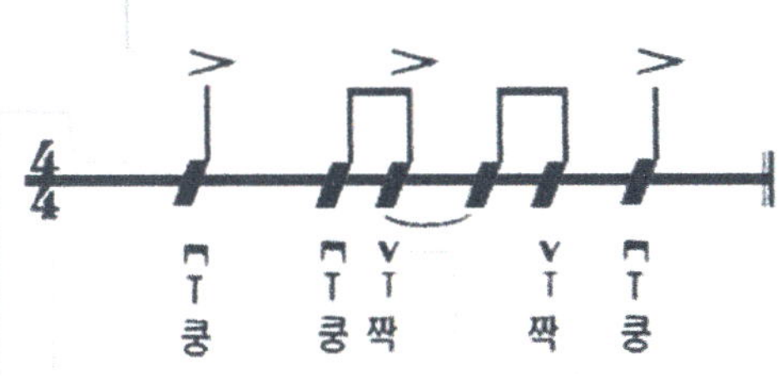

다운 스트로크로 연주   업 스트로크로 연주

기타현모두를 스트로크하여 연주함(피크사용권장)

연습)   (칼립소의 리듬은 많이 쓰이는 리듬입니다.)

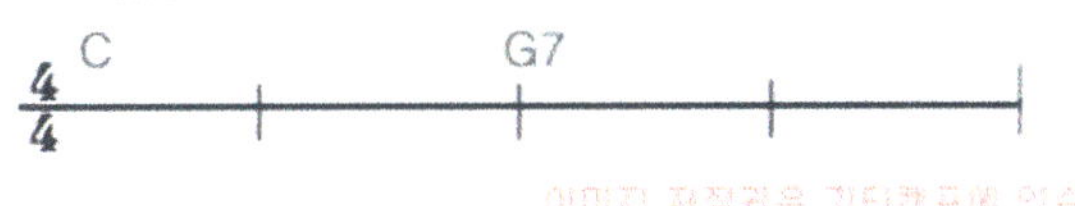

48강 - 디스코(Disco)리듬 알아보기

디스코(Disco) 4/4박자

디스코는 1970년대 중반부터 유행하기 시작한 댄스 리듬으로, 일정한
춤의 패턴이 없는 것처럼 리듬 역시 다양한 8비트나 16비트를 사용하고
있습니다.
기타의 리듬보다는 정확하게 규칙적으로 때려주는 드럼의 4비트가
특징입니다.

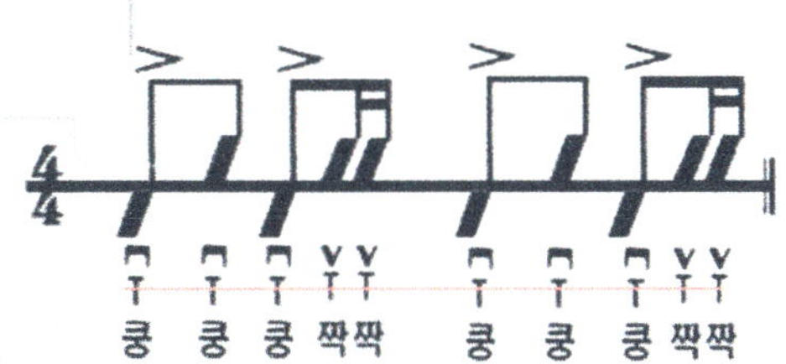

다운 스트로크로 연주   업 스트로크로 연주

4.5.6번현 저음부 연주

1.2.3번현 고음부를 스트로크하여 연주함(피크사용권장)

연습) (빠르게 스트로크 연주합니다.)

47강 - 스윙(Swing)리듬 알아보기

스윙(Swing) 4/4박자

1930년대 베니굿맨악단 그들이 연주하는 음악을 스윙이라고 한데서
나온 말이다. 그들은 스윙음악으로 인기를 모아 스윙이라고 하면 곧
재즈를 가리킬 정도로 유명해졌다.
4/4박자의 노래이며 저음을 칠때의 여운을 유지하는 것이 중요하다.
스윙을 연주할때는 리듬을 따라 어깨가 들썩들썩하는 느낌을 가지면
좋습니다.

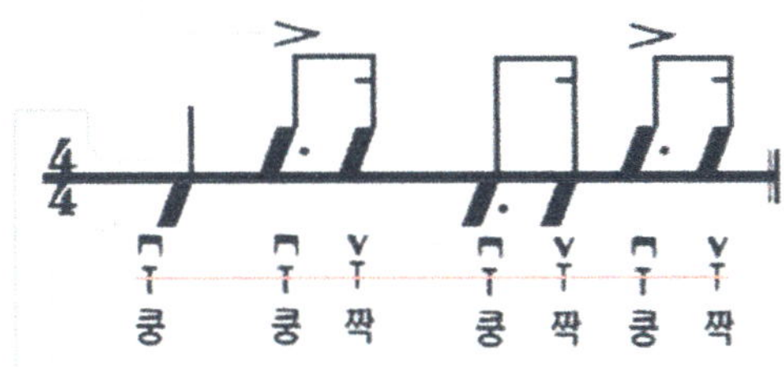

다운 스트로크로 연주
4.5.6번현을 연주함   업 스트로크로 연주

1.2.3번현을 스트로크하여 연주함(피크사용권장)

연습) (길고 짧은 음의 간격을 잘표현하셔야 합니다.)

49강 - 셔플(Shuffle)리듬 알아보기

셔플(Shuffle) 4/4박자

부기우기와 마찬가지로 미국 남부의 흑인들 사이에서 생겨나 1920년대에
재즈와 함께 유행하였으며, 1950년대에 이르러 흑인 음악 리바이벌 붐을
타고 팝 음악의 독립된 분야로서 크게 성행하기 시작한 리듬입니다.

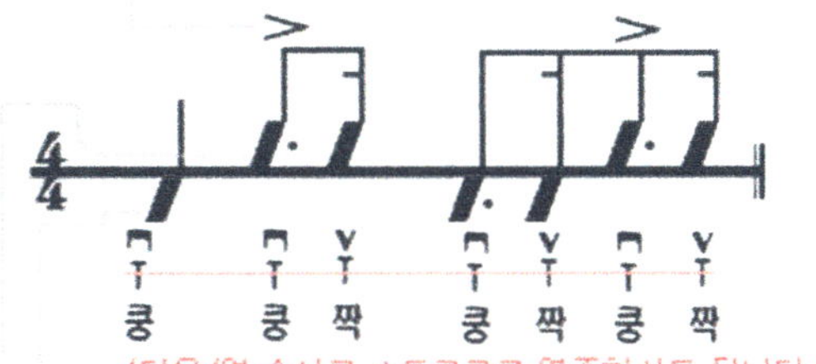

(다운/업 순서로 스트로크로 연주하셔도 됩니다.)

다운 스트로크로 연주
4.5.6번현을 연주함   업 스트로크로 연주

1.2.3번현을 스트로크하여 연주함(피크사용권장)

연습) (길고 짧은 음의 간격을 잘표현하셔야 합니다.)

50강 - 쌈바(Samba)리듬 알아보기

삼바(Samba) 4/2박자

Samba는 브라질 흑인계 주민의 토속 춤곡 및 리듬 등을 일컫는 2박자계의 빠른 템포입니다. 처음에는 집단으로 원무를 한다던가 또는 행렬에서 사용되었다가 1910년대에 대중화되기 시작했습니다. 이 리듬이 미국에 들어온것은 1940년대였으며, 그 후 재즈와 결합해서 보사노바를 탄생하게 합니다

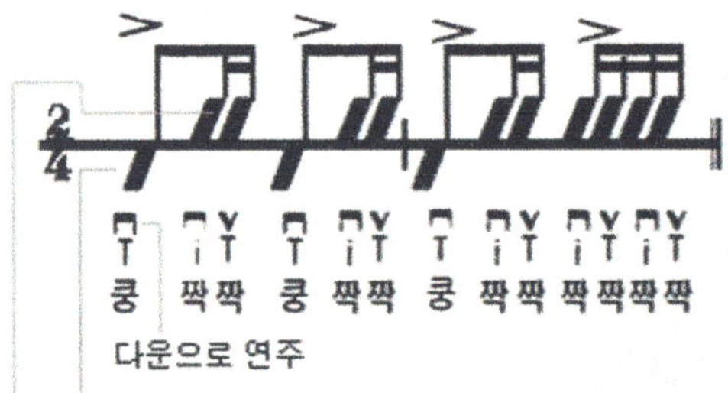

기타현 4,5,6번(저음부)현을 엄지 핑거로 다운으로 연주함

기타현 1,2,3번(고음부)현을 손바닥을 펴주며 다운으로 연주함
(피크 사용 연주시에도 업다운 스트로크는 같습니다.)

연습)

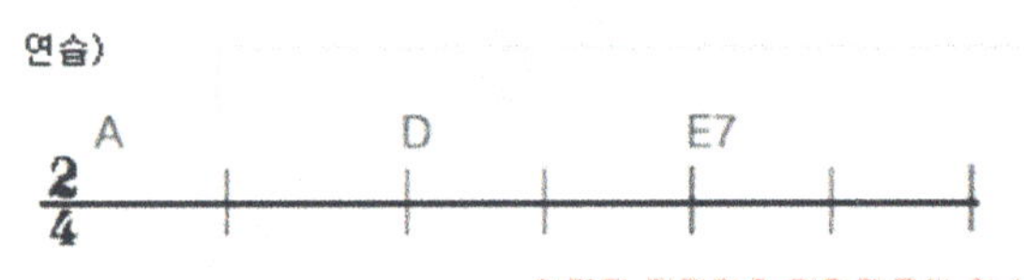

51강 - 트로트(Trot)리듬 알아보기

Trot(트로트) (4/2)박자(한마디에 2박자를 연주함)

가장 단순한 형태의 리듬이지만 무시할 수 없을 정도로 아주 많은 곡에 쓰이는 것으로 우리가 흔히 말하는 '뽕짝'이라는 리듬의 형태가 바로 이것입니다.
'뽕짝'은 이 리듬의 느낌을 의성어로 발음한 것이라고 합니다. 아래에 리듬의 형태를 보시면 이해가 가실 것입니다.

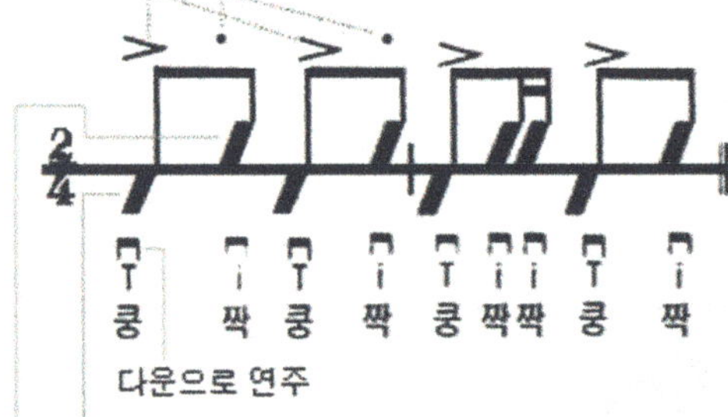

기타현 4,5,6번(저음부)현을 엄지 핑거로 다운으로 연주함

기타현 1,2,3번(고음부)현을 손바닥을 펴주며 다운으로 연주함
(피크 사용 연주시에도 업다운 스트로크는 같습니다.)

연습)

52강 - 비긴(Beguine)리듬 알아보기

비긴(Beguine) 4/4박자

카리브 제도의 마르티니크와 세인트루치아에서 생겨난, 원래는 프랑스 계통의 빠른 춤곡입니다.
칼립소가 중간 박자에 생겨나는 상코페이션이 특징이라면, 비긴 리듬은 첫박자에 생겨나는 상코페이션이 특징입니다.
(베이스와 리듬을 합친 패턴입니다.)

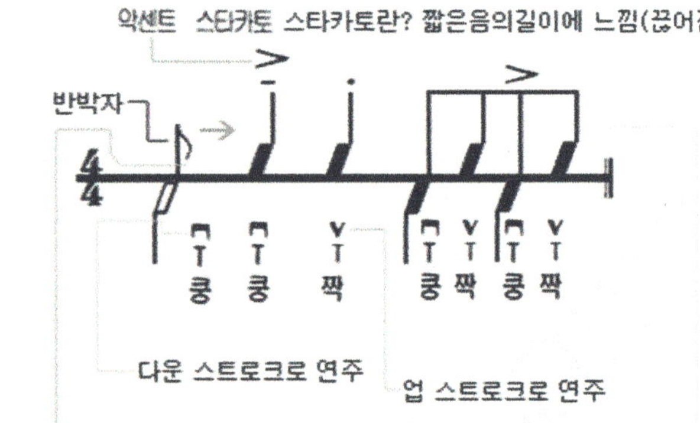

기타현모두를 스트로크하여 연주함(피크사용권장)
(피크 사용 연주시에도 업다운 스트로크는 같습니다.)

연습)

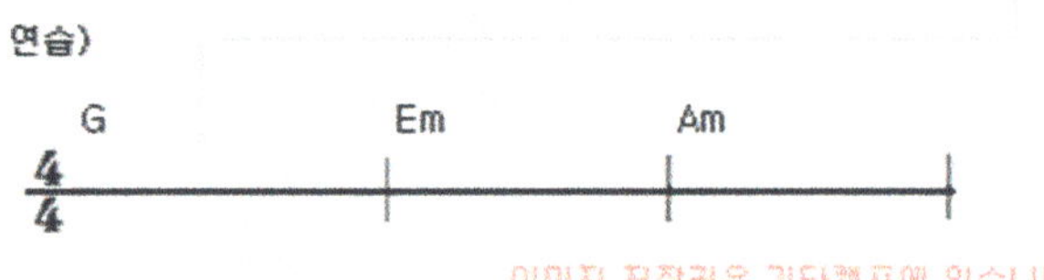

53강 - 마치(March)리듬 알아보기

마치(March) 4/2, 4/4박자

마치는 행진곡을 말합니다. 트로트와 같은 2비트의 리듬이지만, 트로트 보다는 빠르게, 폴카보다는 조금 느린 템포로 연주합니다. 마치는 보통 박자 또는 박자로 적지만 약간 템포가 느린 웅장한 행진곡에서는 박자를 사용하는 경우도 많습니다. 각 박자마다 저음부분은 강한 악센트를 넣어 힘있게 연주하고 리듬은 짧게 끊어 칩니다.

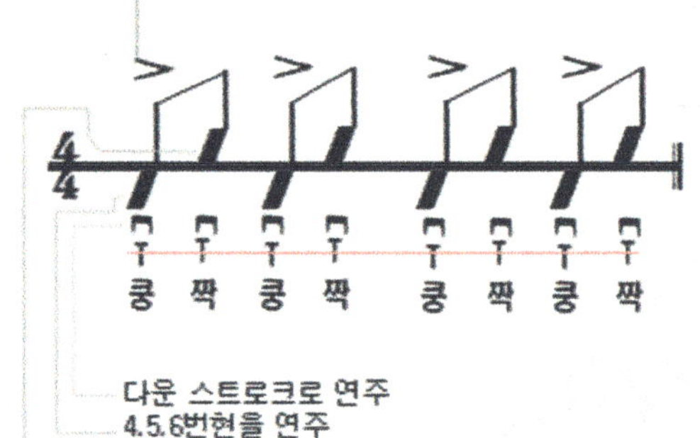

1.2.3번현을 스트로크하여 연주함(피크사용권장)
(피크 사용 연주시에도 업다운 스트로크는 같습니다.)

연습) (트로트보다는 빠르게, 폴카보다는 조금 느린 템포로 연주)

54강 - 락앤롤(Rock & Roll)리듬

록큰롤(Rock'n Roll) 4/4박자

1950년 중반에 컨트리 음악에 R&B의 비트를 추가시켜서 생겨난 로큰롤은
전 세계의 팝 음악 속으로 파고들어 현 시대에 우리가 듣는 거의 모든 음악
많건 적건 록의 영향을 받고 있다 할 수 있습니다. 보다 근본적인 발생은
흑인 영가나 블루스에 맞추어서 손뼉을 치던 것이 리듬의 시작이었으며,
그 후로 악기 등에 의해 연주되면서 오늘날과 같은 록 리듬의 기본을
이루게 된 것입니다.

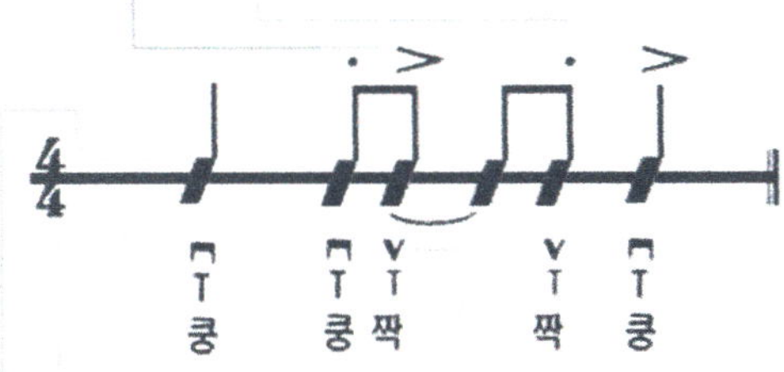

다운 스트로크로 연주   업 스트로크로 연주

기타현모두를 스트로크하여 연주함(피크사용권장)

연습)
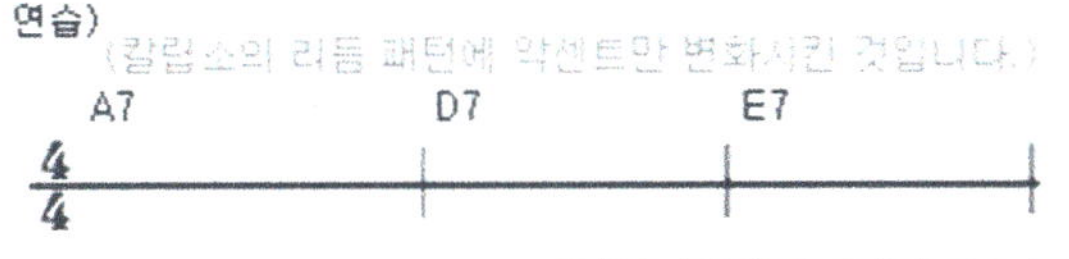

55강 - 룸바(Rumba)리듬 알아보기

룸바(Rumba) 4/4박자

19세기 초 쿠바의 아프리카계 주민들 사이에서 시작된 댄스 리듬으로
1930년대를 전후하여 미국과 유럽에 보급되어 사교춤의 표준이 된
리듬입니다. 빠르고 활기 있는 Quick Rumba와 템포가 느린
Slow Rumba의 두 가지로 발전되었습니다.
원래는 박자의 16비트였으나 박자의 8비트로 단순화시키면서 대중화된
리듬입니다.

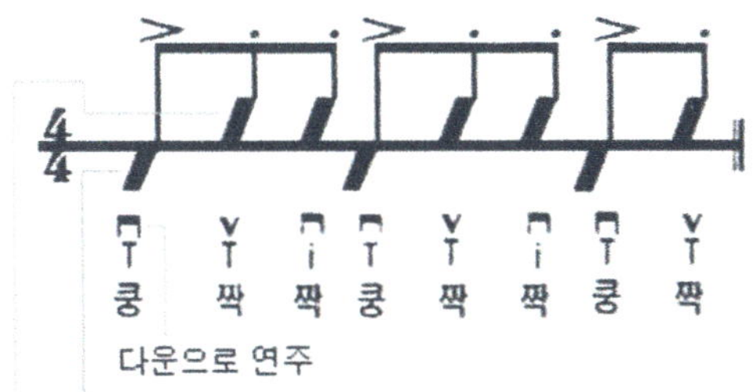

기타현 4,5,6번(저음부)현을 엄지 핑거로 다운으로 연주함

기타현 1,2,3번(고음부)현을 손바닥을 펴주며 다운으로 연주함

연습)

C   F   G7
4/4

56강 - 차차차(Cha Cha Cha)리듬

차차차(Cha Cha Cha) 4/4박자

쿠바의 민속 음악인 단손이 기본이 되어 1950년대에 대중적인 리듬으로
발전해습니다.
차차차'라는 이름은 곡을 마칠 때 춤에 겨운 연주자들이 '차차차'라고
외치는 데서부터 시작되었습니다.

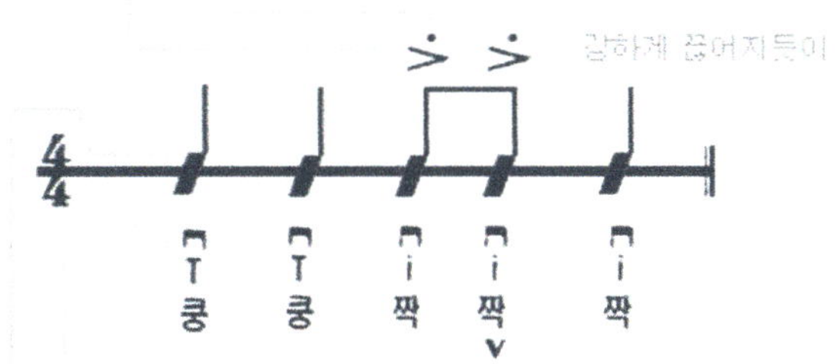

다운 스트로크로 연주
기타현을 왼손뮤트(묵음)테크닉으로 연주함(기초부문참조)

기타현모두를 스트로크하여 연주함(피크사용권장)

연습)
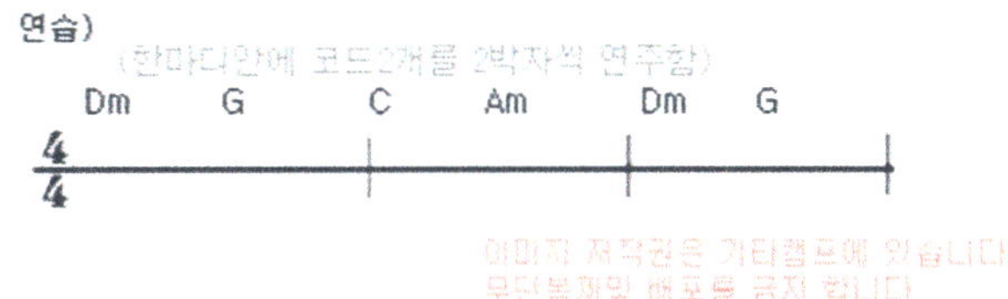

57강 - 탱고 4/2박(Tango 4/2)리듬

탱고(Tango) 4/2박자

탱고는 19세기 후반에 아르헨티나의 수도 부에노스아이레스 근교에 있는
라플라타 강가의 보가 지방에서 생겨난 민속 음악이던 것을 20세기에
들어와서 도시인의 기호에 맞게 개량하였고 유럽을 거쳐 전세계적으로
알려졌습니다.

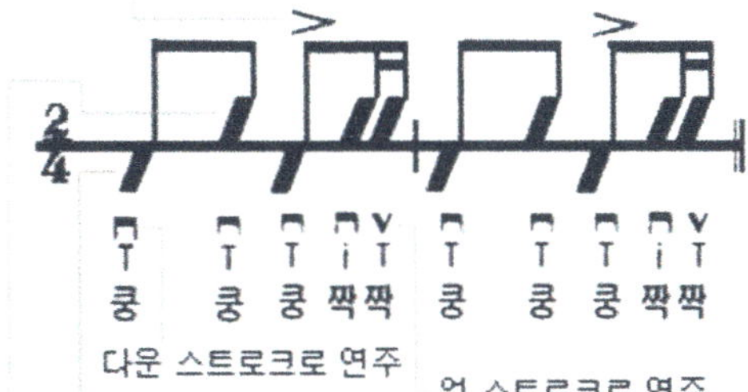

기타현 4,5,6번(저음부)현을 엄지 핑거로 다운으로 연주함

기타현 1,2,3번(고음부)현을 손바닥을 펴주며 다운으로 연주함

연습)

C   F   G7
2/4

58강 - 레게(Reggae)리듬 알아보기

레게(Reggae) 4/4박자

미국에서 생겨나지 않은 리듬 중에서 최근 전 세계적으로 유행했었던
리듬이 바로 Reggae입니다. 1960년대 중반, 자마이카에서 생겨난 레게는
스카(SKA) 사운드가 발전하여 만들어진 것입니다. 자마이카의 연주인들이
방송을 통하여 청취했던 미국의 R&B 음악이 1950년대 중반에
스카사운드를 만들어냈습니다.

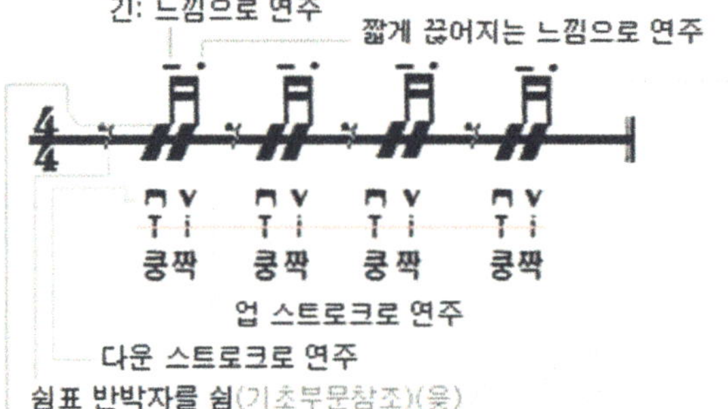

업 스트로크로 연주
다운 스트로크로 연주
쉼표 반박자를 쉼(기초부문참조)(웃)

기타현모두를 스트로크하여 연주함(피크사용권장)
(피크 사용 연주시에도 업다운 스트로크는 같습니다.)

연습)

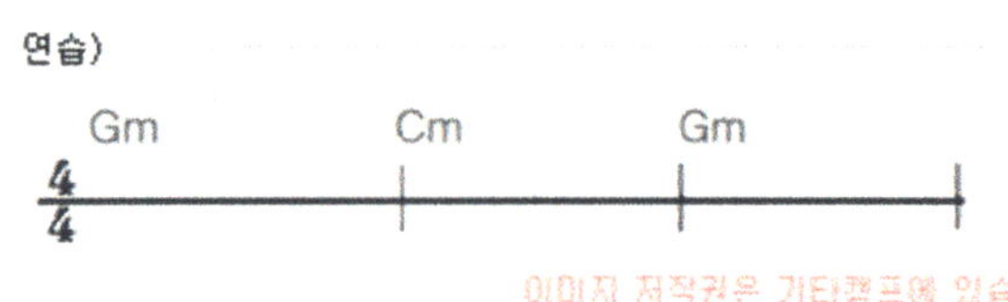

59강 - 보사노바(Bossanova)리듬

보사노바(Bossanova) (4/4)박자

1960년대 초기에 브라질의 조안 질베르토(Joan Gilberto)나 루이스 본파
(Luis Bonfa)등의 젊은 작곡가 그룹에서 미국 재즈의 자극을 받아 새롭게
만들어낸 리듬이 보사노바입니다. 처음에는 재즈 삼바(Jazz Samba)라
불렀는데 미국으로 건너와 보사노바라는 이름으로 전 세계에
알려졌습니다. 참고로, 보사노바의 리듬에 록의 비트를 가미시킨 리듬을
보사 록(Bossa-Rock) 이라고 합니다.

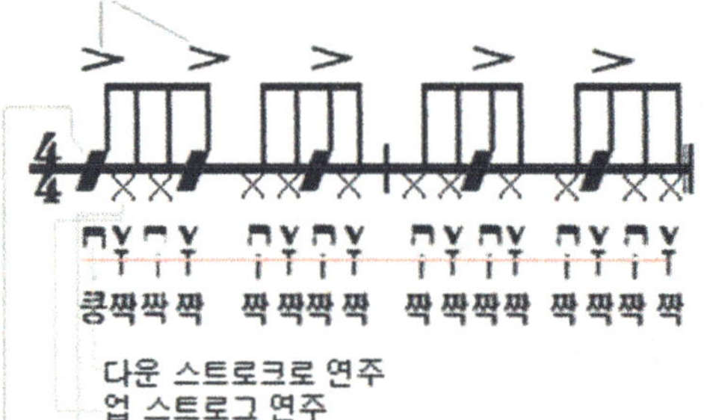

다운 스트로크로 연주
업 스트로그 연주
기타현을 왼손뮤트(묵음)테크닉으로 연주함(기초부문참조)

기타현모두를 스트로크하여 연주함(피크사용권장)
(피크 사용 연주시에도 업다운 스트로크는 같습니다.)

연습)

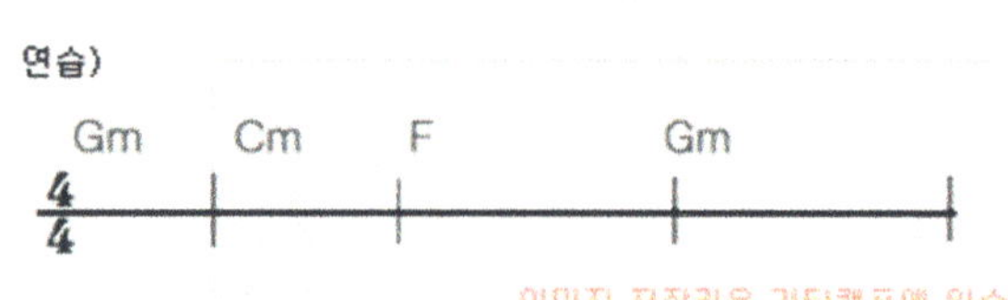

60강 - 아르페이지오 주법 알아보기

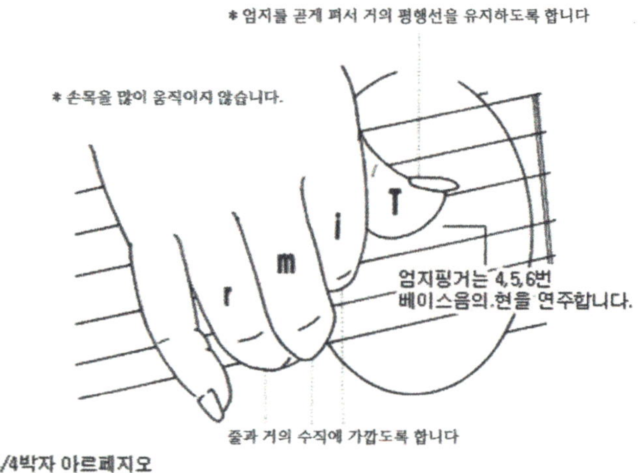

4/4박자 아르페지오

각각 담당하는 줄이 정해져 있으므로 항상 그 줄을 칠 수 있도록 준비해야 합니다.

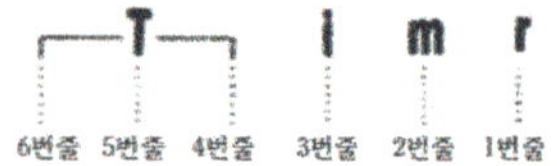

패턴 1

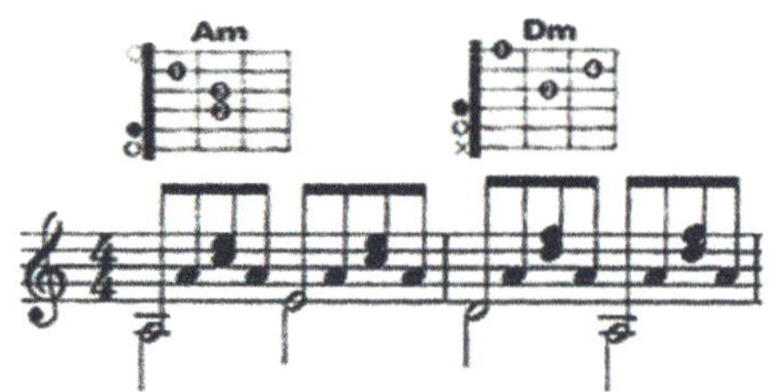

4/4 박자의 전형적인 아르페지오 패턴입니다
2박과 4박에서 기타의 2번줄과 1번줄을 동시에 튕기는 점에 유의 하세요

패턴 2

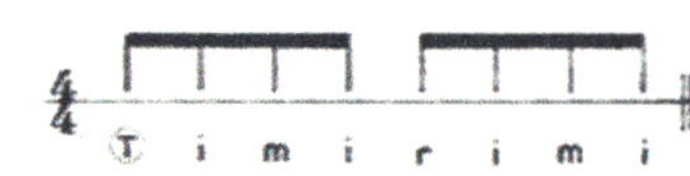

61강 - 4/3박자 왈츠(Waltz)아르페이지오 패턴 1 알아보기

● 왈츠(Waltz) 아르페이지오 패턴 1

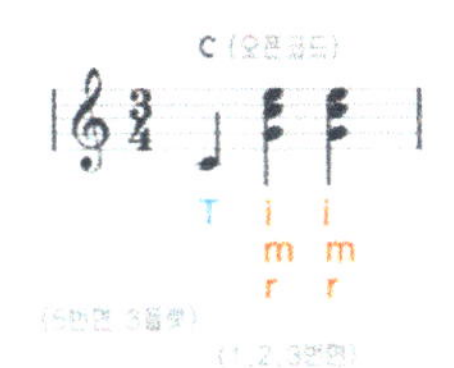

T - 루트(근음)을 연주
i.m.r(1.2.3번현) 동시에 연주

한마디에 '쿵' '짝' '짝' 으로 연주
'쿵' 에 엑센트(강하게) 연주합니다.

● 왈츠(Waltz) 코드워킹 연습

62강 - 4/3박자 왈츠(Waltz)아르페이지오 패턴 2 알아보기

● 왈츠(Waltz) 아르페이지오 패턴 2

T - 루트(근음)을 연주
i - 3번현 연주
m.r - 2.1번현 연주
i - 3번현 연주
m.r - 2.1번현 연주
i - 3번현 연주

한마디에 '쿵' '짝' '짝' '짜' '짝' '짜'
으로 연주 '쿵' 에 엑센트(강하게) 연주합니다.

● 왈츠(Waltz) 아르페이지오 패턴 2 코드워킹 ('쿵' '짝' '짝' '짜' '짝' '짜'으로 연주)

63강 - 4/3박자 왈츠 & 8/6박자 아르페이지오 패턴 3 알아보기

● 왈츠(Waltz) 아르페이지오 패턴 3

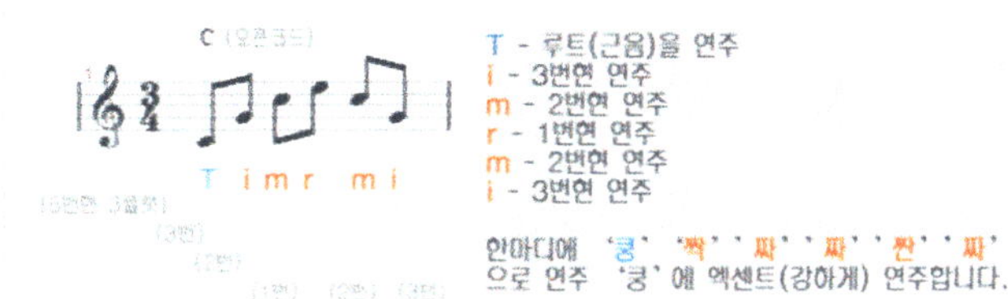

T - 루트(근음)을 연주
i - 3번현 연주
m - 2번현 연주
r - 1번현 연주
m - 2번현 연주
i - 3번현 연주

한마디에 '쿵' '짝' '짜' '짜' '짠' '짜'
으로 연주 '쿵' 에 엑센트(강하게) 연주합니다.

● 왈츠(Waltz) 아르페이지오 패턴 3 코드워킹 ('쿵' '짝' '짜' '짜' '짠' '짜' 로 연주)

64강 - 4/4박자(8 Beat.SlowGoGo)아르페이지오 패턴1 알아보기

● 4/4박자(8beat) 아르페이지오 패턴 1 (SlowGoGo연주시 많이 사용됩니다.)

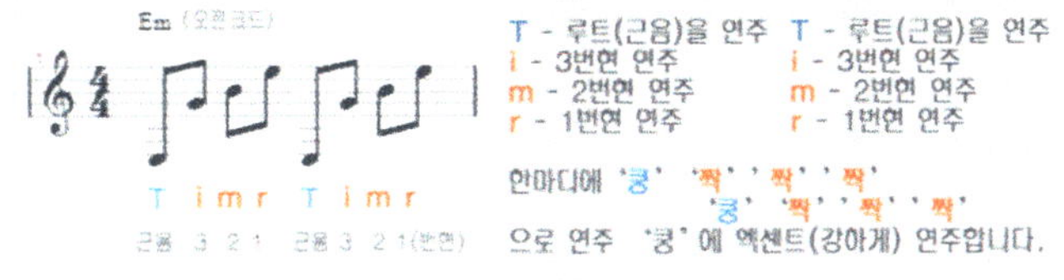

T - 루트(근음)을 연주　T - 루트(근음)을 연주
i - 3번현 연주　　　i - 3번현 연주
m - 2번현 연주　　　m - 2번현 연주
r - 1번현 연주　　　r - 1번현 연주

한마디에 '쿵' '짝' '짝' '짝'
'쿵' '짝' '짝' '짝'
으로 연주 '쿵' 에 엑센트(강하게) 연주합니다.

● 4/4박자(8Beat) 아르페이지오 패턴 1 코드워킹

Em　C　Am　B7　Em　코드 진행하며 반복연습하시기 바랍니다.

코드의 루트(근음)에 변화

65강 - 4/4박자(8 Beat. SlowGoGo)아르페이지오 패턴2 알아보기

● 4/4박자(8beat) 아르페이지오 패턴 2 (SlowGoGo곡에서 많이 사용됩니다.)

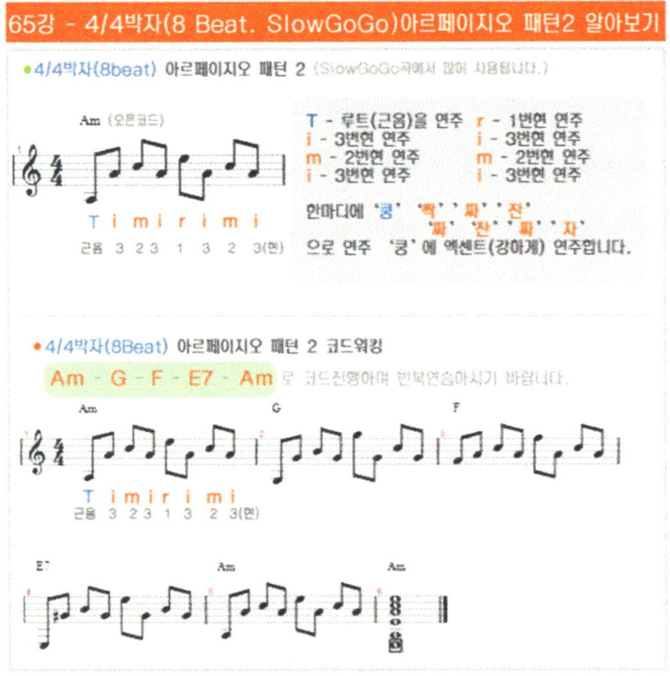

● 4/4박자(8Beat) 아르페이지오 패턴 2 코드워킹

Am - G - F - E7 - Am 로 코드진행하며 반복연습하시기 바랍니다.

66강 - 4/4박자(8 Beat.SlowGoGo)아르페이지오 패턴3 알아보기

● 4/4박자(8beat) 아르페이지오 패턴 3 (SlowGoGo곡에서 많이 사용됩니다.)

● 4/4박자(8Beat) 아르페이지오 패턴 3 코드워킹

C - G - Am - F - G7 - C 로 코드진행하며 반복연습하시기 바랍니다.

67강 - 4/4박자(8 Beat.SlowGoGo)아르페이지오 패턴4 알아보기

● 4/4박자(8beat) 아르페이지오 패턴 4 (GoGo곡에서 많이 사용됩니다.)

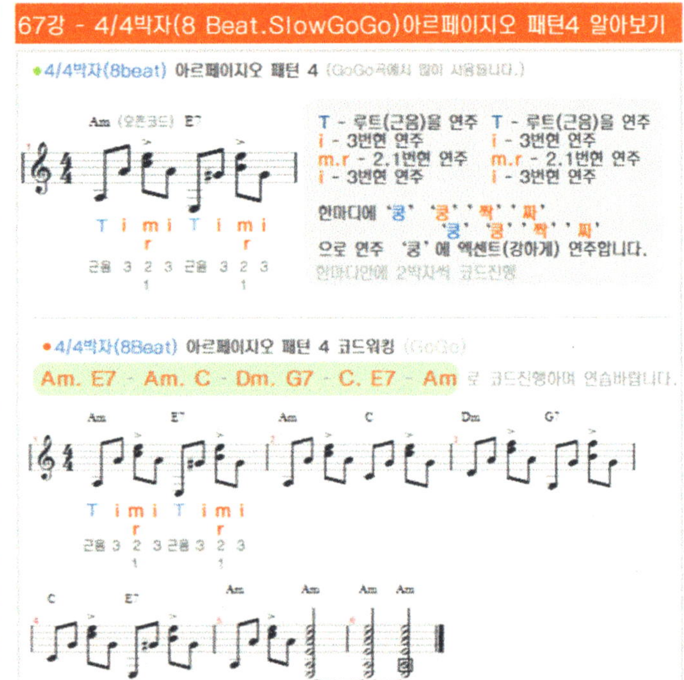

● 4/4박자(8Beat) 아르페이지오 패턴 4 코드워킹 (GoGo)

Am. E7 - Am. C - Dm. G7 - C. E7 - Am 로 코드진행하며 연습바랍니다.

68강 - 셔플(Shuffle) 아르페이지오 패턴

● 셔플(Shuffle) 아르페이지오 패턴 4 (Shuffle곡에서 사용.)

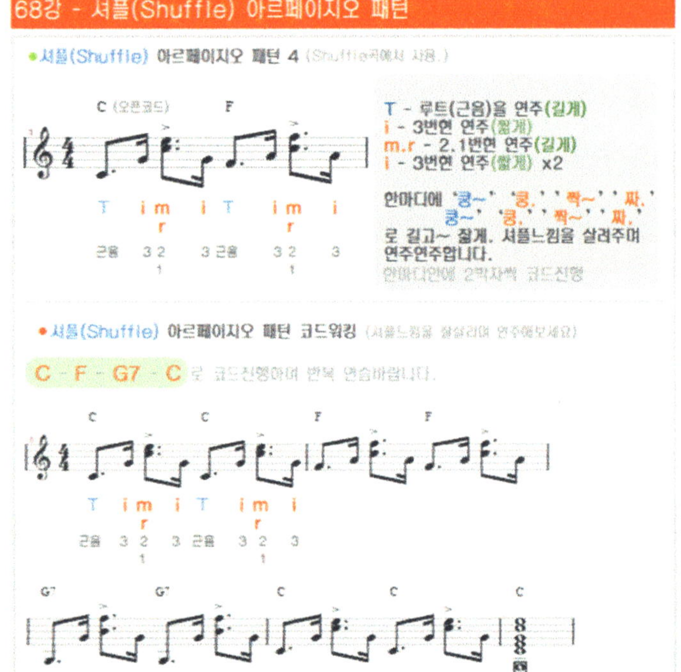

● 셔플(Shuffle) 아르페이지오 패턴 코드워킹 (셔플느낌을 살살리며 연주해보세요)

C - F - G7 - C 로 코드진행하며 반복 연습바랍니다.

통기타 리듬부문 강좌

69강 - 슬로우록(SlowRock) 아르페이지오 패턴 알아보기

• 슬로우록(SlowRock) 아르페이지오 패턴

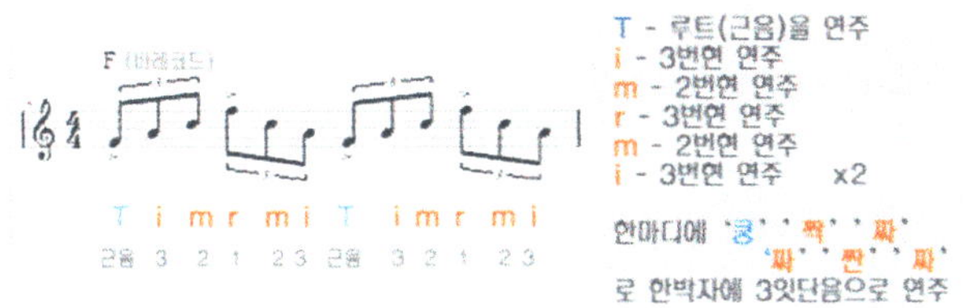

• 슬로우록(SlowRock) 아르페이지오 패턴 코드워킹

F C Bb F 로 코드 진행하며 반복 연습하십시요.

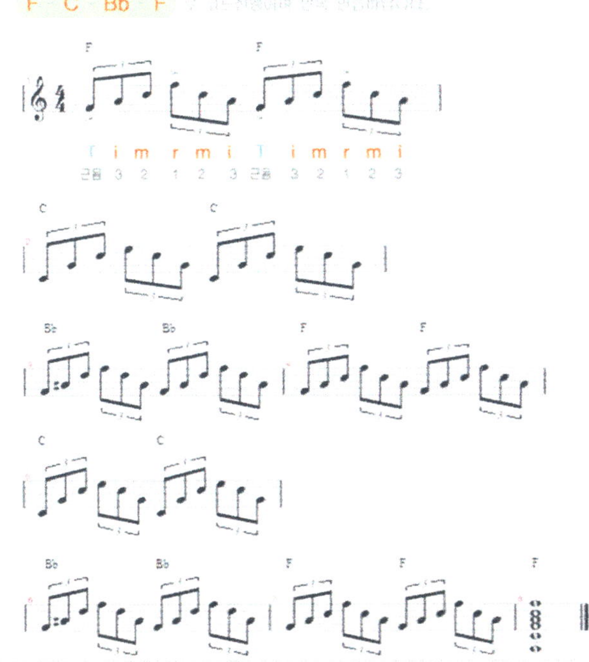

71강 - D&A장조(Major)베이스런(Bass Running)패턴 알아보기

• D Major Key 베이스런(Bass Running) 패턴 폴카(Polka) 4/2,4/4 리듬으로 연주

D G D A7 - D 로 코드진행하며 연습바랍니다.

폴카(Polka)리듬은 좌측하단에 리듬이미지를 참조하시기 바랍니다.

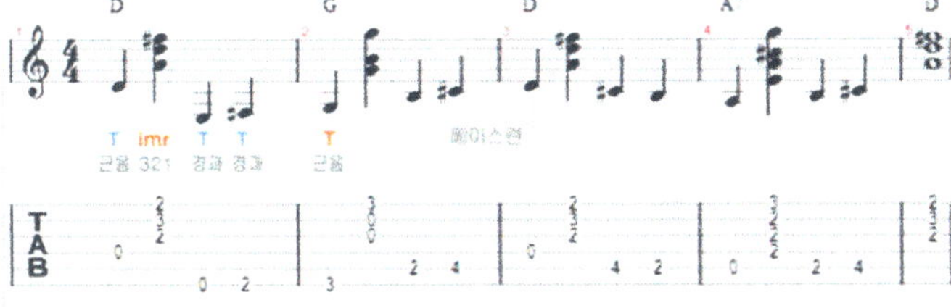

• A Major Key 베이스런(Bass Running) 패턴 폴카(Polka) 4/2,4/4 리듬으로 연주

A D A E7 A 로 코드진행하며 연습바랍니다.

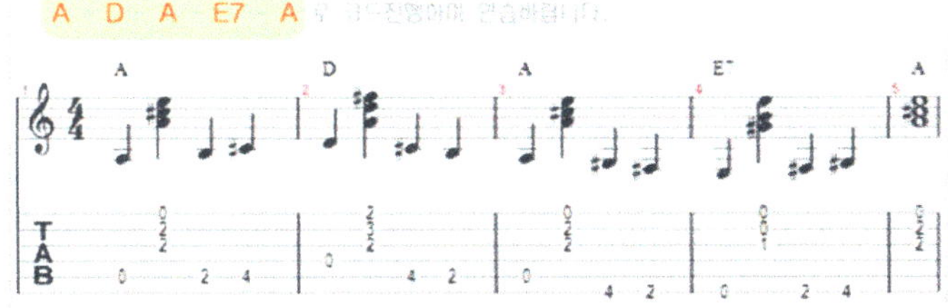

폴카리듬으로 진행하며 경과음 즉,베이스라인은 엄지(T)핑거로 강하게(액센트)진행하세요

70강 - C장조(Major)베이스런 (Bass Running)패턴 알아보기

• 베이스런(Bass Running) 패턴 1

베이런이란 코드와 코드 진행시 각코드의 기본음사이에 경과음을 추가하여 베이스라인을 부드럽게해주어 기타연주를 돋보이게 해주는 테크닉 중에 하나이입니다.

C 장조(Major)음계를 예를들어 루트(근음)과 경과음에 대해 알아보면 아래와 같습니다.

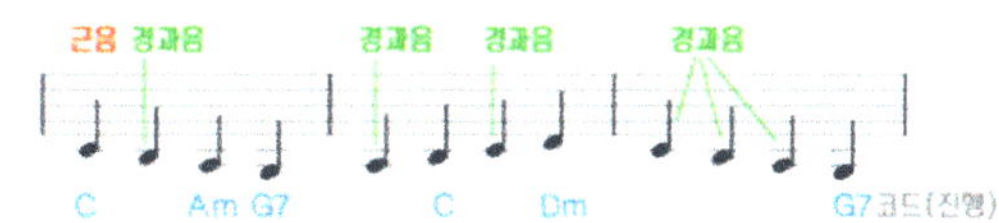

• 베이스런(Bass Running) 패턴 1 코드워킹 폴카(Polka) 4/2,4/4 리듬으로 연주

C C Am Am Dm Dm G7 G7 - C 로 코드진행하며 연습바랍니다.

폴카(Polka)리듬은 좌측하단에 리듬이미지를 참조하시기 바랍니다.

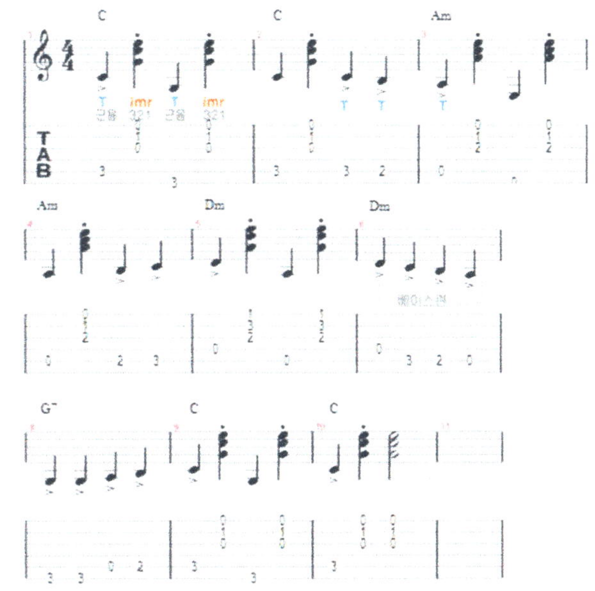

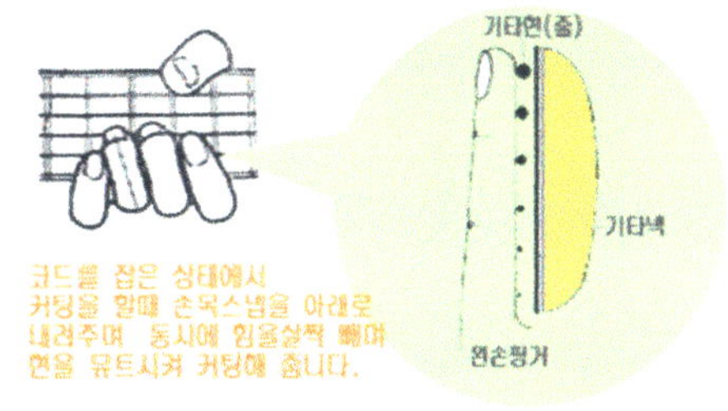

폴카리듬으로 진행하며 경과음 즉,베이스라인은 엄지(T)핑거로 강하게(액센트)진행하세요

72강 - 왼손(Cutting) & 오른손(Muting)테크닉 알아보기

• 왼손(Cutting) 테크닉

왼손뮤트는 왼손핑거로 현을 누르지 많고 힘을 뺀상태에서 기타현(줄)위에 핑거를 살짝 올려놓아 딕음(뮤트)을 냄으로 리듬의 액센트를 주는 테크닉임

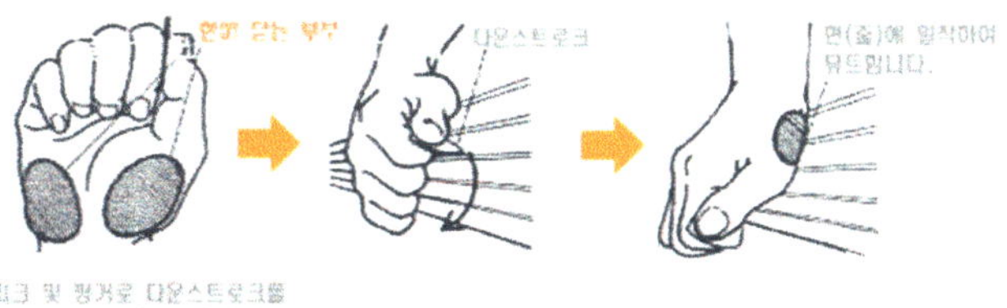

• 오른손(Muting) 테크닉

다운스트로크를 연주함과 동시에 오른손바닥면을 현에 순간적으로 밀착시켜 딕음(뮤트)음을 내어 리듬의 액센트를 주는 테크닉임

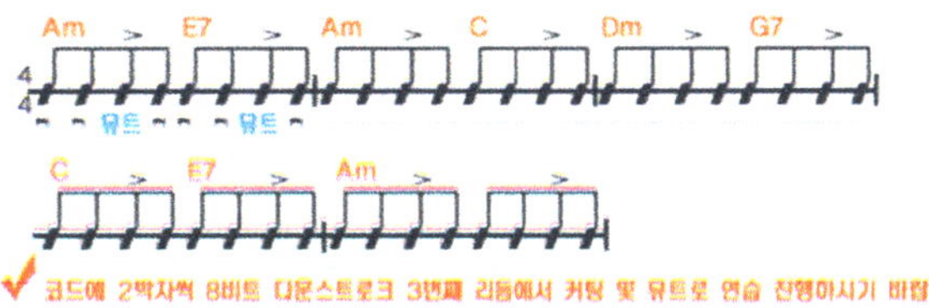

• 왼손(Cutting) & 오른손(Muting) 테크닉 코드워킹

✓ 코드에 2박자적 8비트 다운스트로크 3번째 리듬에서 커팅 및 뮤트로 연습 진행하시기 바랍니다.

73강 - LET IT BE - by. Beatles (연습곡) - 응용연주 1부

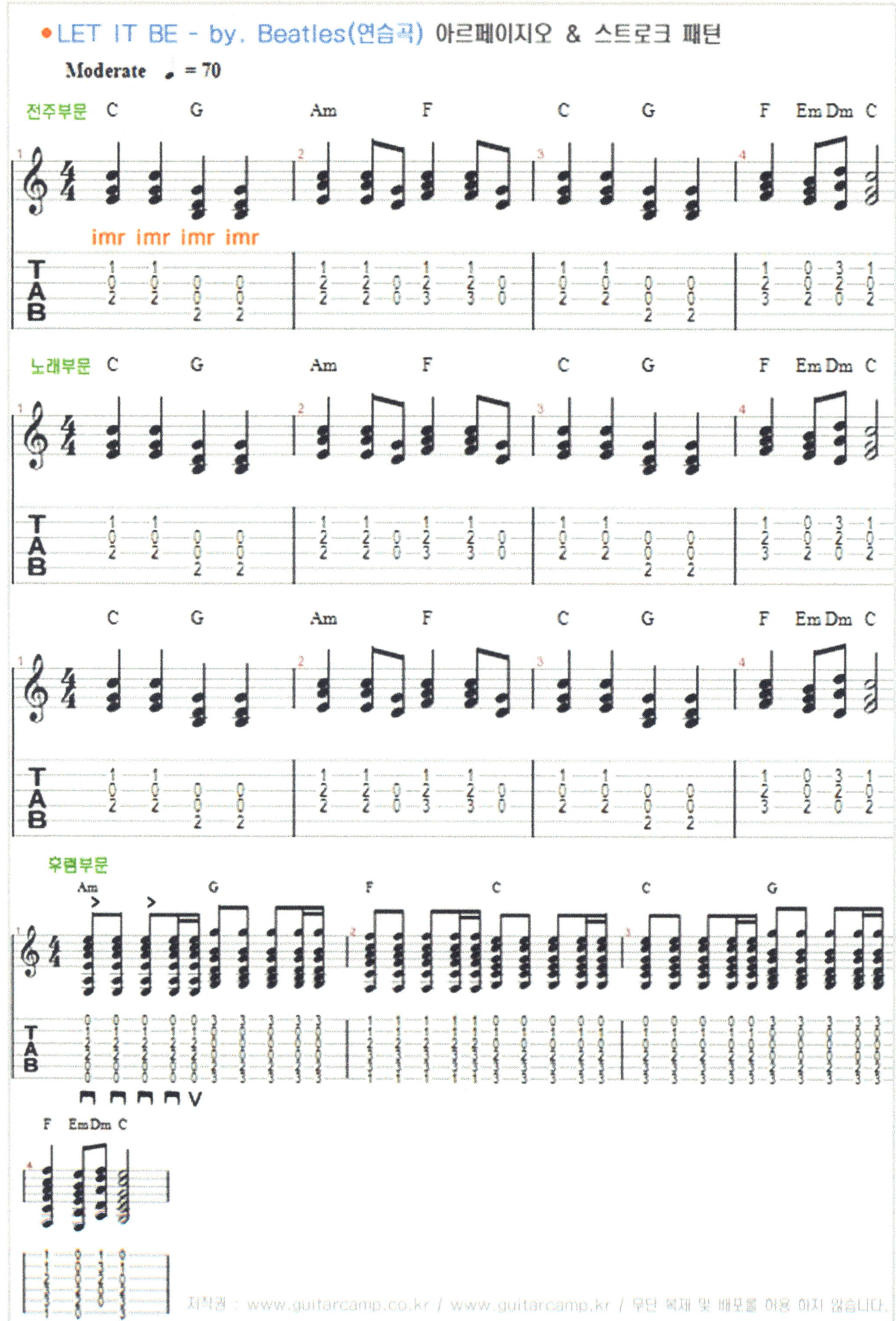

- 너에게 난 나에게 넌 -

자전거탄 풍경 1집 '자전거탄 풍경' (2001.10) 수록곡

작사 : 송봉주
작곡 : 송봉주
노래 : 자전거탄 풍경
편곡 : GuitarCamp

너에게 난 나에게 넌

소중했던 - 우리 푸 르던 - 날 을 - 기억 - 하 며 - 음 후 회없 - 이 그림 처 - 럼 남 아주 - 기 를
나에게넌 - 내외롭던지 - 난 시 - 간 을 - 환하게비 - 춰주 - 던 햇살 이 - 되 고 -
조그맣던 - 너의 - 하 - 얀 손 - 위 에 - 빛나는보 - 석처 - 럼 영원 의 - 약 속 - 이 되 - 어
강좌파트 - 3 . 후렴부분
너에게난 - 해질 녁 노을 - 처럼 - 한편의아 - 름다 - 운 추억 이 - 되 - 고 -

소중했던- 우리 푸 르던-날 을- 기억-하 며 - 음 후 회없-이 그림 처-럼 남 아주-기 를 -
나에게넌- 초록의슬-픈 노-래 로 - 내작은가- 슴속-에 이렇 게-남 아-

너에게 난 나에게 넌

반짝이던-
너의예쁜-눈 망-울 에-
수많은별- 이되-어
영원 토-록 빛-나 고-싶 어

-너에게난-
해질 녘 노을- 처럼-
한편의아- 름다-운
추억 이-되 고-

소중했던-
우리 푸 르던-날 을- 기억-하 며-
음 후 회없-이
그림 처-럼 남 아주-기 를

-너에게난-
해질 녘 노을- 처럼-
한편의아- 름다-운
추억 이-되 고-
(너에게난 -
우-
아름다운 추억 이-되 고-

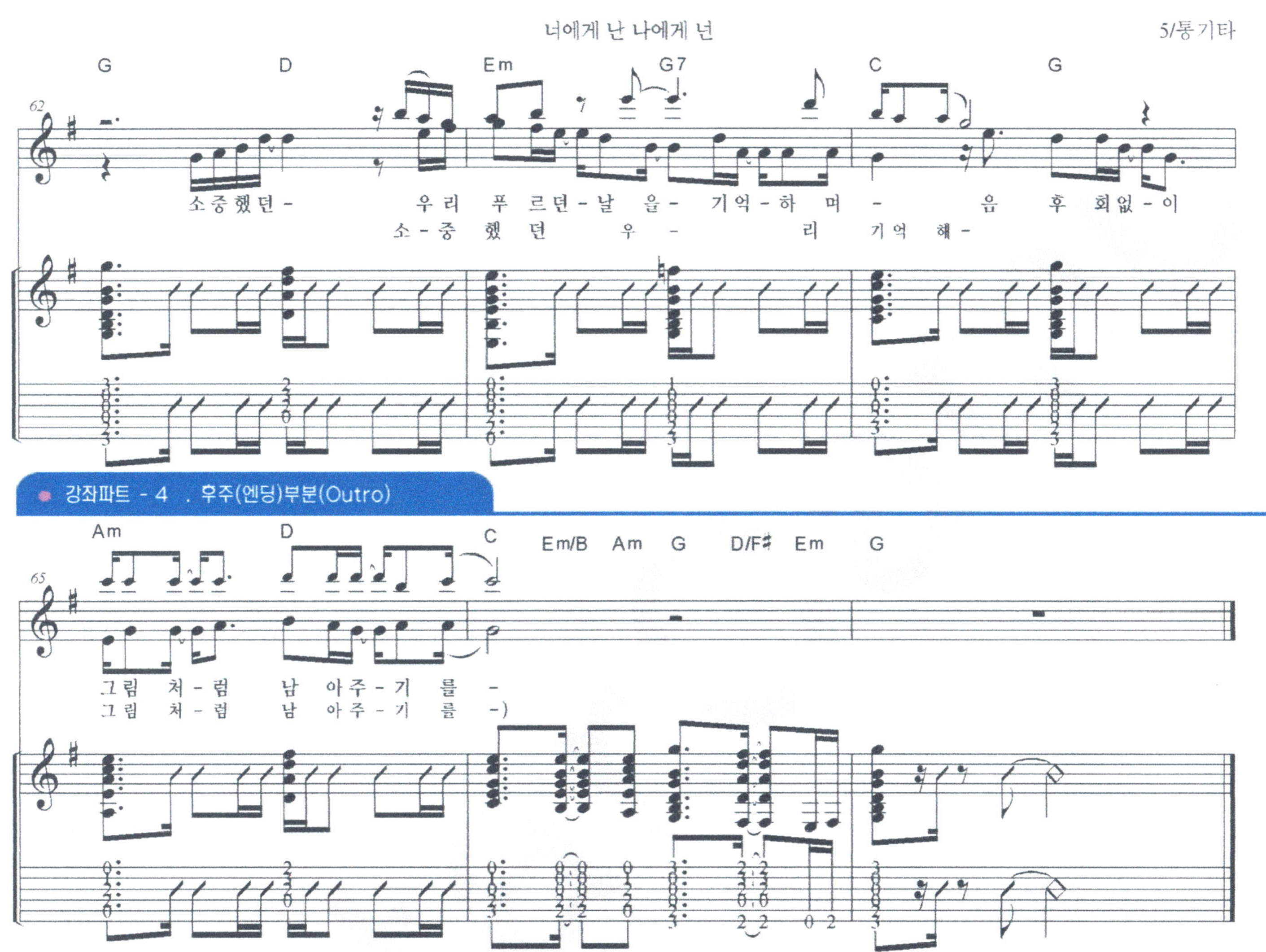
G   D   Em   G7   C   G
소중했던 - 우 리 푸 르던 - 날 을 - 기억 - 하 머 - 음 후 회없 - 이
소 - 중 했 던 우 - 리 기억 해 -

강좌파트 - 4 . 후주(엔딩)부분(Outro)

Am   D   C   Em/B Am G D/F# Em   G
그림 처 - 럼 남 아주 - 기 를 -
그 림 처 - 럼 남 아주 - 기 를 -)

- 내사랑 내곁에 -

작사 : 오태호
작곡 : 오태호
노래 : 김현식
편곡 : GuitarCamp

김현식의 6집 '추억 만들기' (1991.02)수록곡

강좌파트 - 1 . 인트로부분(intro)

AG. 1

강좌파트 - 2 . 노래부분

시 -간은멀어 집으-로 향 해가-는 데 약 속 했던 그 대만-은 올 줄 을 모-르고-
애 -써웃음지 으며- 돌 아 오는- 길을- 왜 그리- 도 낮 설고- 멀기-만 한 -지 - 저
여 린 가 지 사 이로- 혼 자 안날- 느낄-때 이렇 게 아픈- 그대 기 억이- 날까 -
내 사랑그대- 내 곁 에 있 어줘- 이 세 상 하 나뿐-인 오 직 그대- 만이-

강좌파트 - 3 . 후렴부분

내사랑 내곁에
3/통기타
힘 겨운날에- 너 마 저쩌-- 나-면 비 틀거-릴 내가 안길 곳은 어디에-
저
여 린가지사 이로- 혼 자 안날- 느낄-때 이렇 게 아픈- 그대 기 억이- 날까 -
저작권 : www.guitarcamp.co.kr / www.guitarcamp.kr / 무단 복제 및 배포를 어용 하지 않습니다.

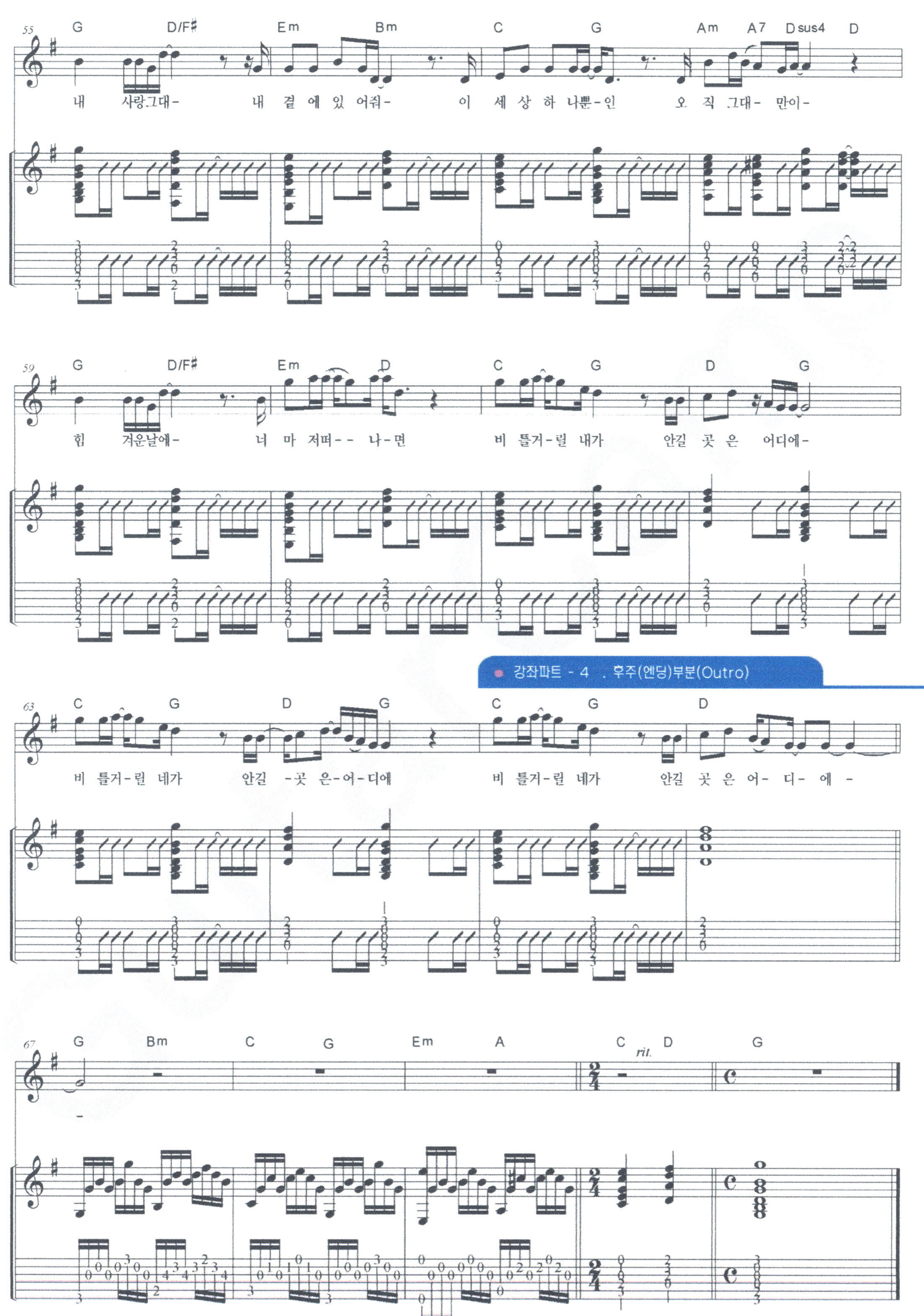
내 사랑그대- 내 곁에있어줘- 이 세상하나뿐-인 오 직그대-만이-
힘 겨운날에- 너 마저떠--나면 비 틀거-릴내가 안길 곳은 어디에-
비 틀거-릴네가 안길 -곳은-어디에 비 틀거-릴네가 안길 곳은어-디-에-
강좌파트 - 4 . 후주(엔딩)부분(Outro)
저작권 : www.guitarcamp.co.kr / www.guitarcamp.kr / 당단 복제 및 배포를 하지 않습니다

- 잊어야 한다는 마음으로 -

김광석의 3집 '나의노래' (1992.3) 수록곡

작사 : 김광석
작곡 : 김광석
노래 : 김광석
편곡 : GuitarCamp

● 강좌파트 - 1 . 인트로부분(intro)

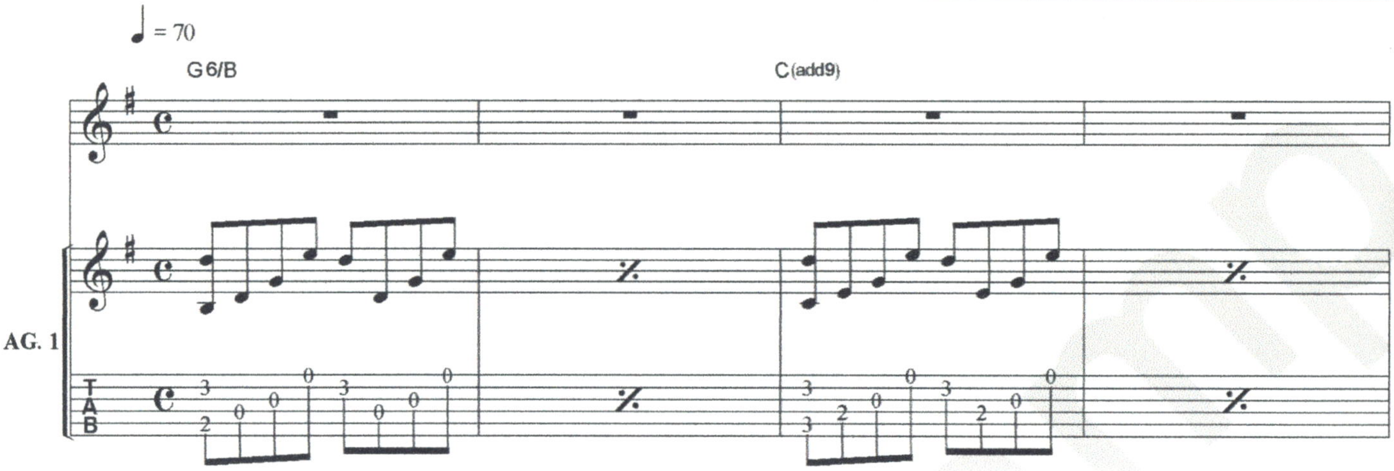

♩ = 70

● 강좌파트 - 2 . 노래부분

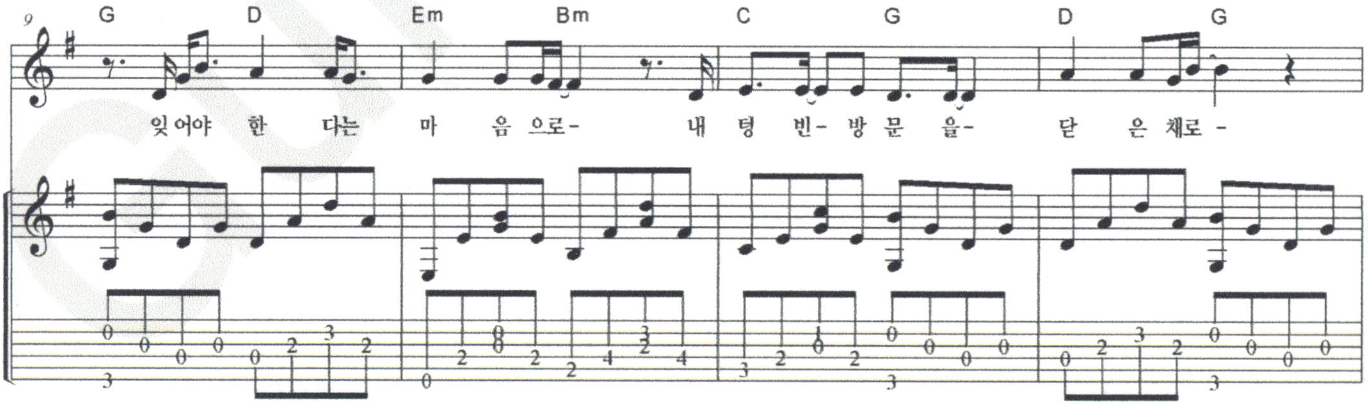

잊어야 한다는 마음으로

아직도 남 아있 - 는 너 의 향기 - 내 텅 빈 - 방 안 에 - 가 득 한데 -
이렇게 홀 로 누워 천 정을 보니 눈 앞 에 - 글 썽 이는 너 의 모 습
잊으려 돌 아 누운 내 눈 가에 - 말 없이 - 흐 르 는 이 슬 방 울 들
강좌파트 - 3 . 후렴부분
지 나 - 간 시 간 - 은 추 억 - 속에 - 묻 히면 그 만 인 - 것을 -
밤 하 - 늘에 빛 나 - 는 수 많은 별 - 들 저 마 다 아 름 답 - 지만 -

나 는- 왜 이 렇-게 긴 긴- 밤을- 또 잊 지 못 해 새 -울-까
내 맘- 속에 빛 나 는 별 -- 하-나 오 직 너 만 있 을 -뿐이 야
창 틈에 기 다 -던 새 벽이 오면- 어 제 보- 다 커진 - 내 방 안에-
하 양게 밝 아온 유 리 창에- 썼 다 -지 운 다 - 널 사 랑해-

강좌파트 - 4 . 후주(엔딩)부분(Outro)

- 여수 밤바다 -

작사 : 장범준
작곡 : 장범준
노래 : 버스커버스커
편곡 : GuitarCamp

버스커 버스커의 '버스커 버스커 1집' (2012.03) 수록곡

● 강좌파트 - 1 . 인트로부분(intro)

● 강좌파트 - 2 . 노래부분(첫번째)

2/통기타
여수 밤바다
13
A(add9)   G#m13   F#m11   A(add9)   G#m13   C#sus4   C#
아 - - - - - -   아 - -   아 - -
17
F#m11   G#m13   A(add9)   F#m11   G#m13   A(add9)
너 - 와함께 걷고싶 다   이바다를 너 - 와함께 걷고싶 어   이거리를
21
F#m11   G#m13   A(add9)   F#m11   G#m13   A(add9)   A
너 - 와함께 걷고싶 다   이바다를 너 - 와함께 걷고싶 어   여 수밤 바
26
E(add9)   G#m13   A(add9)   Bsus4
다   여 수밤 바

여수 밤바다
3/통기타

30
E(add9)   G#m13   A(add9)   Bsus4
다 이바 람에 걸 린 알 수없 는 향-기가-있어 네게 전-해주-고파 전활 걸-

34
E(add9)   G#m13   A(add9)   Bsus4
어 뭐하 고있 나 고 나 는지 금 여-수밤-바다 여-수밤-바다

38
A(add9)   G#m13   F#m11   A(add9)   G#m13   C#sus4   C#
아 - - - 아 - 아 - -

42
F#m11   G#m13   A(add9)   F#m11   G#m13   A(add9)
너 -와함께 걷고싶 다 이바 다를 너 -와함께 걷고싶 어 이거 리를

여수 밤바다

너 -와함께 걷고싶 다   이바다를 너 -와함께 너와함 께- - -오   바
다   이조 명에 담 긴   아 름다 운 얘-기가-있어   네게 들-려주-고파 전활 걸-
어   뭐하 고있 냐 고   나 는지 금 여-수밤-바다   여-수밤-바다 아, 바
다   - - -하 - - -하 - - -

A(add9)
G#m13
F#m11
E
허 － － － － 허 어 － － － －
A(add9)
G#m13
F#m11
E
A(add9)
G#m13
F#m11
E
A(add9)
G#m13
F#m11
E
뭐하 고있 나 고 나 는지 금 여 - 수밤 - 바다

- Falling Slowly -

영화 'Once'(2007.09)OST 수록곡

♩ = 68

작사 : Glen Hansard, Marketa Irglova
작곡 : Glen Hansard, Marketa Irglova
노래 : Glen Hansard, Marketa Irglova
편곡 : GuitarCamp

강좌파트 - 1 . 인트로부분(intro)

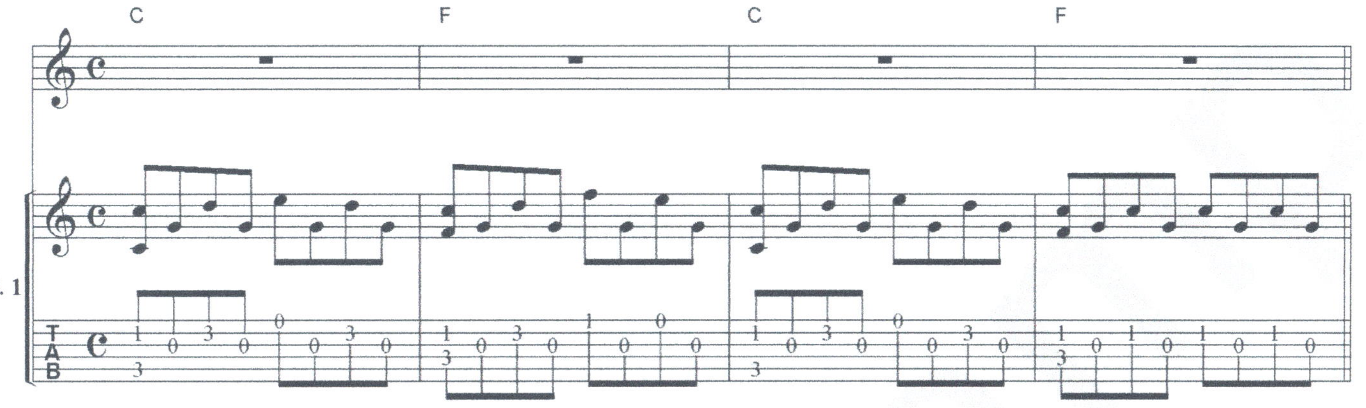

강좌파트 - 2 . 노래부분

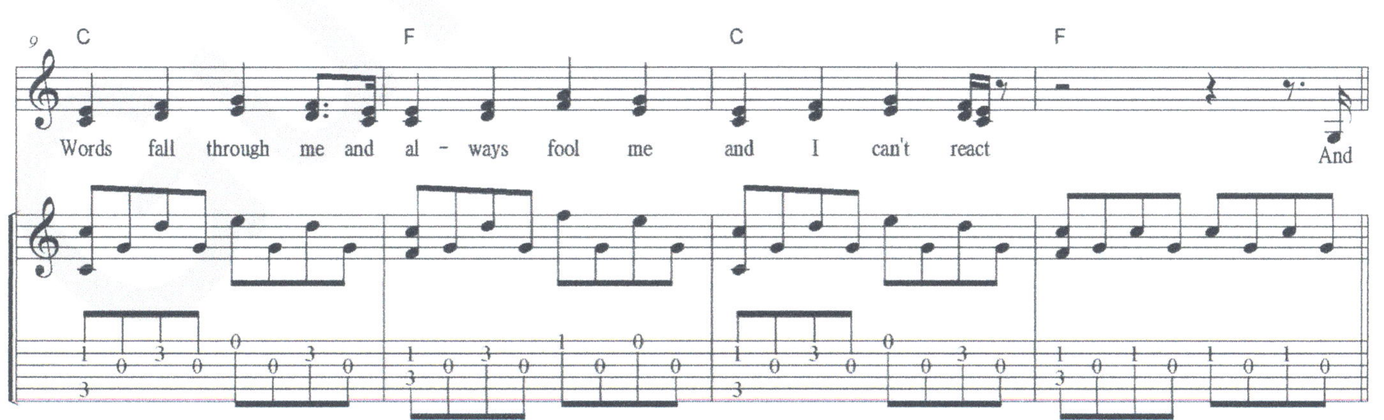

2/통기타
Falling Slowly
games that never a - mount to more than they're meant will play themselves out -
강좌파트 - 3 . 후렴부분
Take this sin - king boat and point it home We've still got time -
Raise your hope - ful voice you have a choice You've made it now - -
Fal - ling slow - ly eyes that know me and I can't go back And
저작권 : www.guitarcamp.co.kr / www.guitarcamp.kr / 무단 복제 및 배포를 허용 하지 않습니다.

moods that take me and e - rase me and I'm pain - ted black
You have suffered e - nough and warred with your - self It's time that you won -
Take this sin - king boat and point it home We've still got time -
Raise your hope - ful voice you have a choice You've made it now -

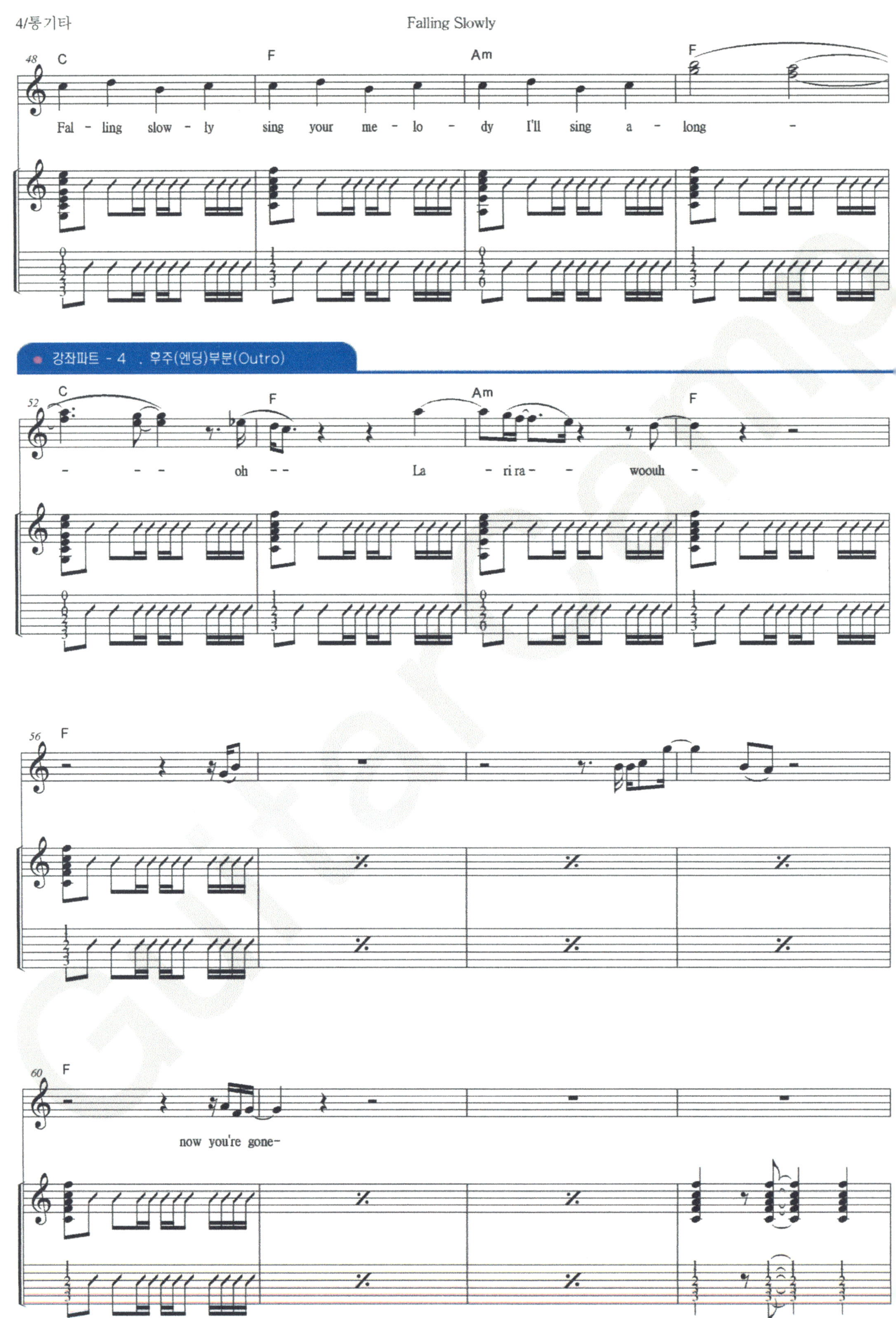
강좌파트 - 4 . 후주(엔딩)부분(Outro)
Fal - ling slow - ly sing your me - lo - dy I'll sing a - long
oh -- La - ri ra - - woouh -
now you're gone-

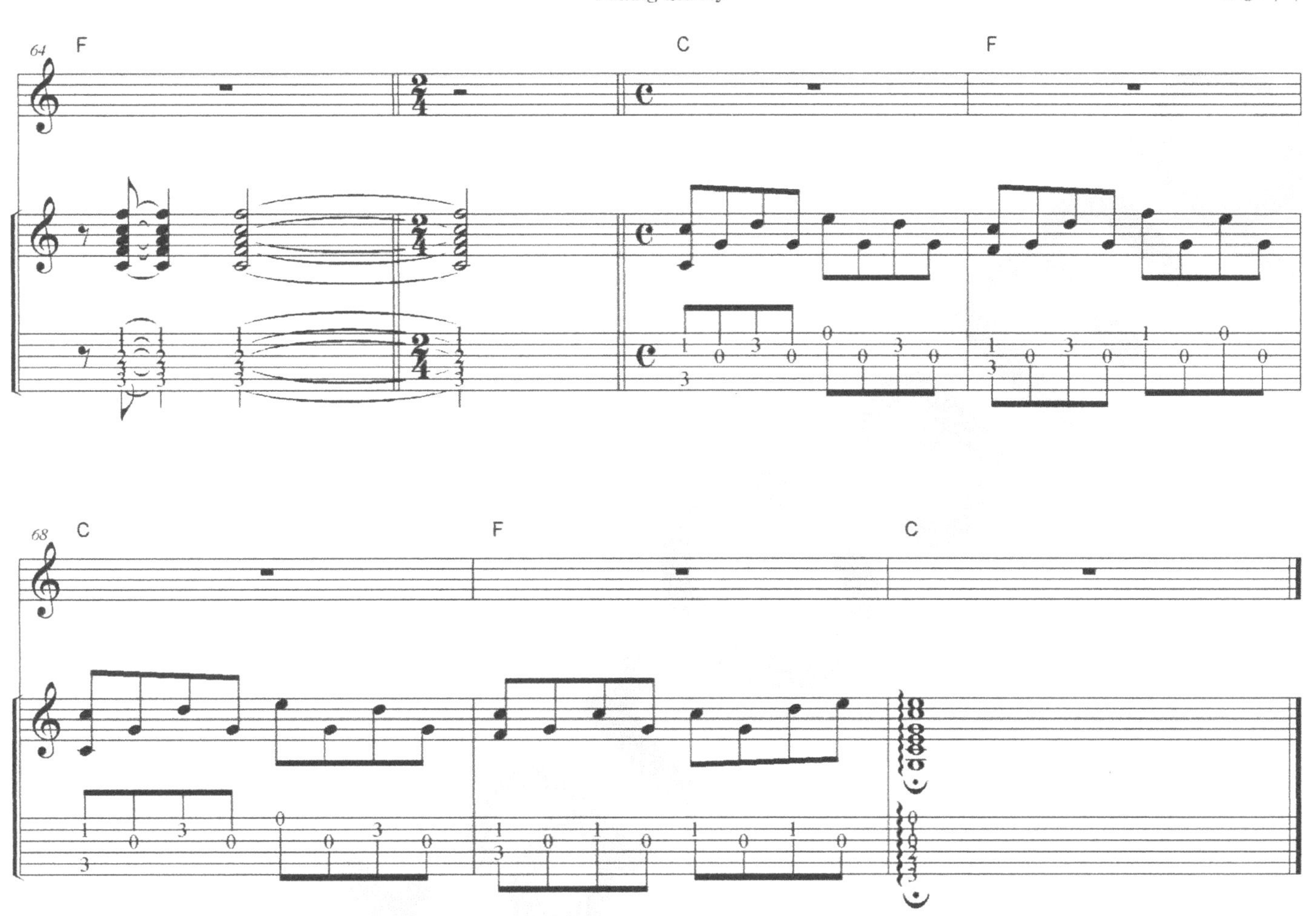
F
C
F
C
F
C

1

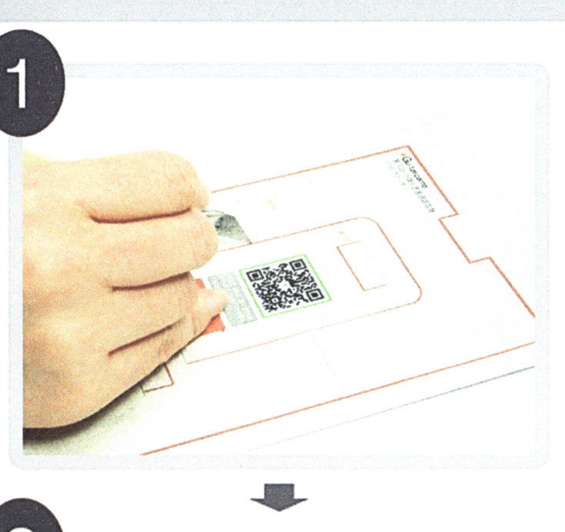

적색선을 따라 준비된 칼을 이용해
절단하세요!
이때 접는선표시(----)는
절단하시 마세요!
(주의)절단시 손을 다치지않게
주의 하시기 바랍니다.
아래 그림순서와 같이 설치하세요!

2

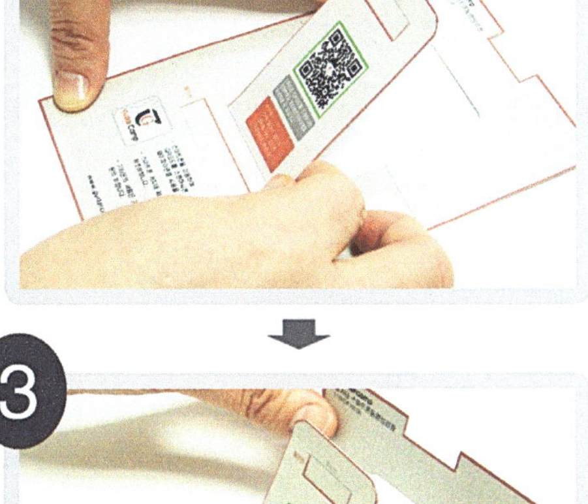

회원님 스마트폰으로 거치대 중간 QR코드를
스캔하시면 별도 인증없이 동영상강좌 페이지로
바로 이동 합니다!

QR코드 스캔이 안될시 www.guitarcamp.kr 기타캠프
모바일웹으로 직접 연결 바랍니다.

3

"일렉기타교본" 버튼터치 후
인증번호 입력페이지에서
인증번호를 입력하세요!
(와이파이 연결을 권장합니다)

인증번호 : 65807382

4

인증 후 강좌리스트 페이지로 연결됩니다.
강좌리스트 제목을 터치하면
동영상강좌를 이용 하실 수 있습니다.
(단, 스마트폰모델과 설정관계로 인하여
 강좌가 다운로드 될 수 있습니다.
 강좌다운로드시 내파일에서 이용가능 합니다.)

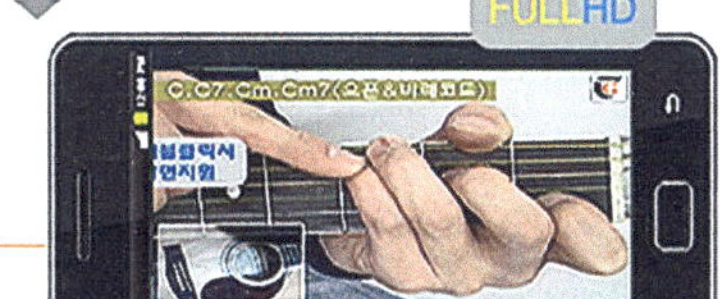

5

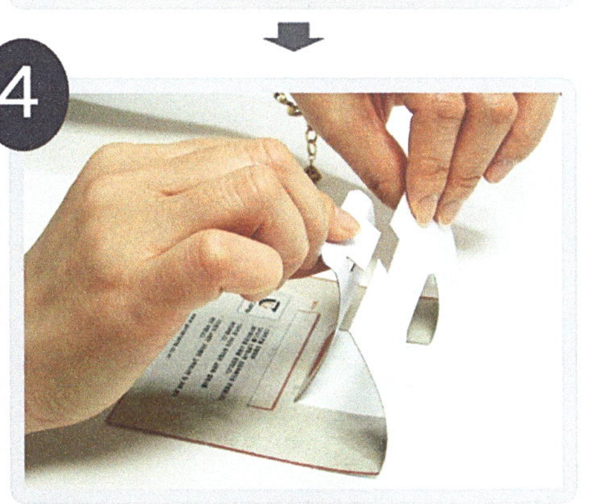

(주의)설치가 완료된 거치대에
스마트폰은 세로가 아닌
가로로 꼭 거치하시기 바랍니다.
세로로 거치시 쓰러질 수 있습니다.

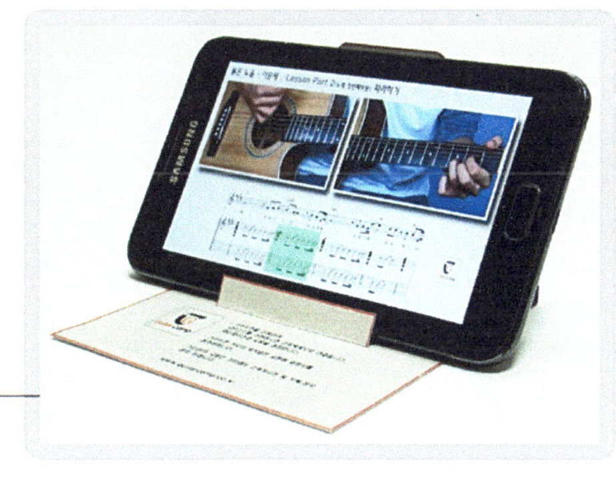

01. 본강좌 이용전 기타 key튜닝 및 사용안내(필독)

● 튜너(음조율기)로 기타연음정맞추기(튜닝)

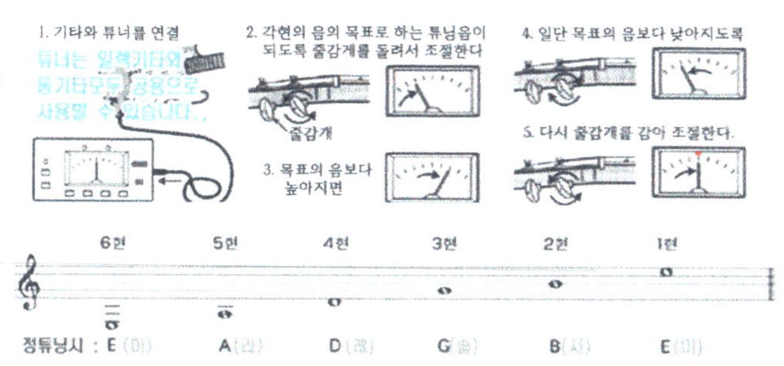

03. 각부분 명칭 및 역할 중 픽업셀렉터 픽업사운드 알아보기

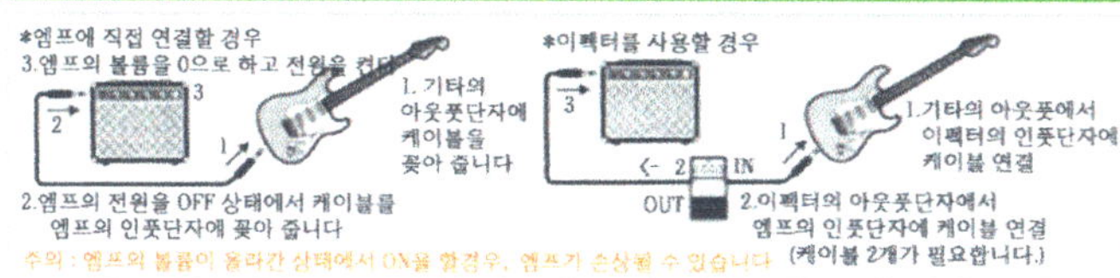

04. 일렉기타 & 엠프연결 및 사운드세팅 알아보기

*엠프에 직접 연결할 경우
3.엠프의 볼륨을 0으로 하고 전원을 켠다
2.엠프의 전원을 OFF 상태에서 케이블을 엠프의 인풋단자에 꽂아 줍니다
1. 기타의 아웃풋단자에 케이블을 꽂아 줍니다.

*이펙터를 사용할 경우
1.기타의 아웃풋에서 이펙터의 인풋단자에 케이블 연결
2.이펙터의 아웃풋단자에서 엠프의 인풋단자에 케이블 연결 (케이블 2개가 필요합니다.)

주의 : 엠프의 볼륨이 올라간 상태에서 ON될 경우, 엠프기 손상될 수 있습니다.

(기타 엠프)

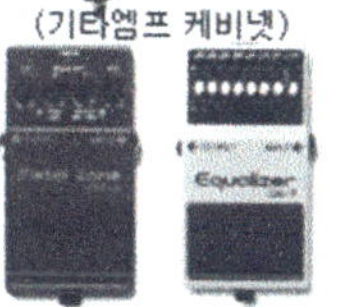
(기타엠프 헤드형)

(기타엠프 케비넷)

엠프 셋팅 방법입니다.
참조만 하시고 자기만의 칼라(음색)를 만들어 보세요.

싱글코일픽업일 경우.....
(클린톤 셋팅)
오버드라이브 OFF 상태에서
GAIN (7), TREABLE (5), BASS (6),
MIDDLE (5), MASTER VOLUME (8), PRESENCE (5)

(ROCK 톤 셋팅)
오버드라이브 ON 상태에서
GAIN (6), TREABLE (4), BASS (6), MIDDLE (5),
MASTER VOLUME (8), PRESENCE (6)

(메탈 톤 셋팅)
오버드라이브 ON 상태에서 GAIN (8), TREABLE (5),
BASS (6), MIDDLE (4), MASTER VOLUME (8),
PRESENCE (7)

험버커 픽업일 경우.....
(클린톤 셋팅)
오버드라이브 OFF 상태에서 GAIN (5), TREABLE (6),
BASS (4), MIDDLE (6), MASTER VOLUME (7),
PRESENCE (6)

(ROCK 톤 셋팅)
오버드라이브 ON 상태에서 GAIN (4), TREABLE (6),
BASS (4), MIDDLE (5), MASTER VOLUME (6) PRESENCE (6)

(이펙터)사운드효과를 줌

(메탈 톤 셋팅)
오버드라이브 ON 상태에서 GAIN (7), TREABLE (6),
BASS (4), MIDDLE (6), MASTER VOLUME (6)
PRESENCE (7)

(기타와 엠프 연결 케이블)

02. 각부분 명칭 및 역할 알아보기

05. 일렉기타 & 이펙터 & 엠프연결 및 사운드세팅 알아보기

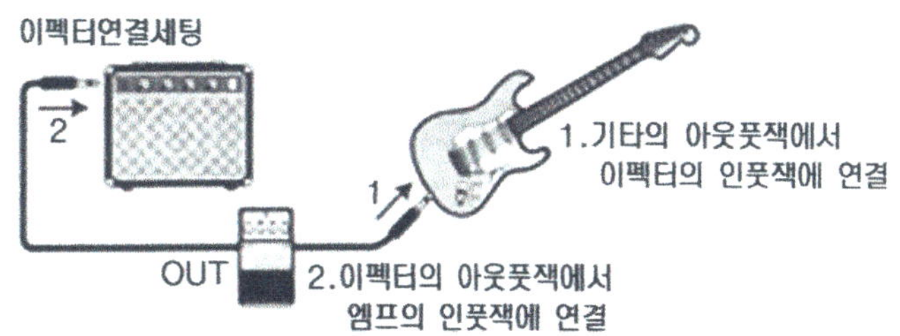

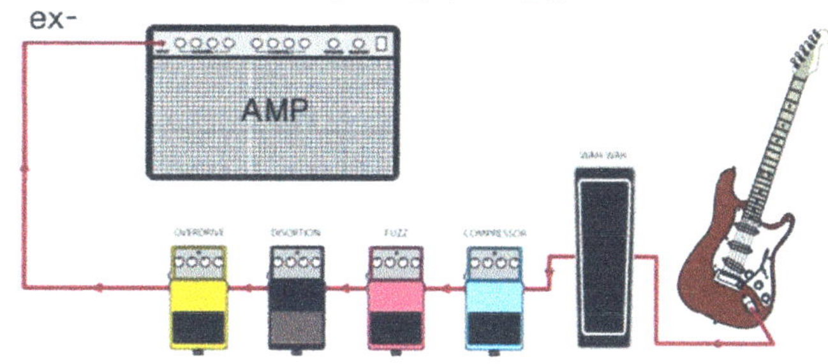

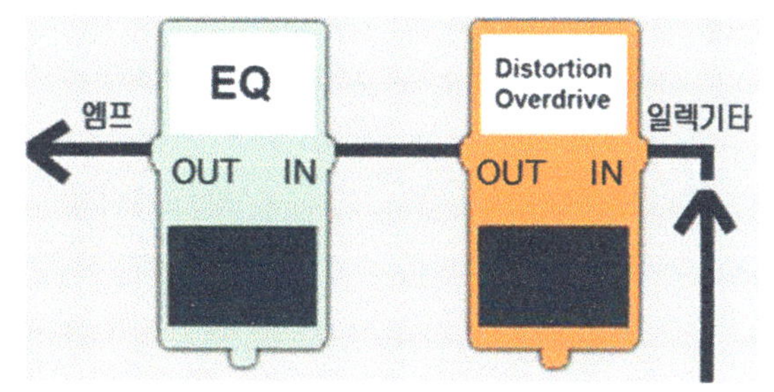

06. 각현의 개방현(음)과 왼손핑거링(크로메틱) 알아보기

개방현음 - 왼손으로 현을 누르지 않은 내츄럴상태에 음을 말함.
가장 기본이 되는 음으로써 숙지하는 것이 좋습니다.

예) 6번현부터 - 미,라,레,솔,시,미
　　1번현부터 - 미,시,솔,레,라,미

6번현 ———————————————— 미(E)
5 ———————————————— 라(A)
4 ———————————————— 레(D)
3 ———————————————— 솔(G)
2 ———————————————— 시(B)
1 ———————————————— 미(E)

6번현과 1번현의 개방현음은 똑같은 "미"음을 갖는다.

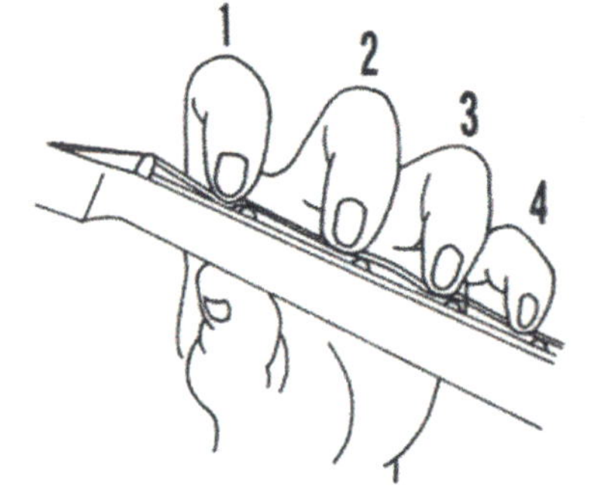

집게손가락 ——— 1
(검지)

가운뎃손가락 ——— 2
(장지)

약손가락 ——— 3
(약지)

새끼손가락 ——— 4
(소지)

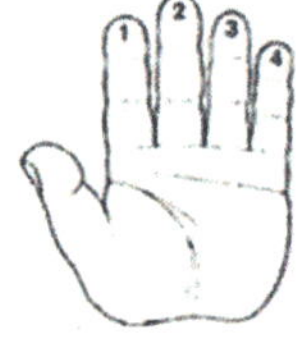

왼손은 기타의 넥에 핑거보드에 있는 현을 누르는데 사용
왼손은 그림과같이 집게손가락 부터
1번에서 ~ 4번까지구성
엄지손가락은 0번이 됩니다.
(왼손은 기타넥을 공을 쥐듯이 자세히 잡습니다.)
손가락의 마디끝을 세운뒤 기타현(줄)을 누릅니다.
기타 핑거보드 1플렛은 1번손가락이 담당.
(플렛번호에 맞게 4개단위씩 잡아줍니다.)

왼손 명칭

오른손은 기타의 리듬,피킹,아르페이지오등 주법에 사용
아르페이지오(분산화음)에서는 T, i m r s 로 표기
　T 손가락은 6,5,4번 현 담당
　i 손가락은 3번 현 담당
　m 손가락은 2번 현 담당
　r 손가락은 1번현 현 담당
피크사용시 T와 i 손가락 사용

오른손 명칭

07. 튜너를 사용한 튜닝법(음조율) 알아보기

● 튜너(음조율기)로 기타현음정맞추기(튜닝)

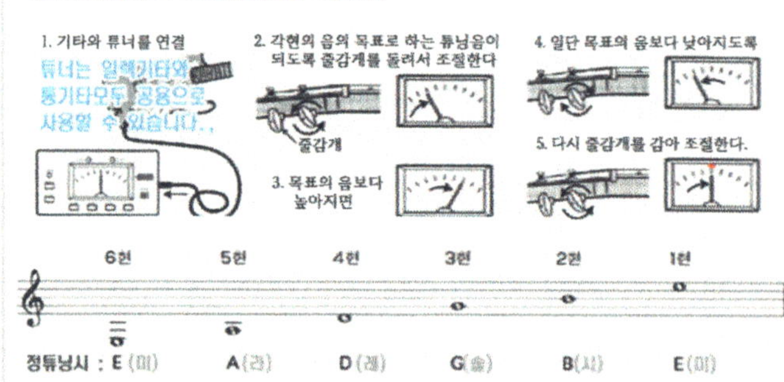

	6현	5현	4현	3현	2현	1현
정튜닝시 :	E (미)	A (라)	D (레)	G (솔)	B (시)	E (미)

08. 청음를 사용한 네츄럴튜닝법(음조율) 알아보기

(튜닝은 여러방법이 있습니다. 예를 들어 네추럴하모닉스 튜닝 튜닝기계를 이용한 튜닝 등이 있지만 이번시간엔 기본이 되는 개방현을 청음(음을듣기)튜닝 방법을 알아 보겠습니다.)(청음튜닝은 많은 노력이 필요함을 알려드립니다.)

5프렛 튜닝법
가장 많이 쓰이는 튜닝법으로 여기서는 피치 파이프(Pitch Pipe)를 통한 튜닝 방법을 설명하겠다. (다른 악기를 통한 튜닝도 같은 방법으로 하면 된다.) 또한 튜너를 사용하여 튜닝(조율)할 수 있다

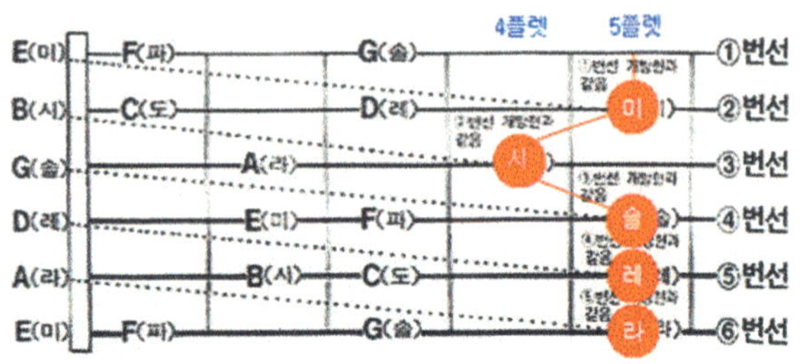

위 그림을 간단히 글로 정리해 보면....
1. 피치 파이프를 이용하여 ⑤번선 개방음을 정확히 A(음)으로 맞춘다.
2. ⑤번선의 5프렛 음정으로 D음이 나오는데 이 음을 ④번선 개방현에 맞춘다.
3. ④번선의 5프렛 음정으로 G음이 나오는데 이 음을 ③번선 개방현에 맞춘다.
4. ③번선의 5프렛 음정으로 B음이 나오는데 이 음을 ②번선 개방현에 맞춘다.
5. ②번선의 5프렛 음정으로 E음이 나오는데 이 음을 ①번선 개방현에 맞춘다.
6. ①번선의 개방음(E음)에 ⑥번선의 개방음(E음)을 맞춘다.
7. ⑥번선이 정확한 음으로 조율됐는지 확인하려면 ⑥번선 5프렛을 누르고 ⑤번선 개방음과 비교해 본다.
8. 1~7까지 한두 차례 확인해 보도록 하자.

09. 플로이드로즈(형)브릿지 튜닝법(음조율) 알아보기

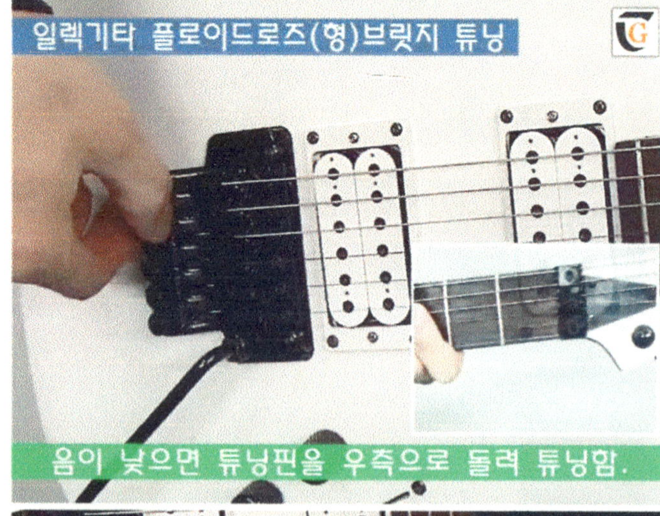

10. 악보보는법(음표/쉼표/타블레춰(TAB))악보 알아보기

● 기타기초 테크닉 악보기호 설명

⊓	다운피킹 - 현을 위에서 아래로 내려지는 피킹
V	업피킹 - 현을 아래에서 위로 올려지는 피킹
cho	쵸킹(밴딩) - 현을 위또는 아래로 올려 연주함
- C -	쵸킹(밴딩) 종류 - 한음반/한음/반음/쵸킹다운/더블/유니즌/ 쿼터/쵸킹비브라토 등이 있씀
C/D	쵸킹다운 - 쵸킹 후 현을 위또는 아래로 음을 계속 음을유지하며 움직여 처음 쵸킹전의 음으로 돌아오는 쵸킹연주
- H -	에머링 온 - 왼손핑거를 피킹없이 망치로 현을 내려치듯 연주
- P -	풀링오프 - 왼손핑거를 피킹없이 아래로 현을 핥키듯 뛰어주며 연주
- S -	슬라이드 - 시작음과 끝나는음이 정해진상태에서 미끄러지듯이 연주
geiss	글리스 - 시작음과 끝나는음이 비정확한 상태에서 미끄러지듯이 연주
Vib^^^	비브라토 - 위래로 또는 좌우로 현의 떨림을 주어 연주 (예 보이스 바이브레이션 효과와같음)
- M -	뮤트 - 원음사운드에 손을 현에 살짝대어 연주 (즉, 묵음을 말함)
Tr	트릴 - 에머링온과 풀링오프 테크닉을 반복적으로 사용해 연주
●	스타카토 - 끊어지듯이 연주
Arm	트레몰로암 - 트레몰로암을 위아래 또는 상하로 움직여 연주
Pick griss	피크 글리스(포라타멘토) - 피크의 한면을 세워 현에 대고 미끄러져 연주
Hr	네추럴 하모닉스 - 지정된 핑거보드 플렛 현위에서 연주
P.hr	피킹하모닉스 - 피크와 오른손 업지핑거를 사용해 현을 내려침과 동시에 현에서 엄지핑거를 살짝대고 떼어주며 연주

원음- 피아노의 하얀건반 도레미파솔라시도를 원음이라고 합니다.
그리고 이러한 계이름은 각 나라마다 다르게 부르고 있습니다.
아래 그림을 참고 하세요.

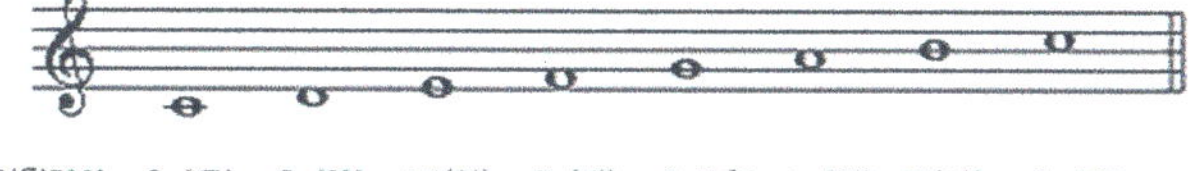

이탈리아	Do(도)	Re(레)	Mi(미)	Fa(파)	Sol(솔)	La(라)	Si(시)	Do(도)
미국,영국	C	D	E	F	G	A	B	C
한 국	다	라	마	바	사	가	나	다

온음과 반음
서양음악은 7음계 이며 도레미파솔라시에서 미파와 시도는 반음입니다.
피아노 건반에서 미파와 시도 사이에는 검정건반이 없습니다.
즉 계단으로 보면은 미파와 시도는 반계단을 올라가는것입니다

사이음이란?
피아노의 검정건반음을 사이음이라고 합니다.

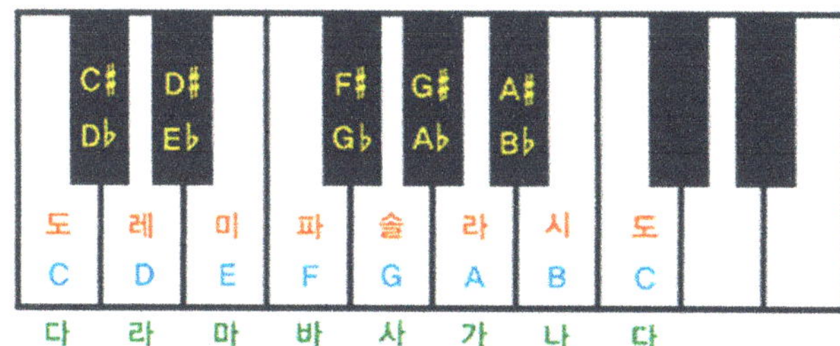

옥타브- 기준음에서 8번째 음가를 1옥타브라고 합니다.
도를 기준으로 한다면 낮은도와 높은도사이가 1옥타브가 되겠지요.

보 표
음표를 기입하기 위해서는 오선지를 사용합니다.
여기에 음자리표를 기입한 것을 보표라고 합니다.
즉 악보을 그리기위한 원고지 입니다.

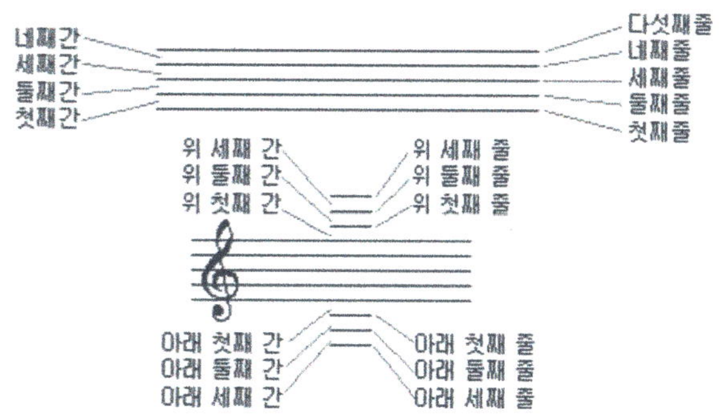

음표
음표는 오선지에 기록이 되면서 길어와 음정을 나타내게 됩니다.

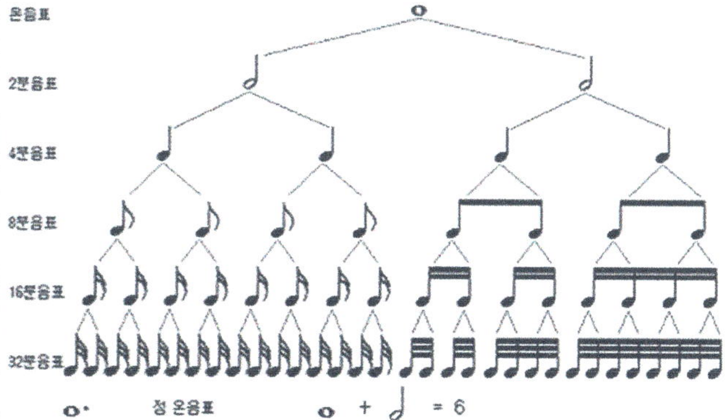

o. 정 온음표	o + ♩ = 6	
♩ 정 2 분음표	♩ + ♩ = 3	세잇단음표
♩ 정 4 분음표	♩ + ♪ = 1 1/2	
♪ 정 8 분음표	♪ + ♪ = 3/4	
♪ 정 16 분음표	♪ + ♪ = 3/8	

쉼표는 소리없이 진행함, 음표와 더불어 곡을 이루는데 있어 아주 중요한 요소입니다.

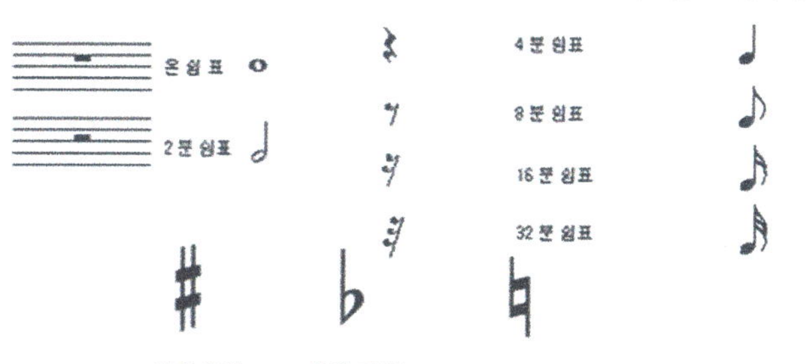

음자리표
높은 음자리표와 낮은 음자리표가 있으며 낮은 음자리표는
절대음보다 2음낮게 표기한다.

낮은 음자리표는 피아노의 왼손반주, 첼로, 베이스 기타 등
주로 저음악기의 악보로 쓰인다.

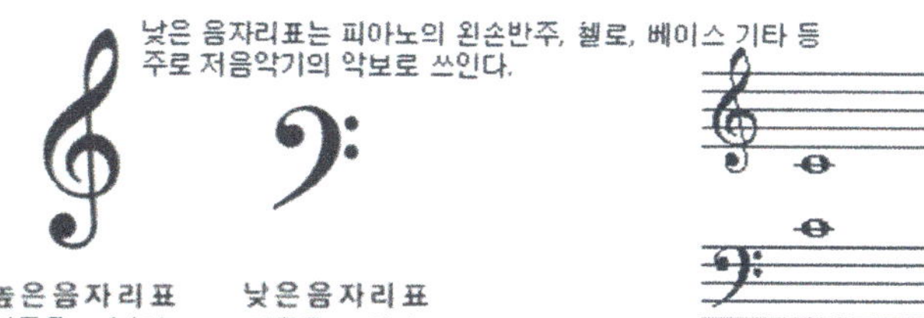

마디
마디는 세로줄로 구분이 됩니다. 4/4박자 이면 1마디안에 4분음표가
4개가 들어갑니다.
즉 1마디안에서 음표와 쉼표에 의한 박자의 합이 정확하게 맞아야 됩니다.

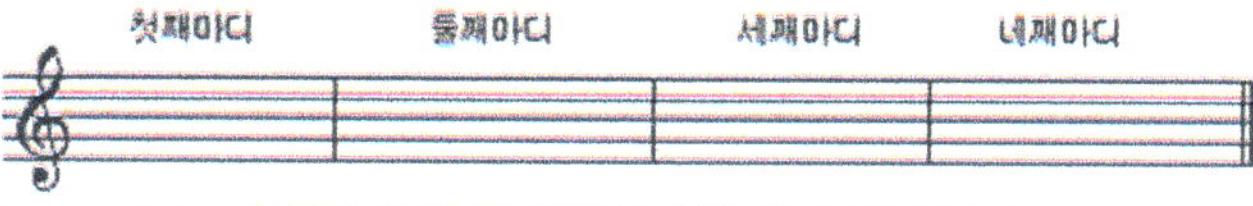

10. 악보보는법(음표/쉼표/타블레춰(TAB))악보 (Page-3과 연결)

악보 보는법 알아보기

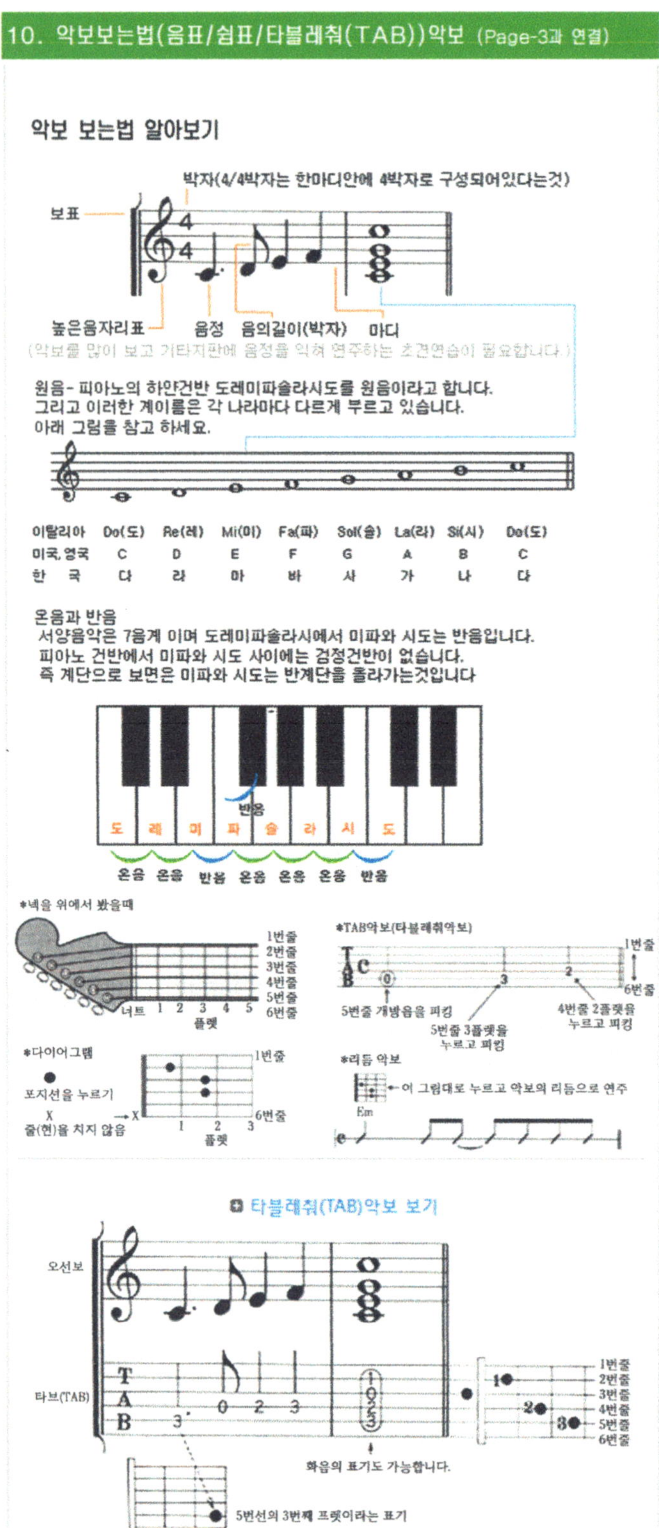

원음 - 피아노의 하얀건반 도레미파솔라시도를 원음이라고 합니다.
그리고 이러한 계이름은 각 나라마다 다르게 부르고 있습니다.
아래 그림를 참고 하세요.

	Do(도)	Re(레)	Mi(미)	Fa(파)	Sol(솔)	La(라)	Si(시)	Do(도)
이탈리아	Do(도)	Re(레)	Mi(미)	Fa(파)	Sol(솔)	La(라)	Si(시)	Do(도)
미국,영국	C	D	E	F	G	A	B	C
한 국	다	라	마	바	사	가	나	다

온음과 반음
서양음악은 7음계 이며 도레미파솔라시에서 미파와 시도는 반음입니다.
피아노 건반에서 미파와 시도 사이에는 검정건반이 없습니다.
즉 계단으로 보면은 미파와 시도는 반계단을 올라가는것입니다

➕ 타블레춰(TAB)악보 보기

11. 싱크로나이즈(형)브릿지 기타줄교체 알아보기

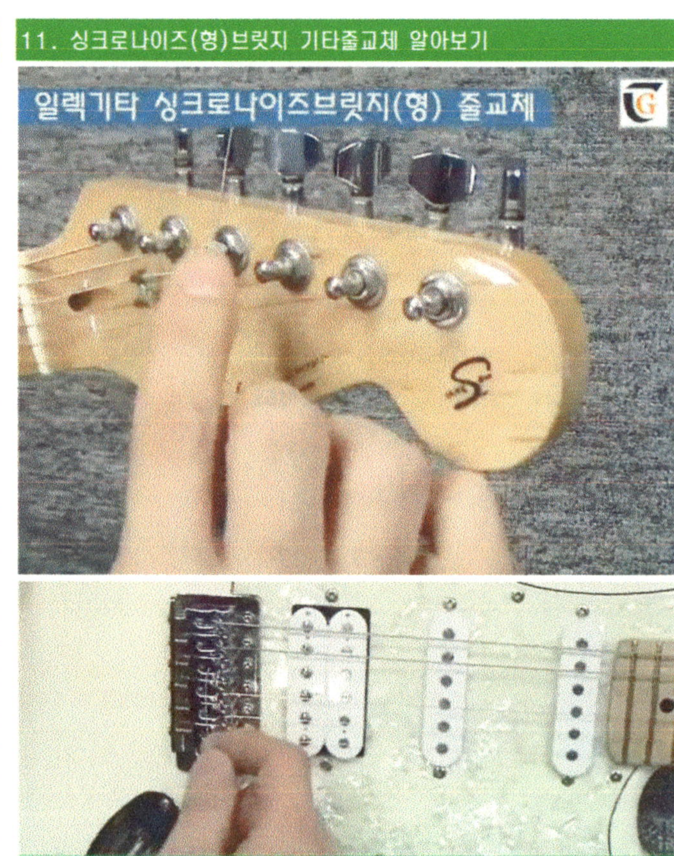

12. 플로이드로즈(형)브릿지 기타줄교체 알아보기

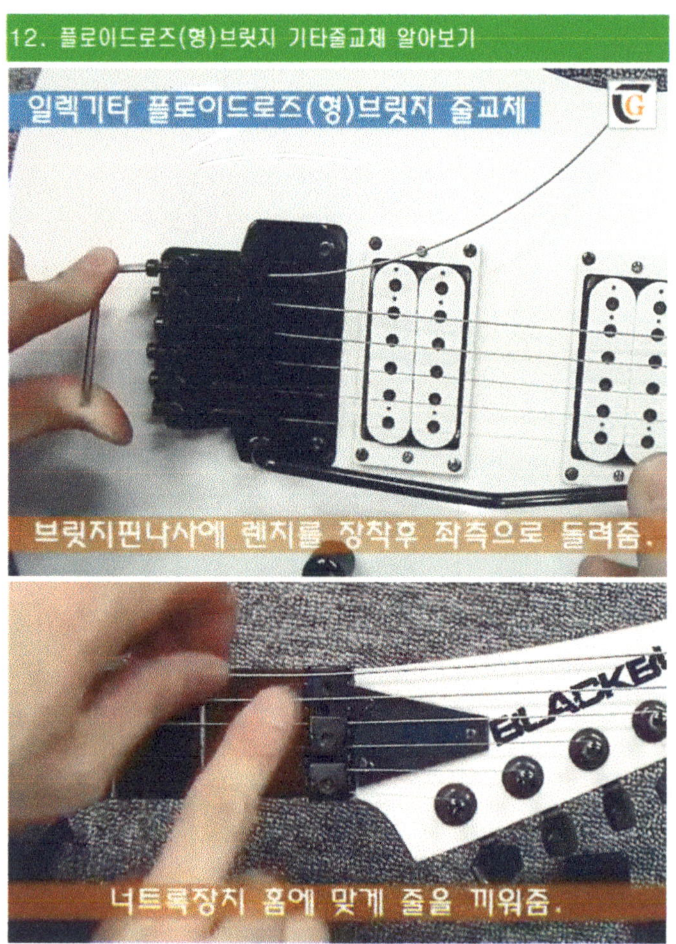

13. C - C7 - Cm - Cm7(오픈.바레)코드 알아보기

● 루트음(으뜸음)　　○ 3 5 7도 음　　✕ 뮤트(소리 나지않음)

C

C_7

Cm

Cm_7

14. D - D7 - Dm - Dm7(오픈.바레)코드 알아보기

● 루트음(으뜸음)　　○ 3 5 7도 음　　✕ 뮤트(소리 나지않음)

D

D_7

Dm

Dm_7

15. E - E7 - Em - Em7(오픈.바레)코드 알아보기

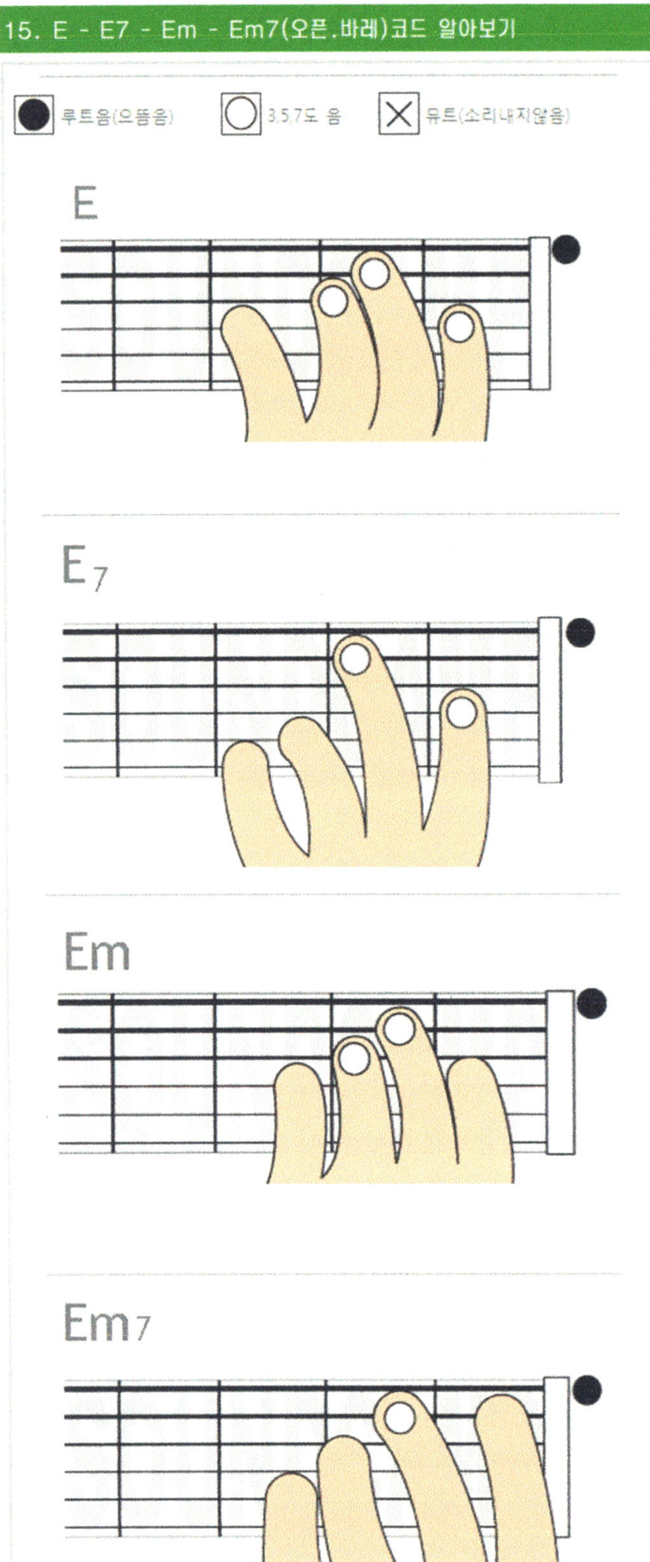

16. F - F7 - Fm - Fm7(오픈.바레)코드 알아보기

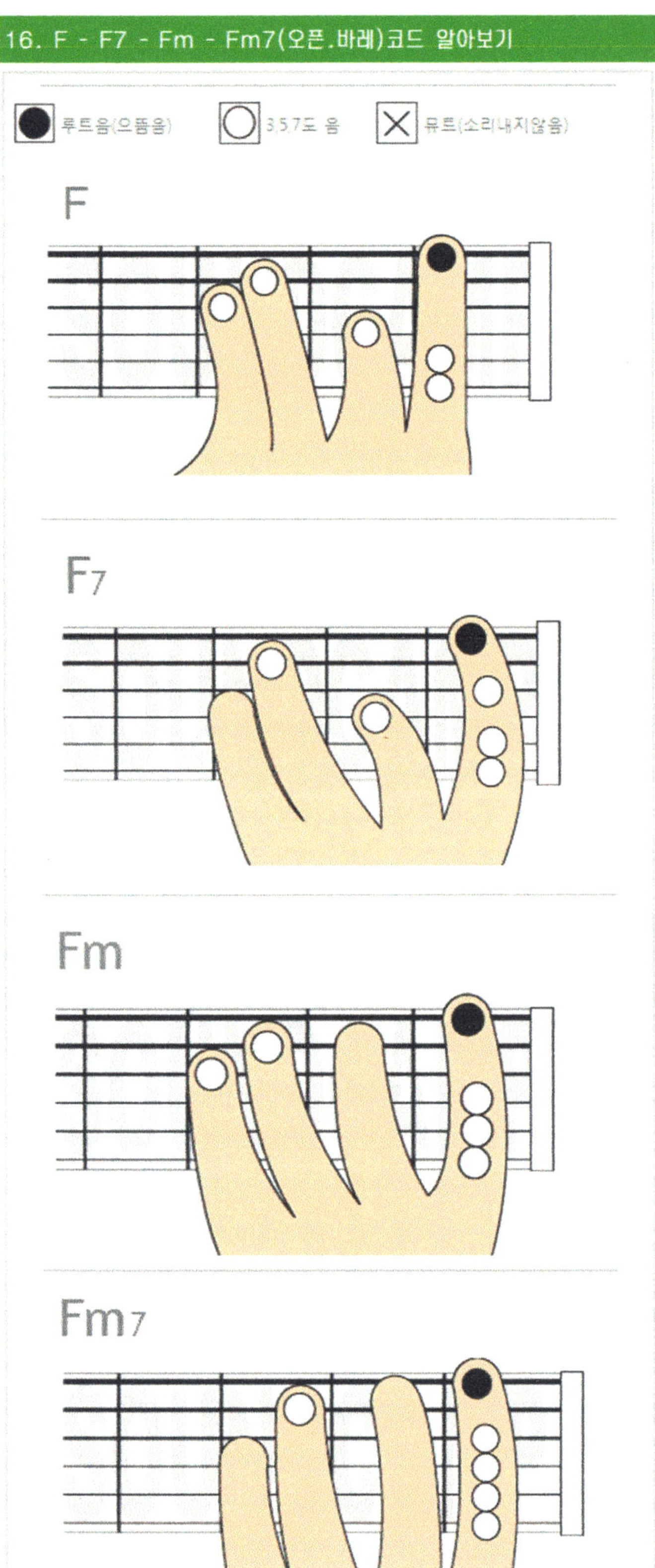

17. G - G7 - Gm - Gm7(오픈.바레)코드 알아보기

 루트음(으뜸음)　 357도 음　 루트 소리 나지 않음

G

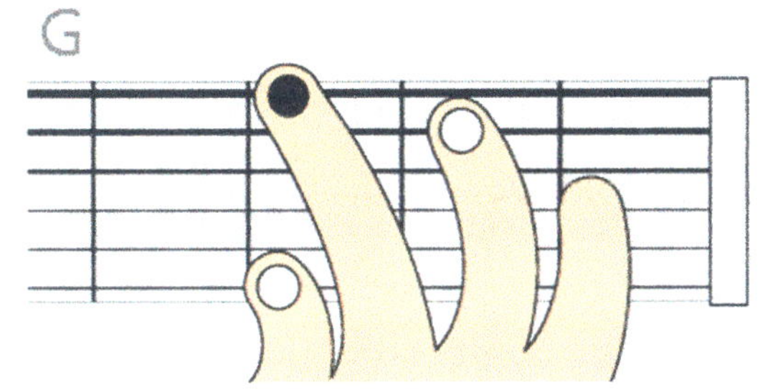

G7

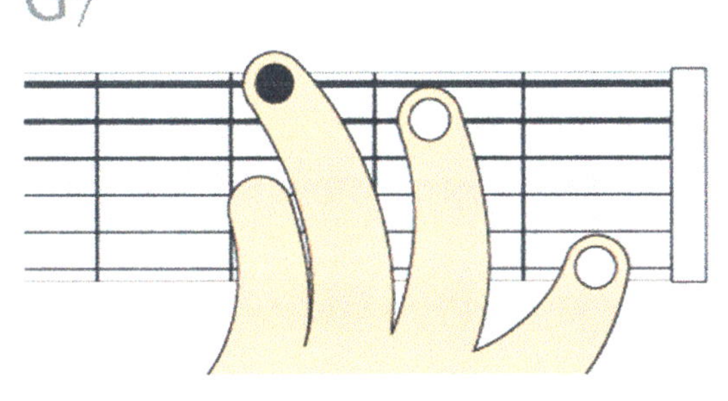

Gm

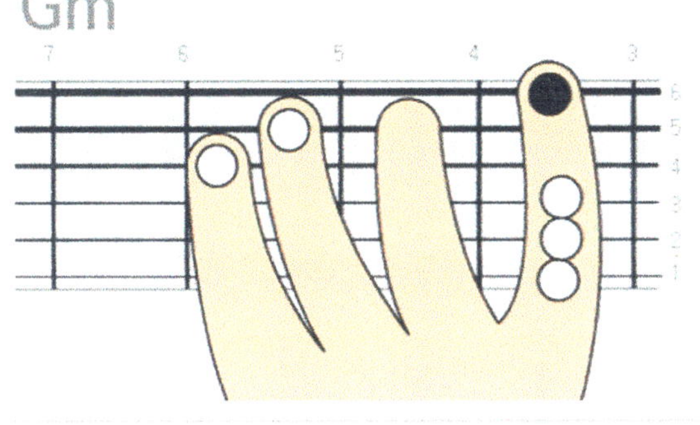

Gm7

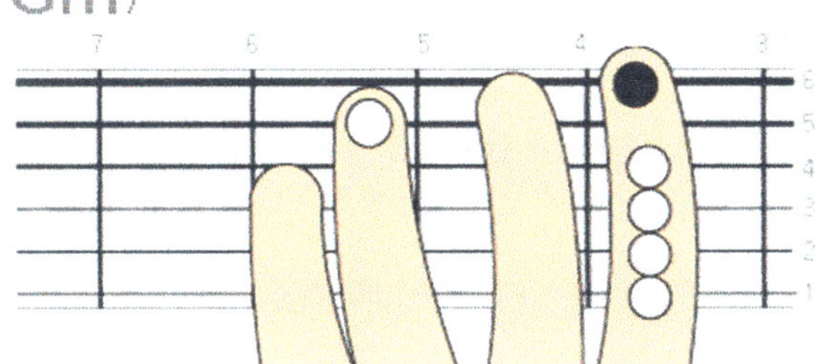

18. A - A7 - Am - Am7(오픈.바레)코드 알아보기

 루트음(으뜸음)　○ 357도 음　✕ 루트 소리 나지 않음

A

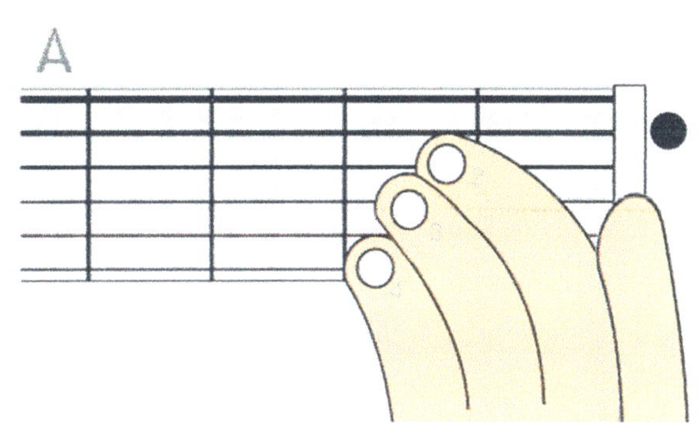

A7

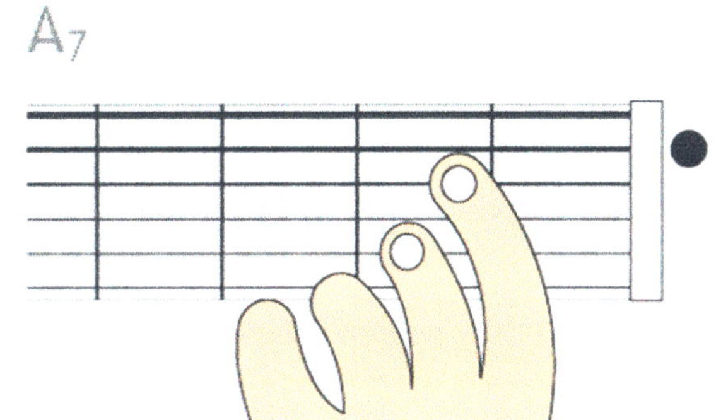

Am

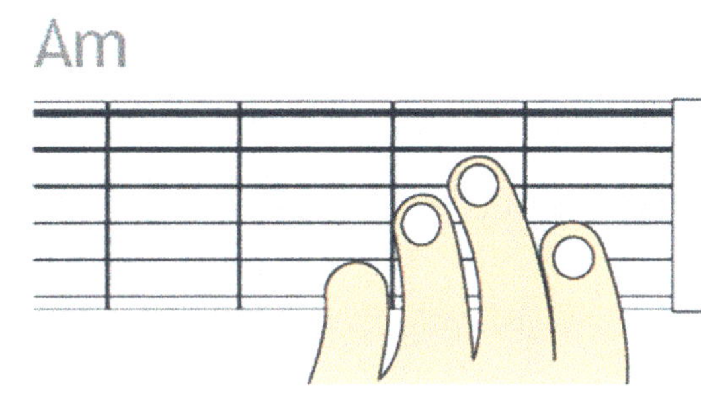

Am7

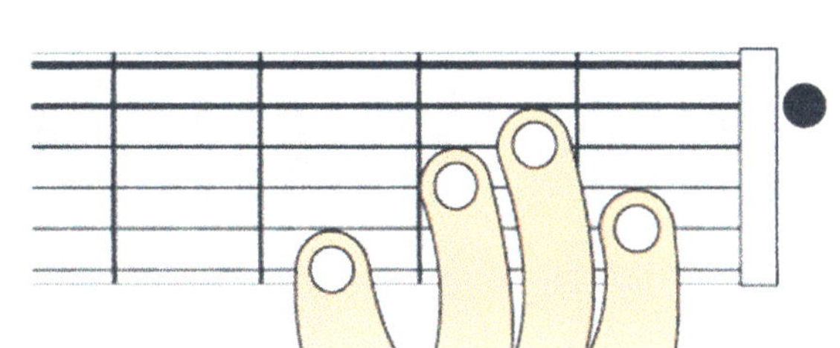

일렉기타 코드부문 강좌

19. B - B7 - Bm - Bm7(오픈.바레)코드 알아보기

● 루트음(으뜸음)　○ 3,5,7도 음　✕ 뮤트(소리내지않음)

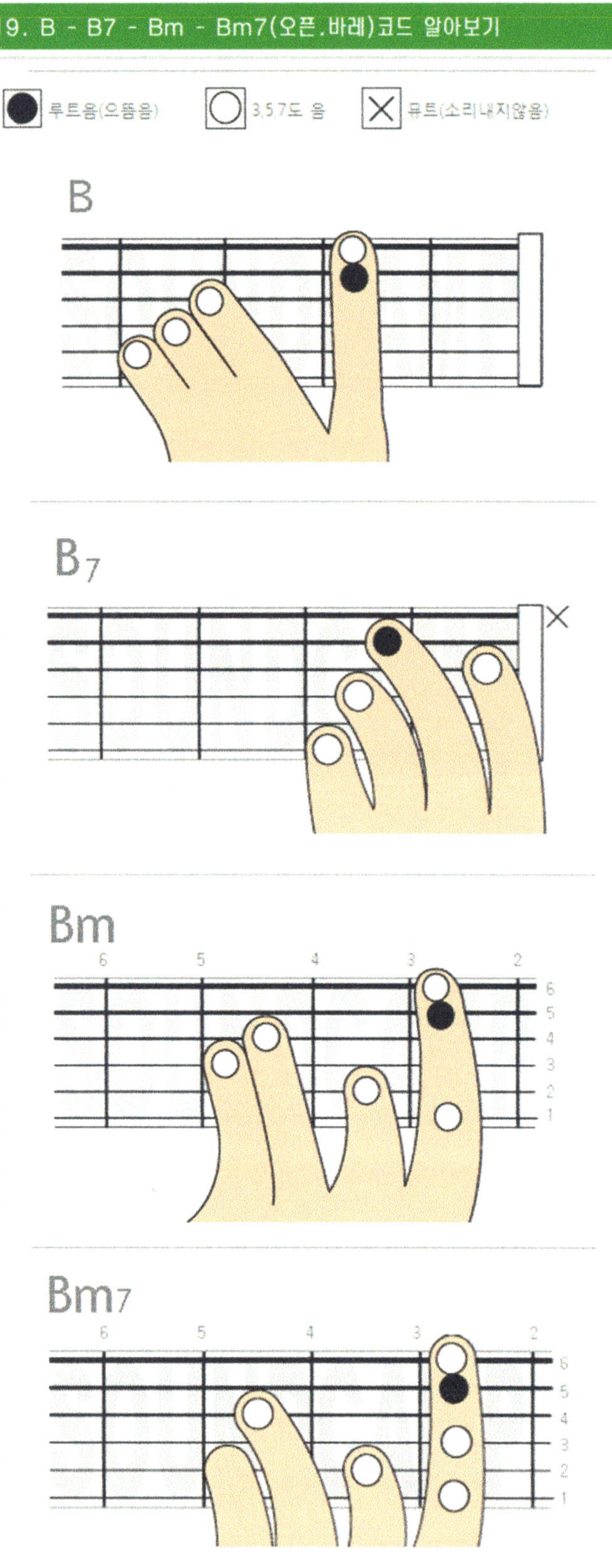

20. C - Power (파워)코드 알아보기

● 루트음(으뜸음)　○ 3,5,7도 음　✕ 뮤트(소리내지않음)

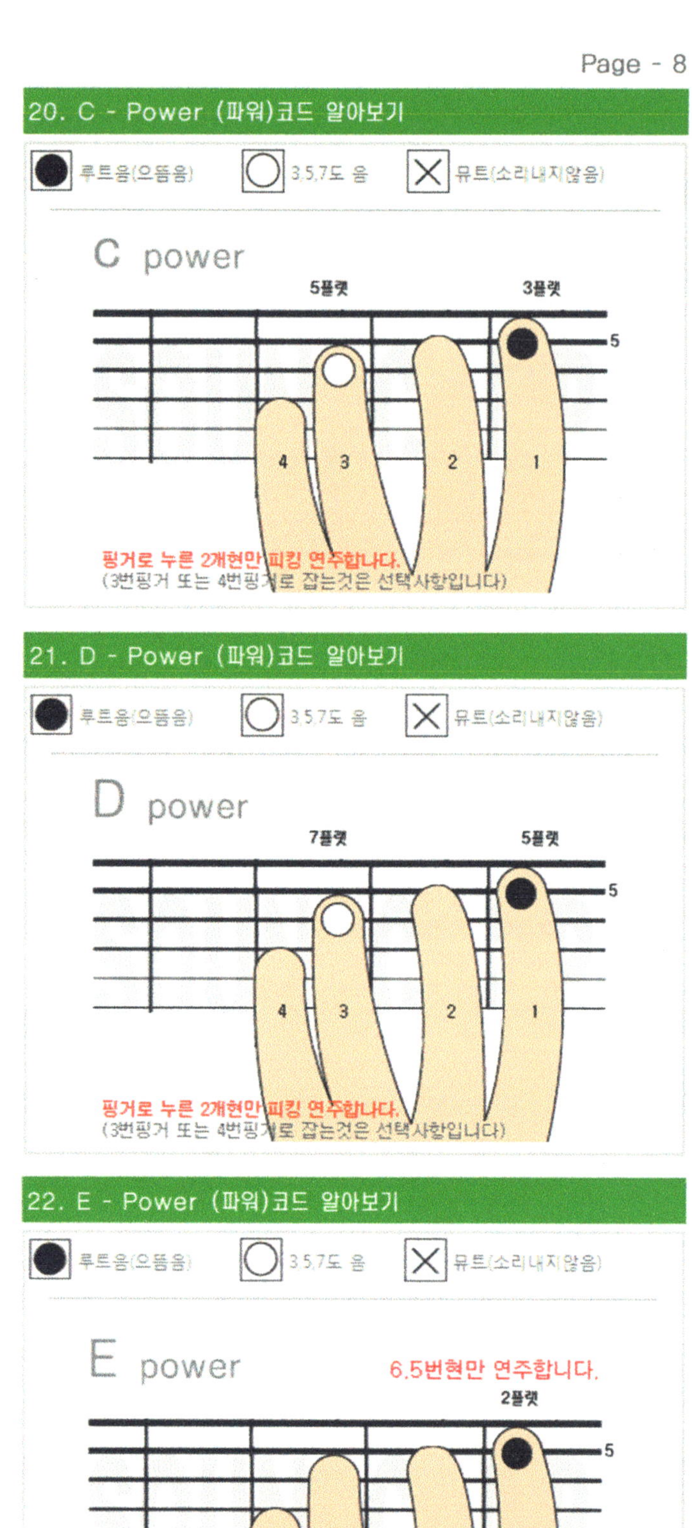

21. D - Power (파워)코드 알아보기

● 루트음(으뜸음)　○ 3,5,7도 음　✕ 뮤트(소리내지않음)

22. E - Power (파워)코드 알아보기

● 루트음(으뜸음)　○ 3,5,7도 음　✕ 뮤트(소리내지않음)

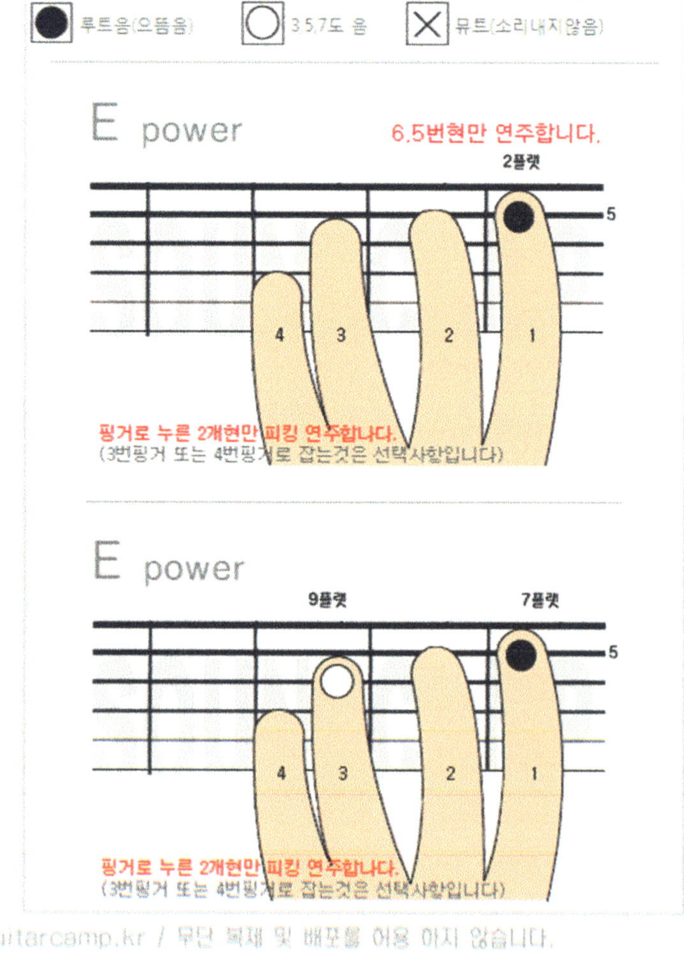

일렉기타 코드부문 강좌

23. F - Power (파워)코드 알아보기

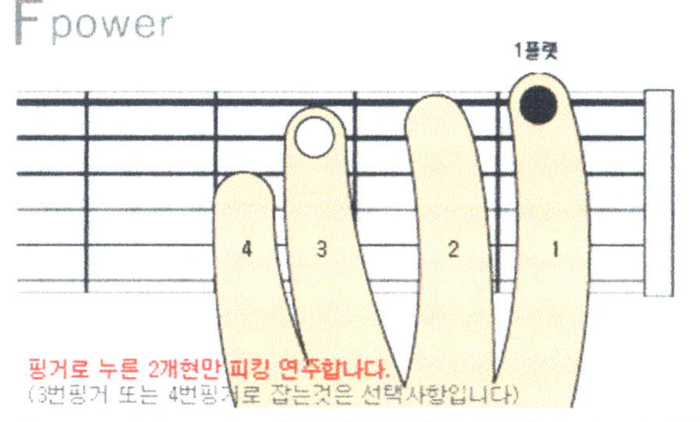

핑거로 누른 2개현만 피킹 연주합니다.
(3번핑거 또는 4번핑거로 잡는것은 선택사항입니다)

25. A - Power (파워)코드 알아보기

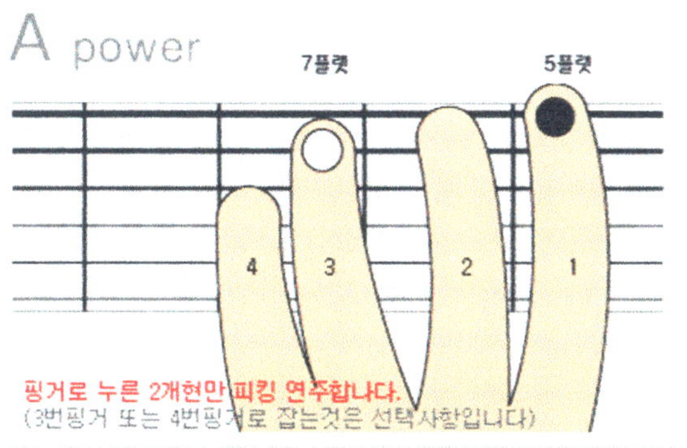

핑거로 누른 2개현만 피킹 연주합니다.
(3번핑거 또는 4번핑거로 잡는것은 선택사항입니다)

26. B - Power (파워)코드 알아보기

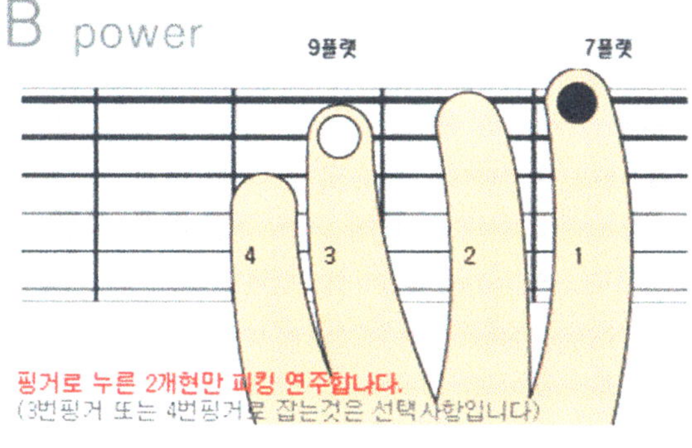

핑거로 누른 2개현만 피킹 연주합니다.
(3번핑거 또는 4번핑거로 잡는것은 선택사항입니다)

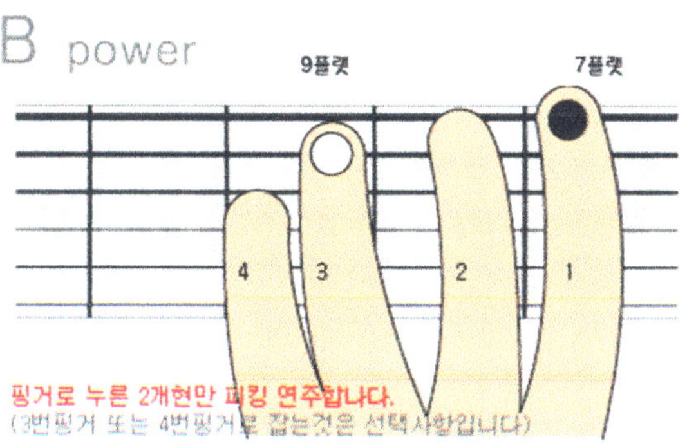

핑거로 누른 2개현만 피킹 연주합니다.
(3번핑거 또는 4번핑거로 잡는것은 선택사항입니다)

24. G - Power (파워)코드 알아보기

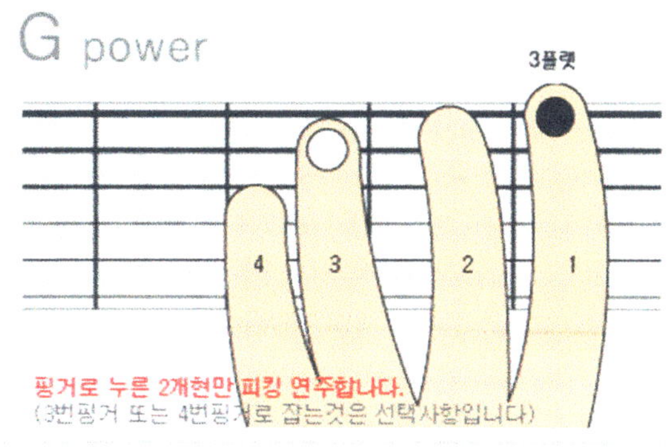

핑거로 누른 2개현만 피킹 연주합니다.
(3번핑거 또는 4번핑거로 잡는것은 선택사항입니다)

일렉기타 리듬부문 강좌

27. 리듬부문강좌 이용전 기타 key 튜닝 및 사용안내(필독)

● 튜너(음조율기)로 기타현음정맞추기(튜닝) G# 또는 Ab 음정으로 튜닝

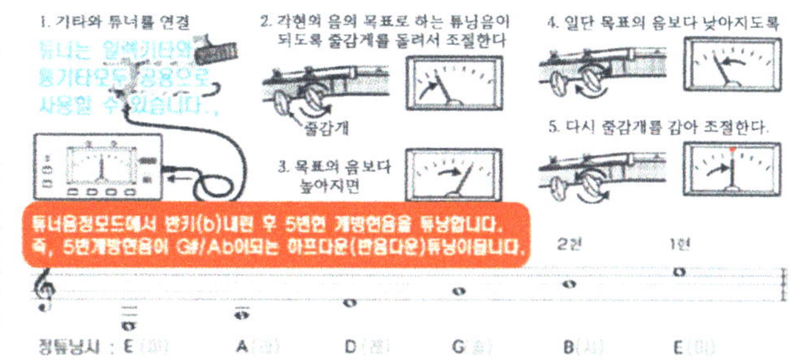

28. 피크잡는법 & 오른손 스트로크 알아보기

다운피킹법

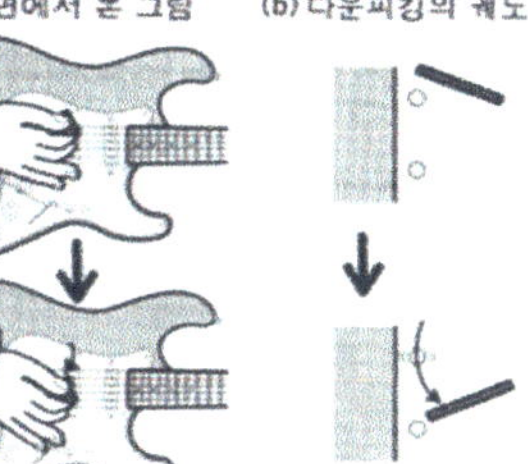

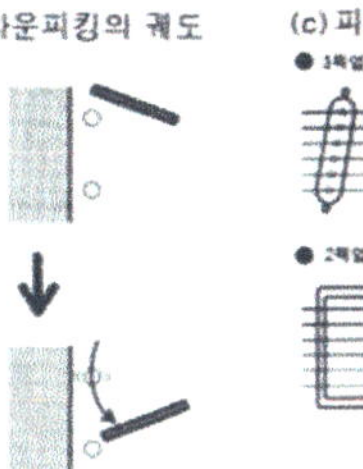

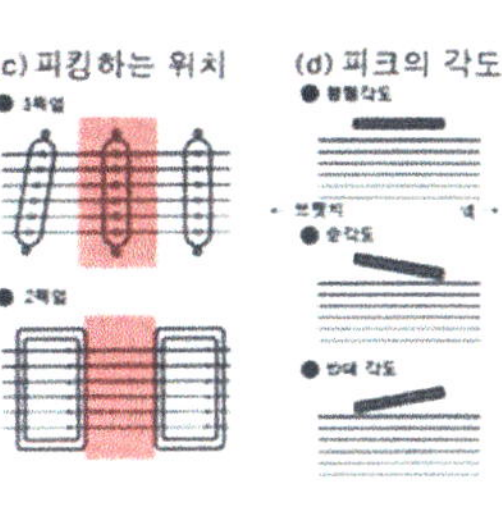

업피킹법

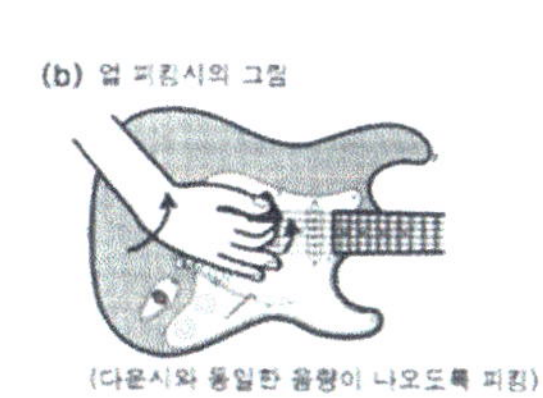

피크종류 및 잡는법

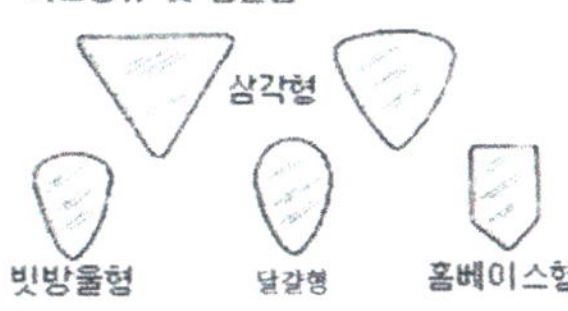

피크란? 오른손 주법시 사용되는 도구이다.
구체적 멜로디와 빠른 연주사용시 이용
빗방울형, 삼각형, 홈베이스형등
여러 종류가 있음 또한 두께와 재질도한 여러
종류이다.

● 피크는 일반적으로 쉽게 옮긴을 잡듯이
  편안하게 잡으셔야 피크컨트롤이 용이하게 됩니다.

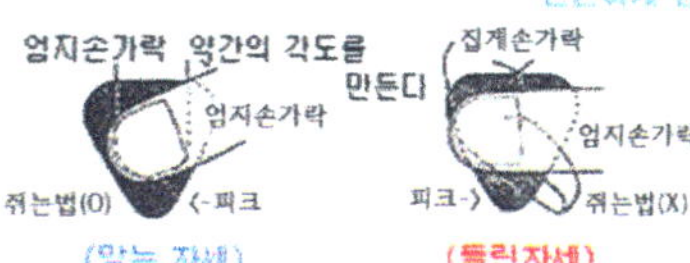

그림과 같이 피크는 잡는 자세에
따라 기타연주에 큰영향을 주는
요소이다.
꾸준한 연습으로 올바른 피킹자세를
익히는 것이 중요함.

29. 왈츠(Waltz)리듬(4/3박) 알아보기

왈츠(Waltz) 4/3박자

18세기말에 오스트리아 바이에른 지방에서 독일 무곡의 영향으로 생겨난
보통 빠르기의 박자 춤곡입니다. 원래 왈츠는 남녀가 서로 끌어안고 원을
그리면서 추는 춤이었는데, 상류사회로 유행하기 시작한 것은 프랑스혁명
과19세기 사회구조의 변화 덕분이었습니다. 19, 20세기를 통하여 여러
가지 왈츠의 형식이 발전하였고, 오늘날에도 사교 댄스나 발레 음악에
없어서는 안될 춤과음악이 되었습니다.

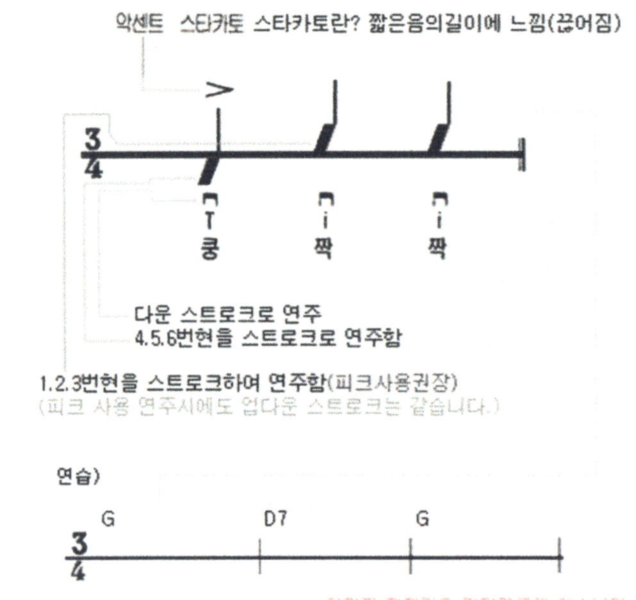

1.2.3번현을 스트로크하여 연주함(피크사용권장)
(피크 사용 연주시에도 업다운 스트로크는 같습니다.)

연습)

30. 4비트(4beat)리듬 알아보기

4비트(4 Beat) 4/4박자

4비트는 곡의 템포가 빠른 것에서부터 느린 것에 이르기까지 넓게
사용되고 있으므로 꼭 익혀두어야 하는 기본적인 리듬의 한 종류입니다
둘째 박과 넷째 박에 악센트를 넣고, 첫 박과 셋째 박은 약간 스타카토를
시키는 기분으로 연주합니다. 각 박자 사이의 여운을 가볍게 커팅시키는
요령도 필요합니다.

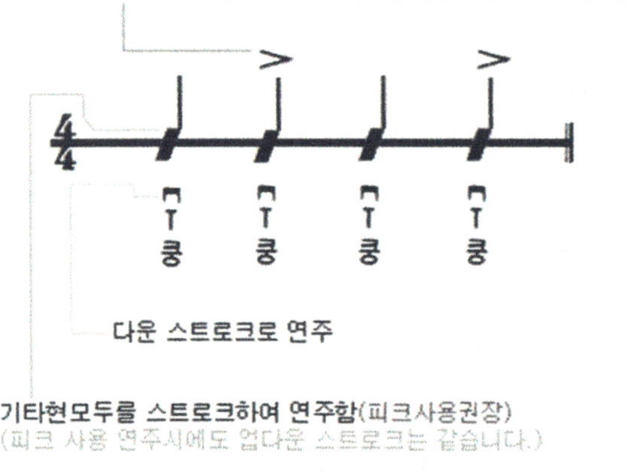

기타현모두를 스트로크하여 연주함(피크사용권장)
(피크 사용 연주시에도 업다운 스트로크는 같습니다.)

연습)

31. 8비트(4beat)리듬 알아보기

8Beat(고고(Go Go)) 4/4박자

트위스트, 럼보, 몽키 등 60년대 중반에 유행한 댄스
뮤직의 총칭이 '고고'입니다다고 부르는 리듬은 정확히 얘기해서
8비트라고하는 것이 좋습니다

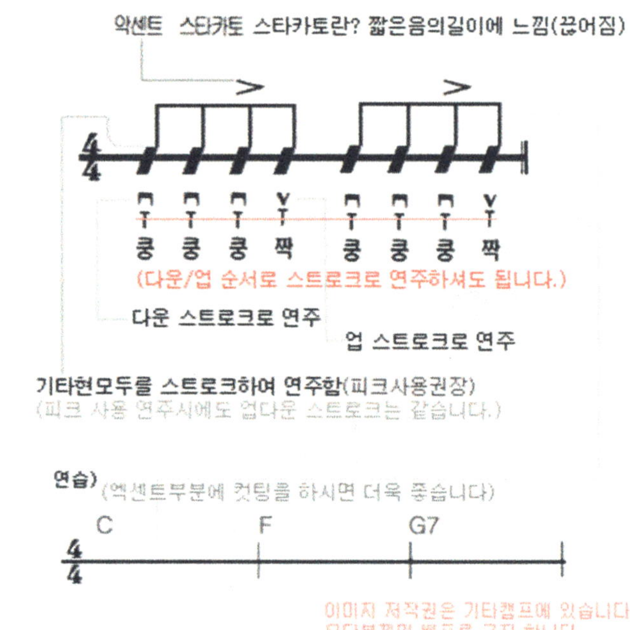

기타현모두를 스트로크하여 연주함(피크사용권장)
(피크 사용 연주시에도 업다운 스트로크는 같습니다.)

연습) (엑센트부분에 컷팅을 하시면 더욱 좋습니다)

32. 8비트(8beat)디스토션사운드 리프(Riff) 알아보기

8비트 디스토션사운드뮤트 리프(Riff)

오버드라이브 또는 디스토션 사운드에서 오른손 뮤트주법을 이용해
비트를 만들거나 연주함.

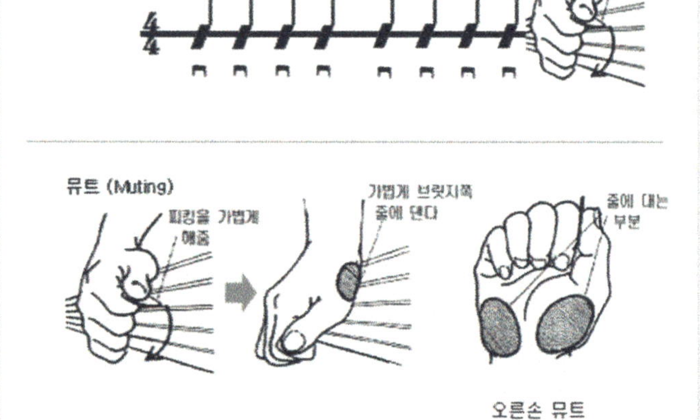

일렉기타 리듬부문 강좌

33. 16비트(4beat)리듬 알아보기

16비트(16 Beat) 4/4박자

8비트에서 쉐이크를 거쳐 16분 음표를 사용하는 16비트로, 이렇게 리듬은 복잡하게 발전해 나아가고 있습니다.
(첫박에 엑센트와 함께 빠르고 정확하게 연주하는 것이 중요합니다.)

다운 스트로크로 연주
업 스트로그 연주

기타현모두를 스트로크하여 연주함(피크사용권장)
(피크 사용 연주시에도 업다운 스트로크는 같습니다.)

연습)
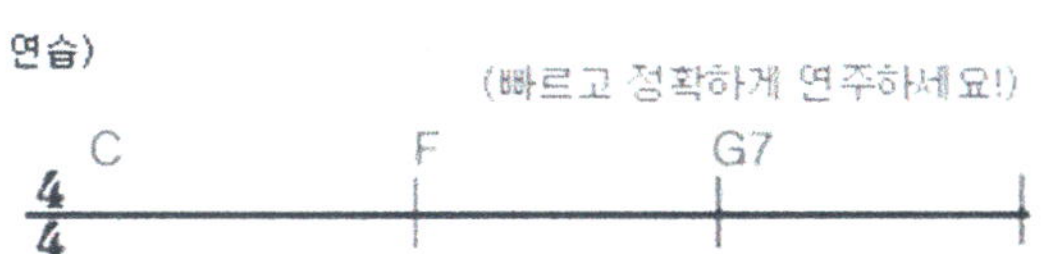

34. 슬로우락(Slow Rock)리듬 알아보기

슬로우 록(Slow Rock) 12비트(12 Beat)

1940년대에 이르러 블루스 음악은 부기우기와 셔플로부터 생겨난 강렬한 댄스 비트와 어울려서 R&B로 발전합니다. 그 후 R&B는 로큰롤을 낳았지만, 발라드하면서 조금 느린 록음악에서는 R&B의 리듬 패턴을 계속 사용하였습니다. 결국 R&B나 록 발라드나 슬로우 록은 같은 패턴의 리듬입니다. 록 블루스(Rock Blues)라고도 합니다.
리듬의 여러 가지 이름 중에서 비교적 비트가 약한 것이 슬로우 록입니다.

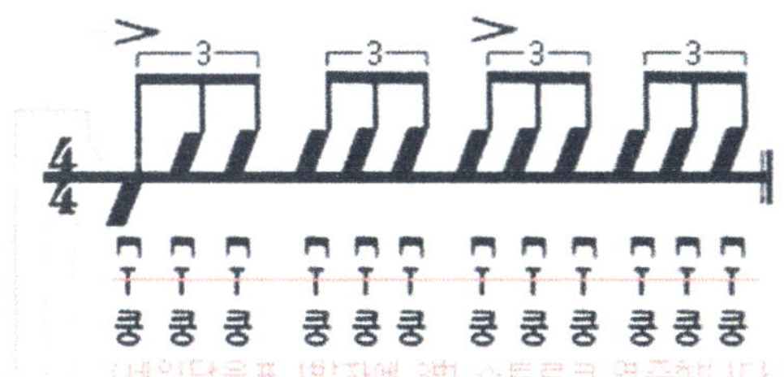

다운 스트로크로 연주
4.5.6번현을 스트로크로 연주함

1.2.3번현을 스트로크하여 연주함(피크사용권장)
(피크 사용 연주시에도 업다운 스트로크는 같습니다.)

연습)
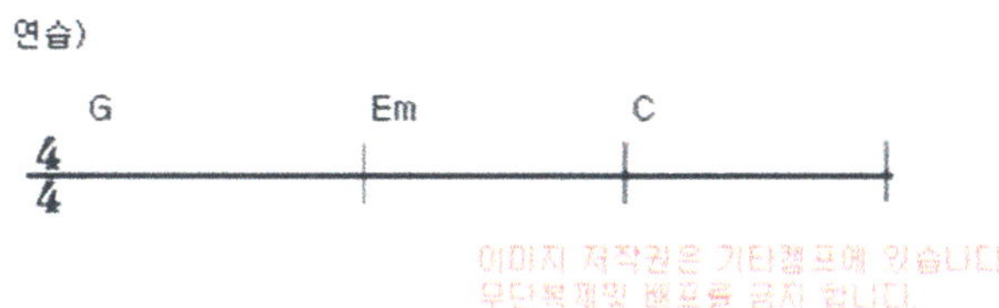

35. 슬로우고고(Slow GoGo)리듬 알아보기

슬로우 고고(Slow GoGo) 4/4박자

조금 느린 템포의 8비트입니다.
통기타 리듬 연주 중 많이 사용되는 리듬입니다.
발라드 풍의 느린템포의 곡을 연주시 많이 사용 됩니다.

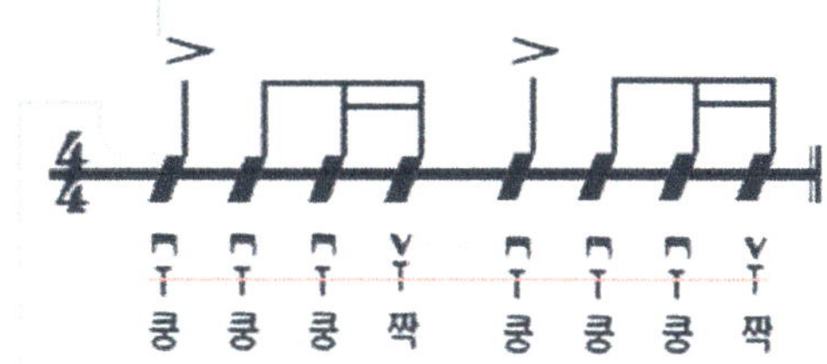

다운 스트로크로 연주   업 스트로크로 연주

기타현모두를 스트로크하여 연주함(피크사용권장)
(피크 사용 연주시에도 업다운 스트로크는 같습니다.)

연습) (한마디에 2박자씩 코드 체인지)
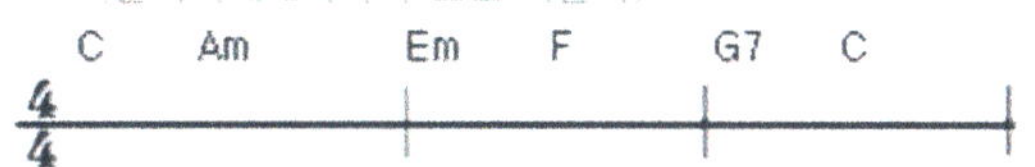

다른 패턴의 슬로우고고 Slow GoGo
(실제 연주시에 많이 사용되는 리듬입니다.)

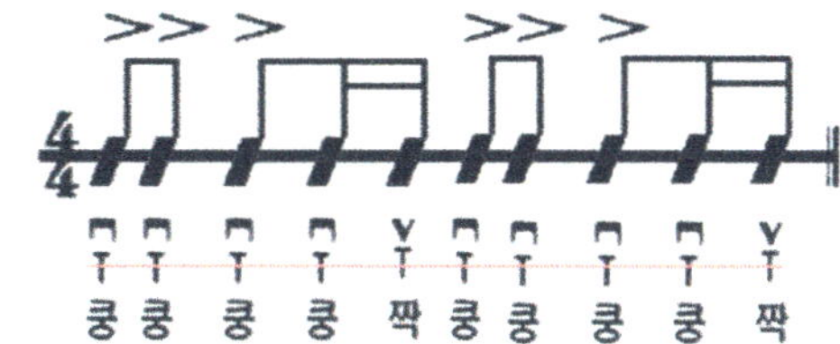

36. 고고(GoGo)리듬 알아보기

고고(Go Go) 4/4박자

트위스트, 럼보, 몽키 등 60년대 중반에 유행한 댄스 뮤직의 총칭이 '고고'입니다라고 부르는 리듬은 정확히 얘기해서 8비트라고하는 것이 좋습니다

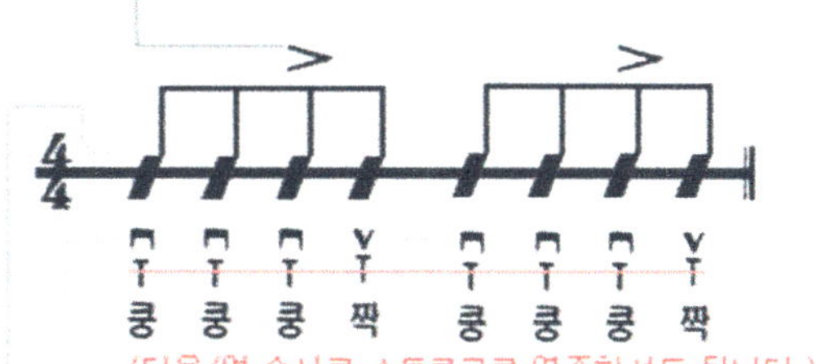

다운 스트로크로 연주   업 스트로크로 연주

기타현모두를 스트로크하여 연주함(피크사용권장)
(피크 사용 연주시에도 업다운 스트로크는 같습니다.)

연습) (엑센트부분에 컷팅을 하시면 더욱 좋습니다)

일렉기타 리듬부문 강좌

37. 트로트(Trot)리듬 알아보기

Trot(트로트) (4/2)박자(한마디에 2박자를 연주함)

가장 단순한 형태의 리듬이지만 무시할 수 없을 정도로 아주 많은 곡에 쓰이는 것으로 우리가 흔히 말하는 '뽕짝'이라는 리듬의 형태가 바로 이것입니다.
'뽕짝'은 이 리듬의 느낌을 의성어로 발음한 것이라고 합니다. 아래에 리듬의 형태를 보시면 이해가 가실 것입니다.

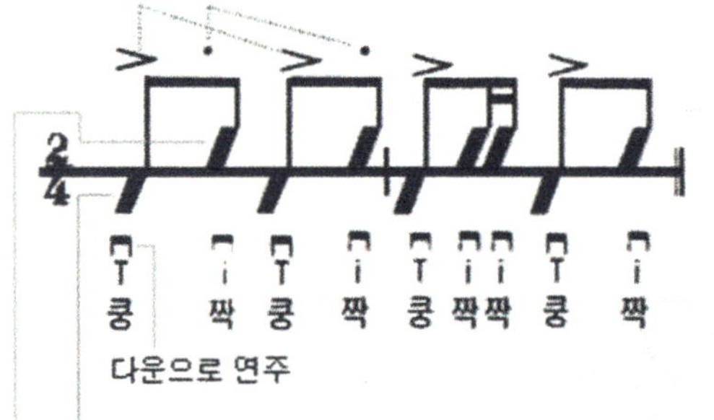

기타현 4,5,6번(저음부)현을 엄지 핑거로 다운으로 연주함

기타현 1,2,3번(고음부)현을 손바닥을 펴주며 다운으로 연주함
(피크 사용 연주시에도 업다운 스트로크는 같습니다.)

연습)

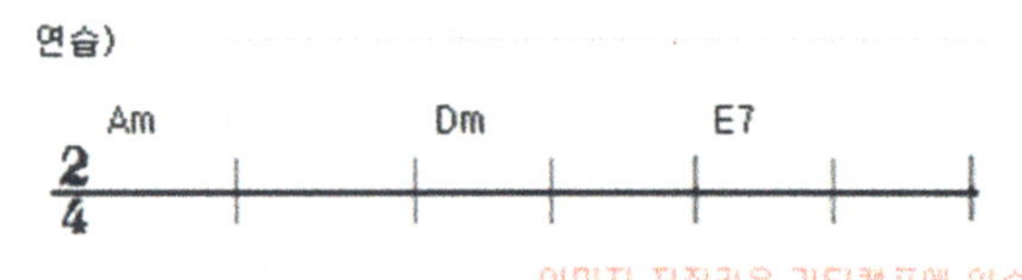

39. 칼립소(Calypso)리듬 알아보기

칼립소(Calypso) 4/4박자

팝 음악의 뿌리를 찾다보면 크게 유럽의 전통 음악과 아프리카의 흑인 음악으로 나눌 수가 있는데, 칼립소(Calypso), 삼바(Samba), 보사노바(Bossanova), 레게(Reggae), 분만 아니라 재즈에서 사용되는 리듬의 거의 대부분은 아프리카 흑인들이 노예로 팔려나가서 세계 각 지역마다 독특한 리듬을 만들어 발전시킨것들입니다.(흑인 음악에서 비롯 미치고 있습니다.)

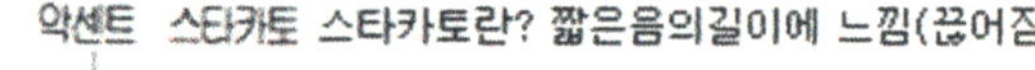
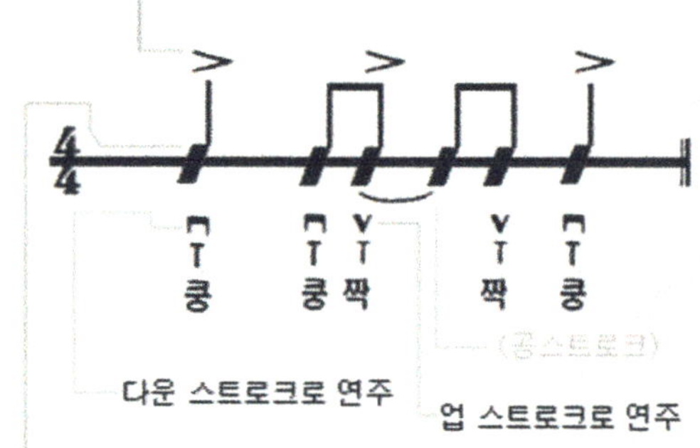

기타현모두를 스트로크하여 연주함(피크사용권장)
(피크 사용 연주시에도 업다운 스트로크는 같습니다.)

연습)   (칼립소의 리듬은 많이 쓰이는 리듬입니다.)

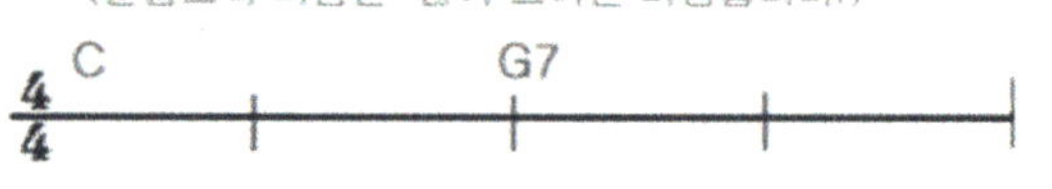

38. 셔플(Shuffle)리듬 알아보기

셔플(Shuffle) 4/4박자

부기우기와 마찬가지로 미국 남부의 흑인들 사이에서 생겨나 1920년대에 재즈와 함께 유행하였으며, 1950년대에 이르러 흑인 음악 리바이벌 붐을 타고 팝 음악의 독립된 분야로서 크게 성행하기 시작한 리듬입니다.

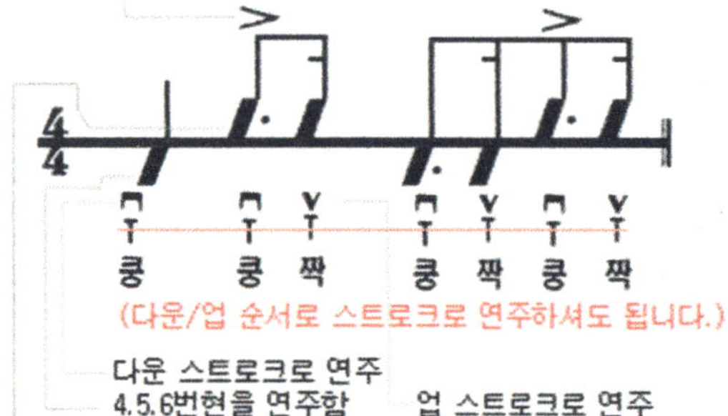

1.2.3번현을 스트로크하여 연주함(피크사용권장)
(피크 사용 연주시에도 업다운 스트로크는 같습니다.)

연습)(길고 짧은 음의 간격을 잘표현하셔야 합니다.)

40. 스윙(Swing)리듬 알아보기

스윙(Swing) 4/4박자

1930년대 베니굿맨악단 그들이 연주하는 음악을 스윙이라고 한데서 나온 말이다. 그들은 스윙음악으로 인기를 모아 스윙이라고 하면 곧 재즈를 가리킬 정도로 유명해졌다.
4/4박자의 노래이며 저음을 칠때의 여운을 유지하는 것이 중요하다. 스윙을 연주할때는 리듬을 따라 어깨가 들썩들썩하는 느낌을 가지면 좋습니다.

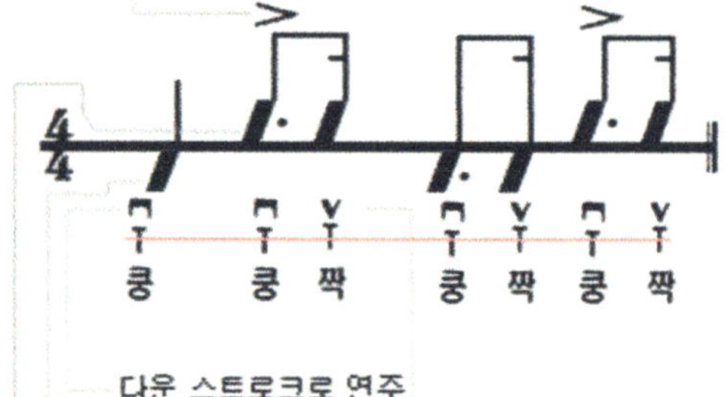

1.2.3번현을 스트로크하여 연주함(피크사용권장)
(피크 사용 연주시에도 업다운 스트로크는 같습니다.)

연습)(길고 짧은 음의 간격을 잘표현하셔야 합니다.)

일렉기타 리듬부문 강좌

41. 디스코(Disco)리듬 알아보기

디스코(Disco) 4/4박자

디스코는 1970년대 중반부터 유행하기 시작한 댄스 리듬으로, 일정한
춤의 패턴이 없는 것처럼 리듬 역시 다양한 8비트나 16비트를 사용하고
있습니다.
기타의 리듬보다는 정확하게 규칙적으로 때려주는 드럼의 4비트가
특징입니다.

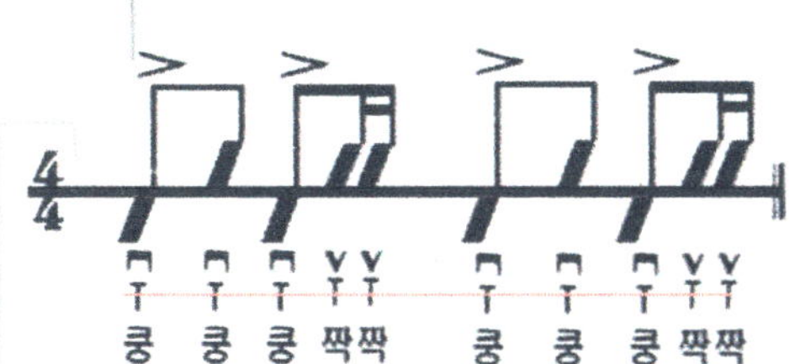

다운 스트로크로 연주
4.5.6번현 저음부 연주
업 스트로크로 연주
1.2.3번현 고음부를 스트로크하여 연주함(피크사용권장)
(피크 사용 연주시에도 업다운 스트로크는 같습니다.)

연습) (빠르게 스트로크 연주합니다.)

일렉기타 스케일부문 강좌

43. 스케일 오른손피킹법(Scale pickings) 알아보기

피크종류 및 잡는법

삼각형

빗방울형   달걀형   홈베이스형

피크란? 오른손 주법시 사용되는 도구이다.
구체적 멜로디와 빠른 연주사용시 이용
빗방울형, 삼각형, 홈베이스형등
여러 종류가 있슴 또한 두께와 재질도한 여러
종류이다.

● 피크는 일반적으로 쉽게 물건을 잡듯이
편안하게 잡으셔야 피크컨트롤이 용이하게 됩니다.

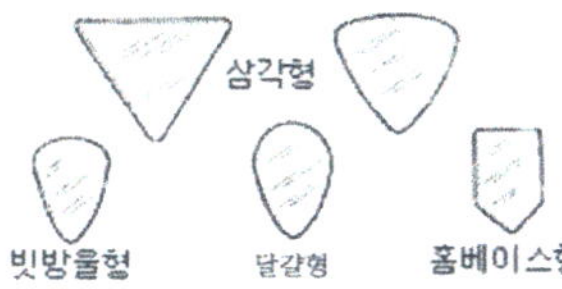

그림과 같이 피크는 잡는 자세에
따라 기타연주에 큰영향을 주는
요소이다.
꾸준한 연습으로 올바른 피킹자세를
익히는 것이 중요함.

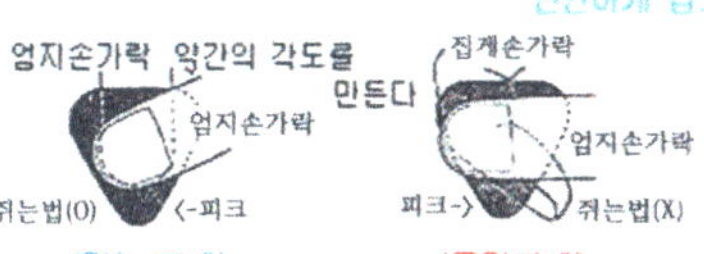

42. 아르페이지오(arpeggio)주법 알아보기

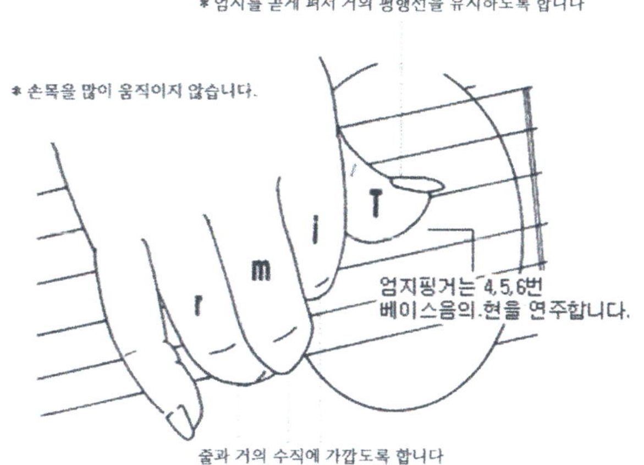

4/4박자 아르페지오

각각 담당하는 줄이 정해져 있으므로 항상 그 줄을 칠 수 있도록 준비해야 합니다.

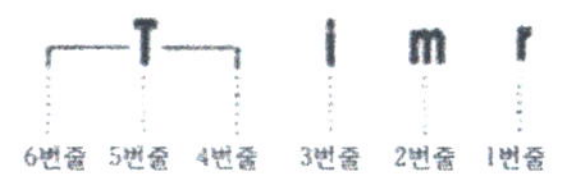

패턴 1

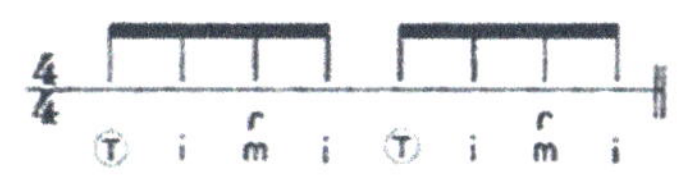

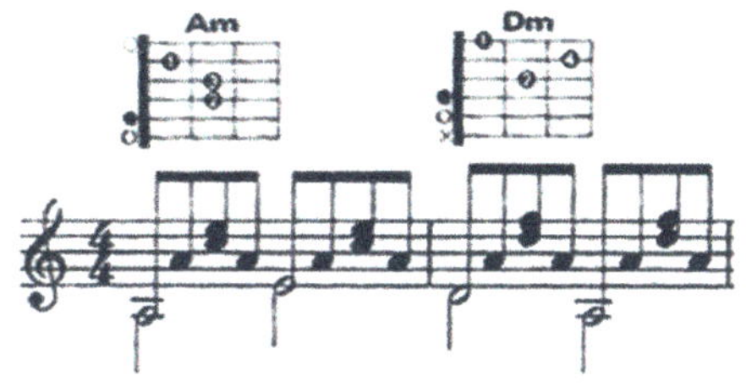

4/4 박자의 전형적인 아르페지오 패턴입니다
2박과 4박에서 기타의 2번줄과 1번줄을 동시에 튕기는 점에 유의 하세요

패턴 2

44. C 메이져 펜타토닉 스케일 알아보기

45. E 메이져 펜타토닉 스케일 알아보기

46. Cm 마이너 펜타토닉 스케일 알아보기

47. Em 마이너 펜타토닉 스케일 알아보기

48. 헤머링온 & 풀링오프 & 트릴 테크닉 알아보기

해머링 온 (Hammering On)

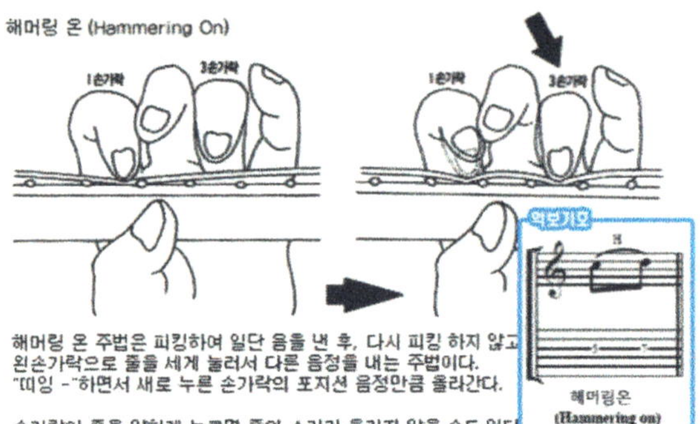

해머링 온 주법은 피킹하여 일단 음을 낸 후, 다시 피킹 하지 않고
왼손가락으로 줄을 세게 눌러서 다른 음정을 내는 주법이다.
"따잉 -"하면서 새로 누른 손가락의 포지션 음정만큼 올라간다.

손가락이 줄을 약하게 누르면 줄의 소리가 들리지 않을 수도 있다.
해머링 온을 할 때는 순간적으로 강하게
눌러야 앞의 여운이 사라지지 않고 고운 소리가 남는다.

망치로 내려치듯 느낌으로 함.

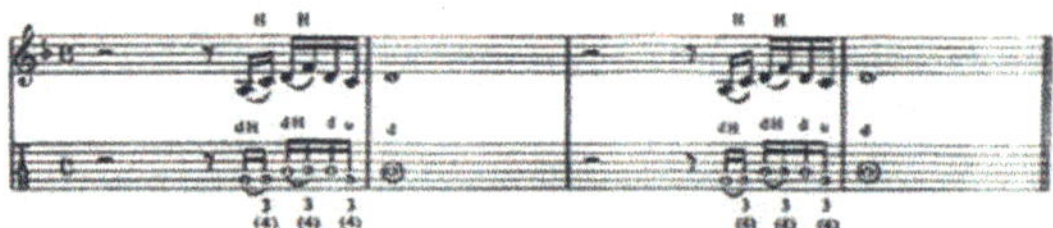

풀링 오프 (Pulling Off)

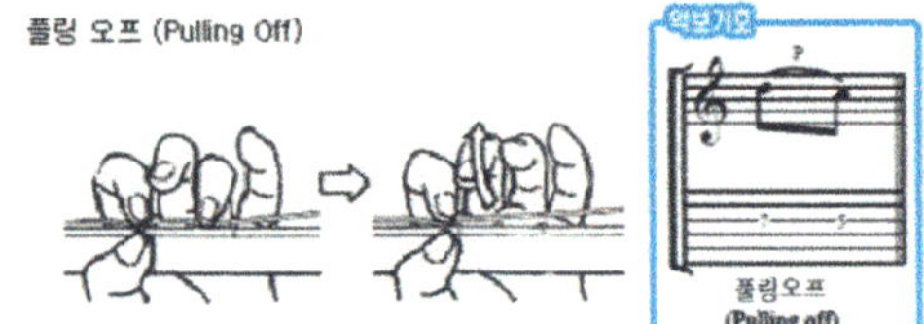

풀링 오프는 해머링 온과는 반대로 음을 누른 상태에서 줄을 튕긴 후에,
줄을 눌렀던 왼손가락을 떼어서 다른 음정(처음 누른 음정)으로 바꾸는 주법을 말한다.

풀링 오프를 하는 손가락의 끝으로 줄을 큐듯이 강하게 튕기면서
떼어야만 올바른 소리가 난다. 줄을 튕겨 주지 않고 그냥 손가락을 떼면
소리가 아주 작아져서 잘 들리지 않게 된다.

연습

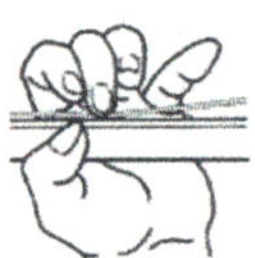

트릴테크닉은 해머링온과 풀링오프 테크닉을
빠르게 반복적으로 움직여 사운드를 내는 테크닉
입니다.

49. 슬라이드 & 글리산도 테크닉 알아보기

슬라이드 (Slide)

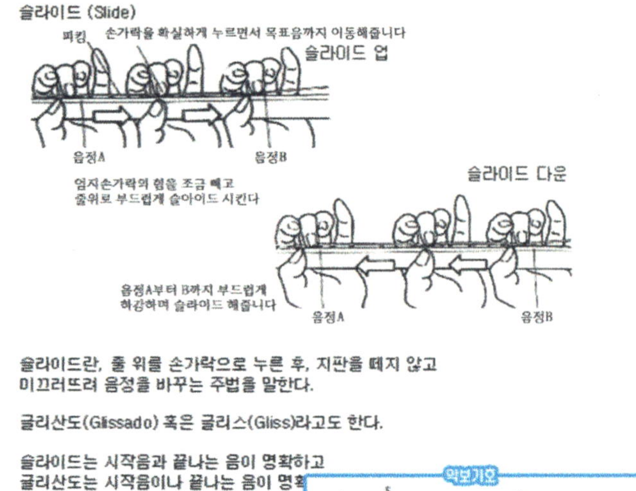

슬라이드란, 줄 위를 손가락으로 누른 후, 지판을 떼지 않고
미끄러뜨려 음정을 바꾸는 주법을 말한다.

글리산도(Glissado) 혹은 글리스(Gliss)라고도 한다.

슬라이드는 시작음과 끝나는 음이 명확하고
글리산도는 시작음이나 끝나는 음이 명확

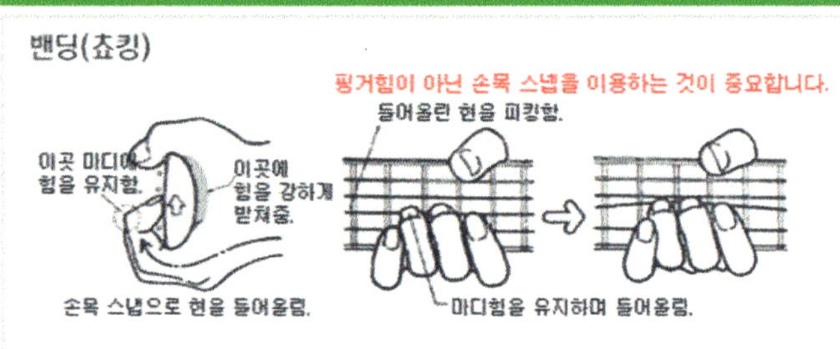

50. 벤딩(쵸킹) & 비브라토 테크닉 알아보기

벤딩(쵸킹)

쵸킹(또는 벤딩:Bending)은 누르는 프렛을 옮기지 않은 채 왼손가락 끝으로
줄을 밀어서 음정을 변화시키는 주법을 말한다. 왼손가락의 1·2·3·4 중
어느 손가락으로도 쵸킹이 가능하도록 연습하여야 한다.
어쿠스틱 기타의 경우에는 줄의 장력이 강해서 보통 1/2음이나 1음 정도의
쵸킹이 많이 사용되고 있지만 일렉 기타의 경우에는 2음까지도 쵸킹 하는 경우도 있다.
쵸킹을 할 때 정확한 음정이 나올 수 있도록 주의를 기울이자.
① ② ③ ④번선은 ⑥번선 방향으로 밀어 올리고, ⑤ ⑥번선은 ①번선 방향으로
끌어내리는 것이 보편적인 방법이다.

정확한 쵸킹음정을 내기 위해서는 정확한 음을 구분할 수 있는 귀가 필요하다.
쉽게 말하자면 쵸킹을 하게 되면 음정이 올라간다.
따라서 원하는 음정을 끌어올리면서 원하는 음정을 구분할 줄 알아야 한다.
연습 방법은 먼저 선택한 연습곡을 귀에 완전히 익히도록 많이 듣고나서 쵸킹 연습을 한다.
쵸킹의 실력 차이는 자기가 원하는 음정을 깨끗하게 표현하는데 있다.
통기타에서는 잘 모르지만 앰프에 연결하여 연주해
보면 쵸킹과 릴리즈의 전후로 잡음이 생긴다.
이는 쵸킹과 릴리즈를 하면서 그 줄의 위, 아래를 건들기 때문이다.
이 잡음을 막기 위해서는 어렵지만 잡음이 날 만한 줄을 뮤트 시키는 방법이
가장 효과적이다.

일렉기타 테크닉부문 강좌

50. 벤딩(쵸킹) & 비브라토 테크닉 알아보기 (Page-16과 연결)

비브라토 (Vibrato)

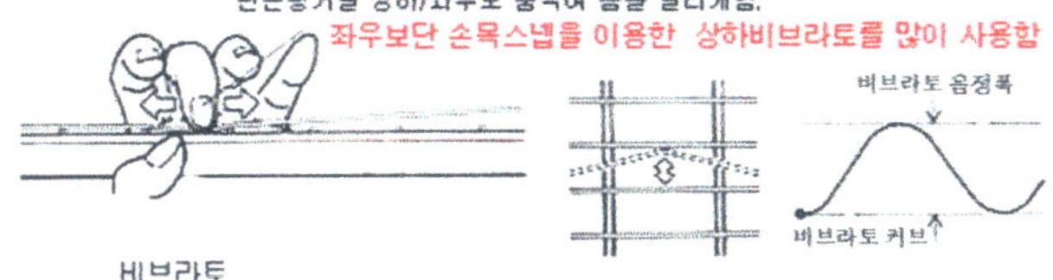

비브라토

만약 멜로디나 프레이즈에 어떠한 표정도 덧붙이지 않는다고 한다면
그것은 음악이 아니라 단순한 신호음이 나열된 것과 같은 셈이다.

아무리 작은 프레이즈에도 반드시 거기에 어울리는 뉘앙스가
표현되어 있지 않으면 안된다. 여기서 다루는 비브라토는 음에
흔들림을 만드는 간단한 것인데, 많은 테크닉 중에서도 가장 정감적인
효과를 만드는 테크닉이라 할 수 있다. 기타 특유의 효과가
거의가 비브라토의 미묘한 움직임에서 생겨난다고 볼수 있다.

핸드 비브라토
줄을 누르고 피킹한 다음 누르고 있는 손가락을 지점으로 하여
왼손 전체를 좌우로 흔들어 음에 흔들림 만든다.
이 때 엄지는 가볍게 네크에 닿는 정도이거나 떼도록 하는 것이 좋다.
그리고 음이 흔들리는 속도는 왼손을 흔드는 빠르기로 조종하고
흔들림의 깊이는 누르고 손가락의 힘으로 조종한다.

쵸킹 비브라토
쵸킹 비브라토는 쵸킹과 릴리즈의 되풀이로
비브라토를 만드는 테크닉이다. 흔들림의 스피드는 쵸킹과 릴리즈의
빠르기로 흔들림의 깊이는 쵸킹의 크기로 한다.
기타 테크닉 중 중요한 요소중 하나이다.

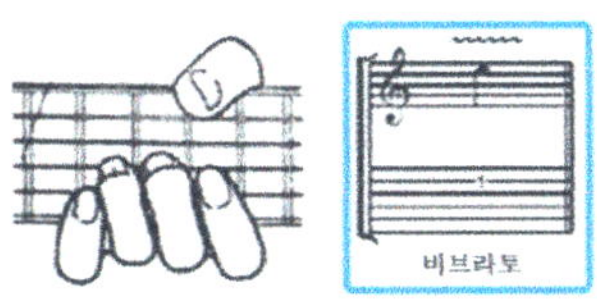

비브라토

51. 왼손뮤팅 & 오른손뮤트 테크닉 알아보기

뮤트 (Muting)

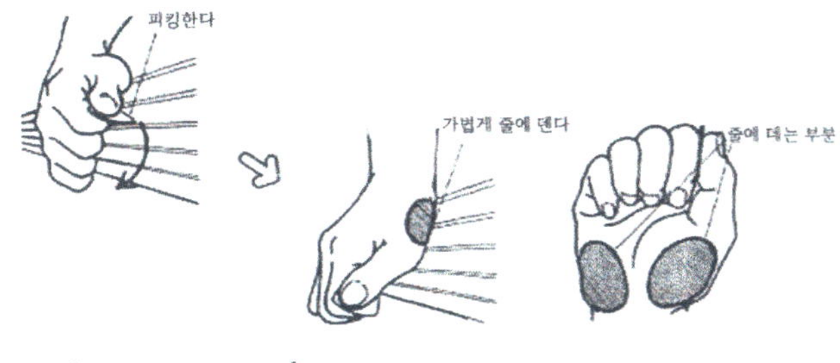

뮤트는 왼손가락이나 혹은 오른손의 새끼손가락 근처의 손바닥을 줄에 가볍게
대고 피킹하여 둔탁한 소리를 내는 주법이다.

머유 뮤트
오른손 테크닉으로 '쟈자쟈가하는 뮤트음을 만든다.
그 방법은 브리지 위에 가볍게 손을 얹고 피킹한다.
머프 뮤트는 오른손 손목을 고정시킨 부자연스런 피킹이기 때문에 빠른 패시지나
극단적인 음(줄)의 도약 등에는 상당한 연습이 필요하다.
노이즈 뮤트
왼손 테크닉으로 그 방법은 핑거 커팅과 동일하다.
즉 줄을 누르고 있는 손가락의 힘을 빼고 손가락이 줄에 가볍게 댄 채로 피킹한다.
이 때 음정이 없는 노이즈를 얻을 수 있다.

52. 네츄럴 하모닉스 테크닉 알아보기

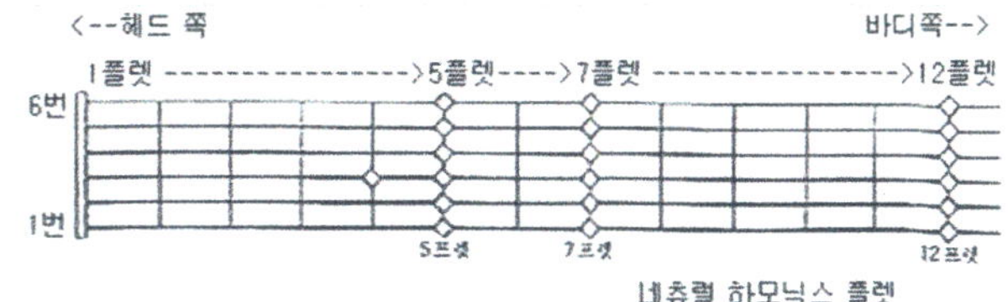

네츄럴 하모닉스 플렛

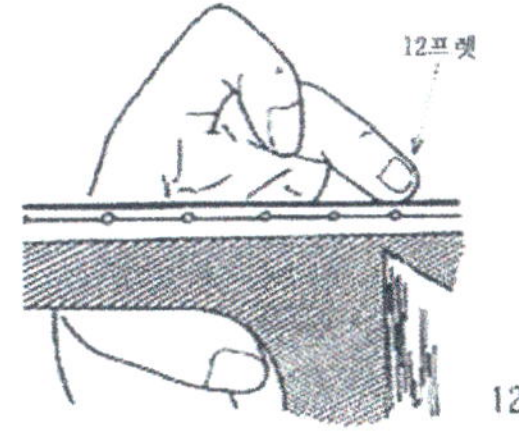

내추럴 하모닉스
플렛바로 위에 현위치에서 손가락과
90°를 위지한후 현을 쳐 고음(하모닉스)
을 냄

12 플렛 네츄럴 하모닉스

5번현을 튜너로 A음을 맞춘후 5번줄 5플렛에서
　　　　　4번줄 7프렛에서 하모닉스 사용하여 튜닝
4번줄 5플렛에서 3번줄 7프렛에서 하모닉스 사용하여 튜닝
3번줄 4플렛에서 2번줄 5프렛에서 하모닉스 사용하여 튜닝
　　(3,4번 하모닉스 튜닝시 잘안될경우 내츄널 튜닝 사용)
2번줄 5플렛에서 1번줄 7프렛에서 하모닉스 사용하여 튜닝
6번줄 5플렛(6번줄 페그를 돌려 맞춤)에서 5번줄 7프렛에서
하모닉스 사용하여 튜닝

전체적으로 확인함.

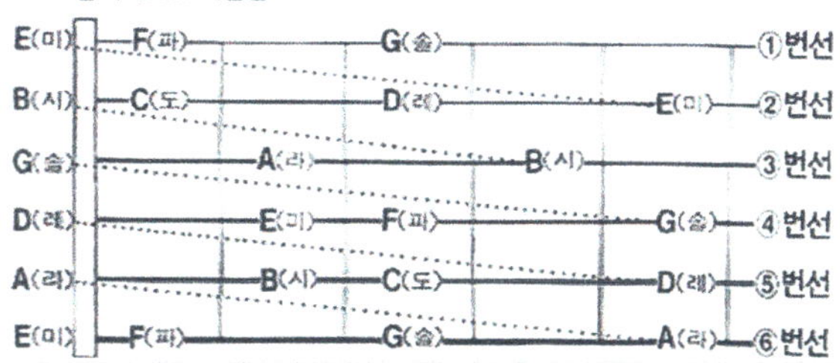

53. 테핑(라이트핸드) 테크닉 알아보기

테핑(라이트핸드)

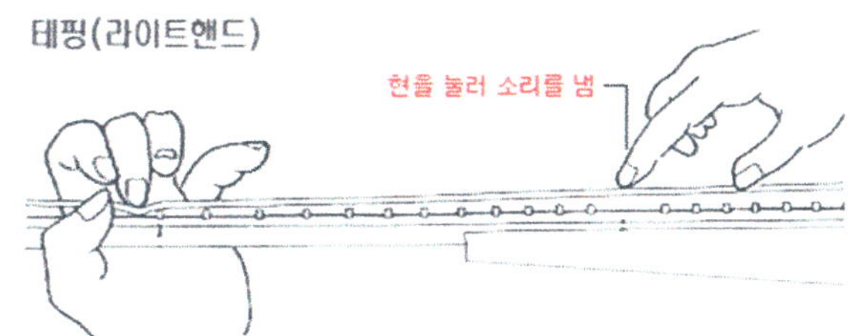

라이트 핸드 왼손으로 음정을 누른후 오른손으로 밀어내듯 연주함..

54. 피크 스크래치 테크닉 알아보기

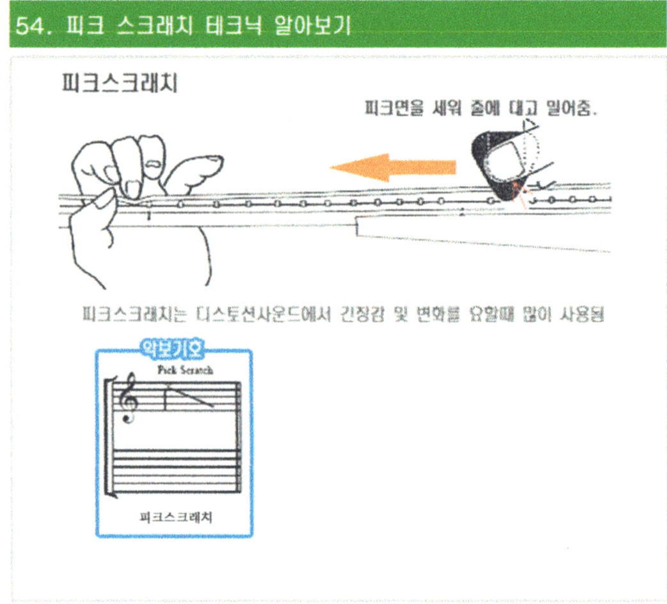

55. 피킹하모닉스 테크닉 알아보기

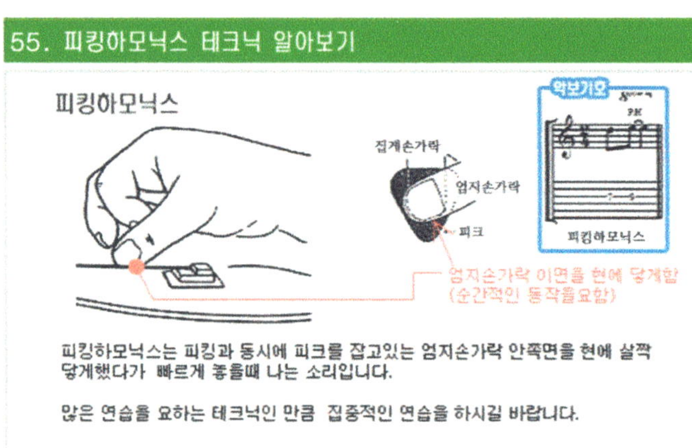

피킹하모닉스는 피킹과 동시에 피크를 잡고있는 엄지손가락 안쪽면을 현에 살짝 당계했다가 빠르게 좋을때 나는 소리입니다.

많은 연습을 요하는 테크닉인 만큼 집중적인 연습을 하시길 바랍니다.

56. 볼륨 & 트레몰러암 테크닉 알아보기

57. A7 Key 12마디 Rock & Roll(락앤롤) 알아보기 1부

A7 12마디 Rock & Roll (락앤롤) 1부
각코드 마디별로 부분연습후
연결연습을 하시기 바랍니다.
리듬연주시 엑센트를 주세요.
Moderate ♩=120
A7(4마디) (A7코드를 4번반복 4마디를 연주하세요!)
이부분 노뮤트로 연주하세요!
(정확한 왼손핑거링과 오른손뮤트리프가 중요. 반복적인 연습이 필요합니다.)

58. A7 Key 12마디 Rock & Roll(락앤롤) 알아보기 2부

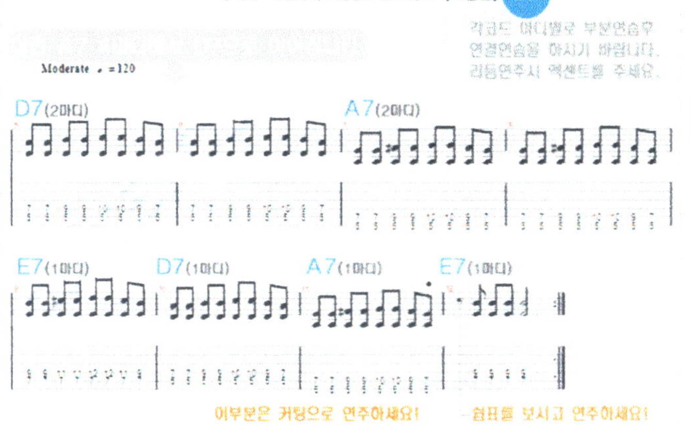
A7 12마디 Rock & Roll (락앤롤) 2부
각코드 마디별로 부분연습후
연결연습을 하시기 바랍니다.
리듬연주시 엑센트를 주세요.
Moderate ♩=120
D7(2마디)   A7(2마디)
E7(1마디)   D7(1마디)   A7(1마디)   E7(1마디)
이부분은 커팅으로 연주하세요!   침표를 보시고 연주하세요!
(정확한 왼손핑거링과 오른손뮤트리프가 중요. 반복적인 연습이 필요합니다.)

59. A7 Key 12마디 Rock & Roll(락앤롤) 전체 따라하기

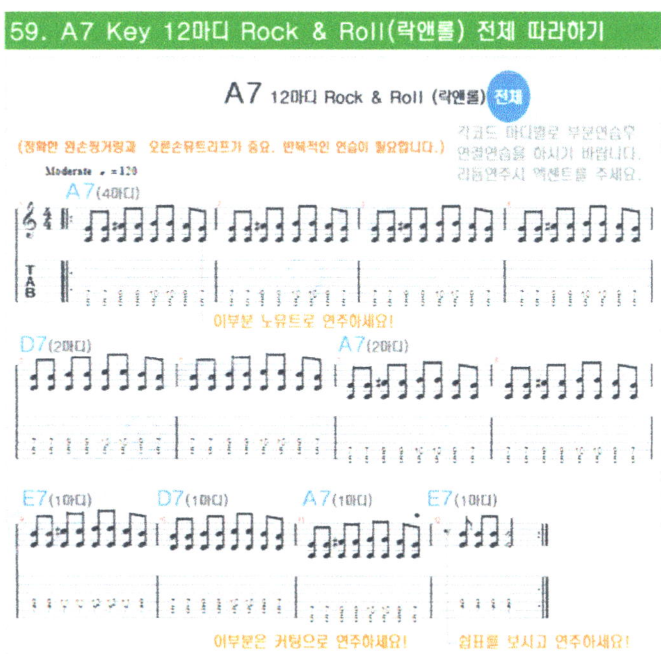
A7 12마디 Rock & Roll (락앤롤) 전체
각코드 마디별로 부분연습후
연결연습을 하시기 바랍니다.
리듬연주시 엑센트를 주세요.
(정확한 왼손핑거링과 오른손뮤트리프가 중요. 반복적인 연습이 필요합니다.)
Moderate ♩=120
A7(4마디)
이부분 노뮤트로 연주하세요!
D7(2마디)   A7(2마디)
E7(1마디)   D7(1마디)   A7(1마디)   E7(1마디)
이부분은 커팅으로 연주하세요!   침표를 보시고 연주하세요!

- 그대에게 -

신해철 2집 '재즈카페'(1991)수록곡

작사 : 신해철
작곡 : 신해철
노래 : 신해철
편곡 : GuitarCamp

그대에게

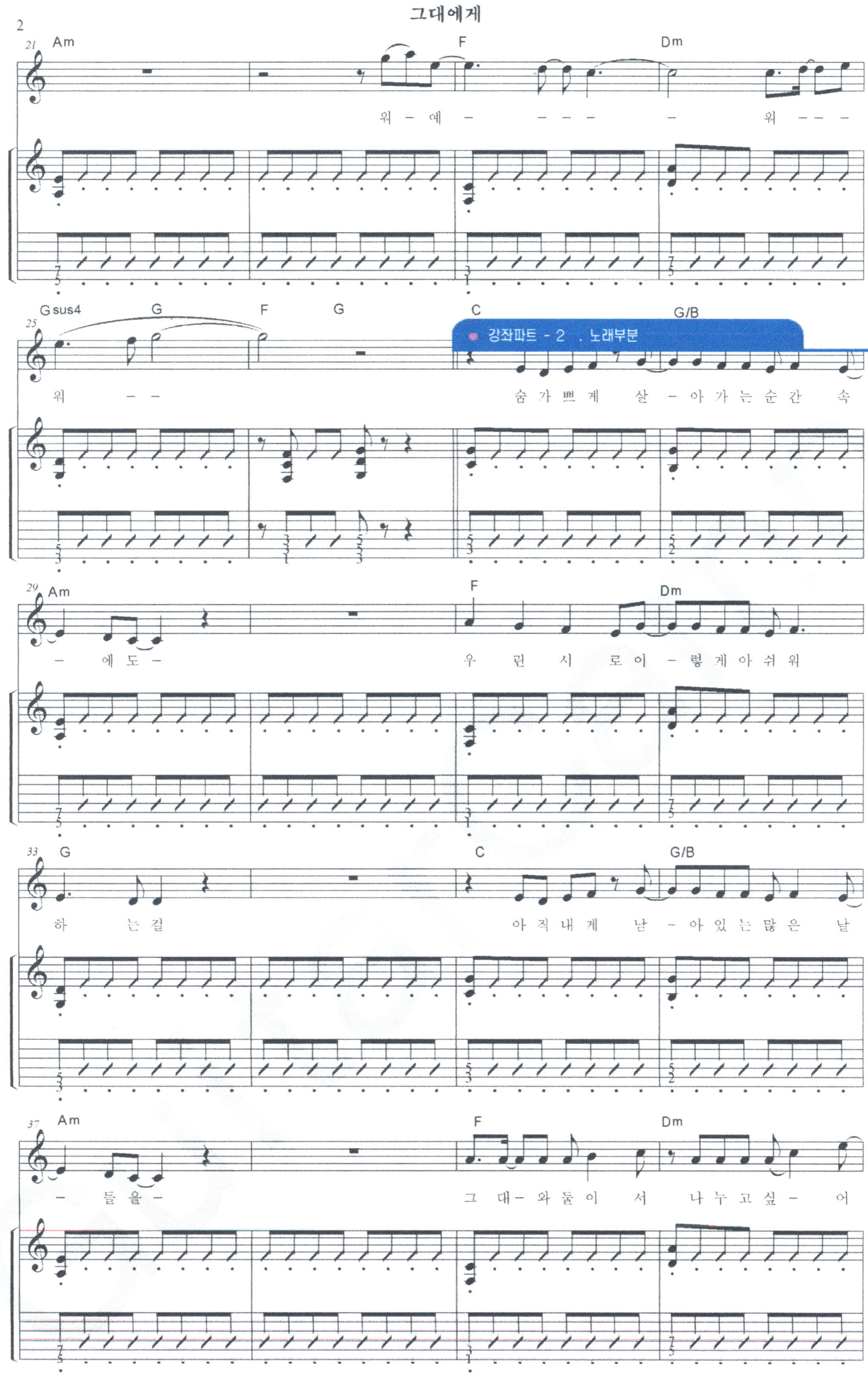
워 - 예 - - - - - - 워 - - -
워 - -
숨가쁘게 살 - 아가는순간 속
- 에도 -
우 린 서 로 이 - 렇게아쉬워
하 는걸
아직내게 남 - 아있는많은 날
- 들을 -
그 대 - 와둘이 서 나누고싶 - 어
강좌파트 - 2 . 노래부분

그대에게
G   F   G   F   G   F
- - 요 - - - 내 가 사 랑 -한- 그 모 든
Em   Am   G   F
것 을 다 잃 는 다 해 도 그 대 를 포 기-할
Dm   Gsus4   F   G
순 - 없- 어요 -
C   G/B   Am
이 세 상 어- 느 곳 에서- 도 - -
F   Dm   Gsus4   G
나 는 그 대-숨 결 을 느 낄-수 있 어요 -

그대에게

내 가 사 랑 -한- 그 모 든 것 을 다 잃 는 다 해 도 그 대
를 포 기 -할 순 -없 -어
요 - 내 삶 이 끝 -나 는 날 까
- -지 - 나 는 언 제 -나 그 대 곁 에 -있

그대에게
6
101 Gsus4 F G D A/C#
겟 어 요 － 이 세 상 어 － 느 곳 에 서
105 Bm G Em
－ 도 － － 나 는 그 대 － 숨 결 을 느 낄 － 수
109 Asus4 A D A/C#
있 어 요 － 내 삶 이 끝 － 나 는 날 까
113 Bm G Em
－ － 지 － 나 는 언 제 － 나 그 대 곁 에 － 있
117 Asus4 G A D
겟 어 요 －

- 불놀이야 -

작사 : 홍서범
작곡 : 홍서범
노래 : 옥슨80
편곡 : GuitarCamp

'386세대 그룹사운드 '(1999)수록곡

강좌파트 - 1 . 인트로부분(intro)

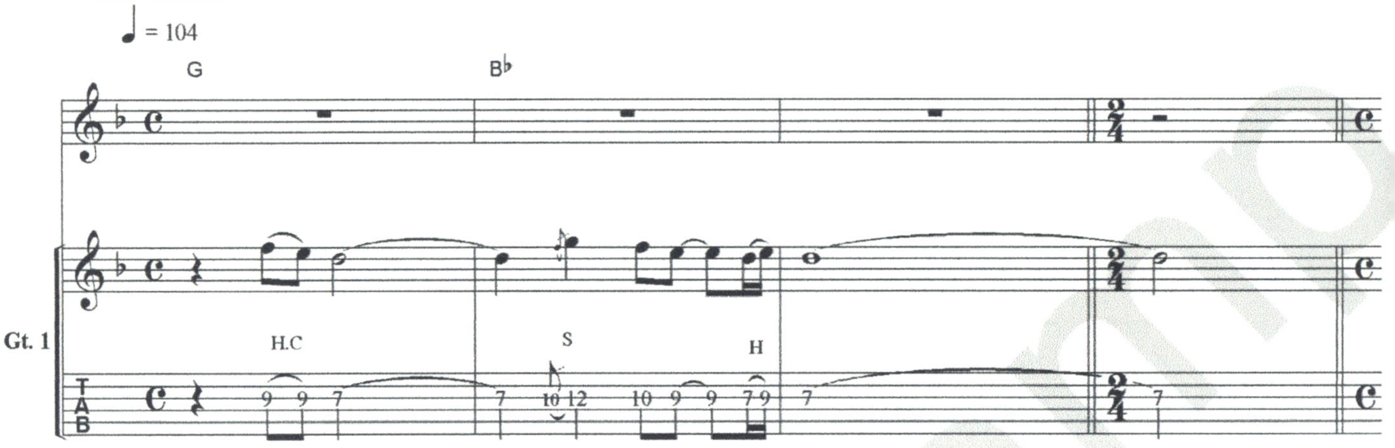

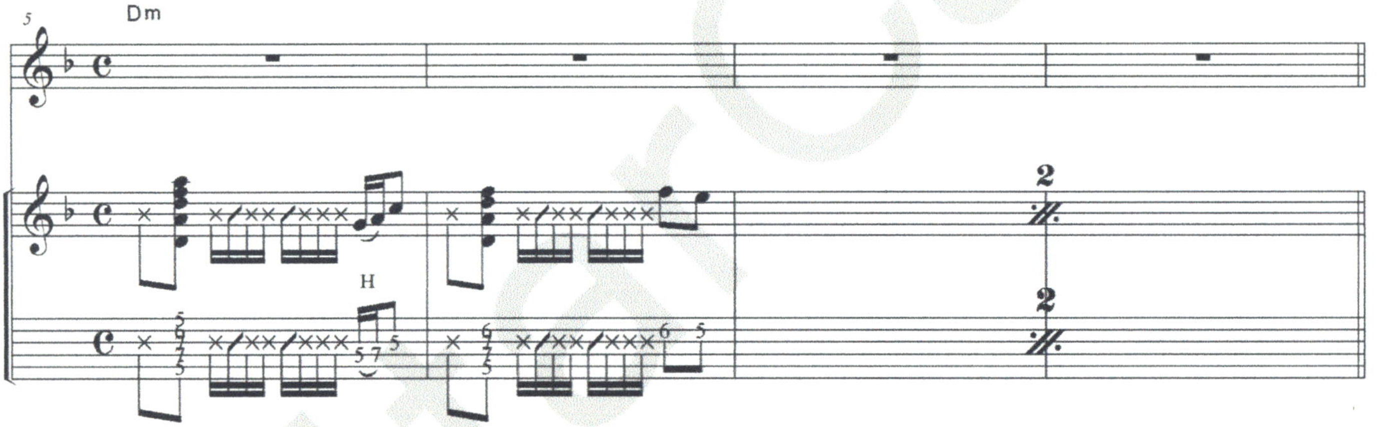

강좌파트 - 2 . 노래부분

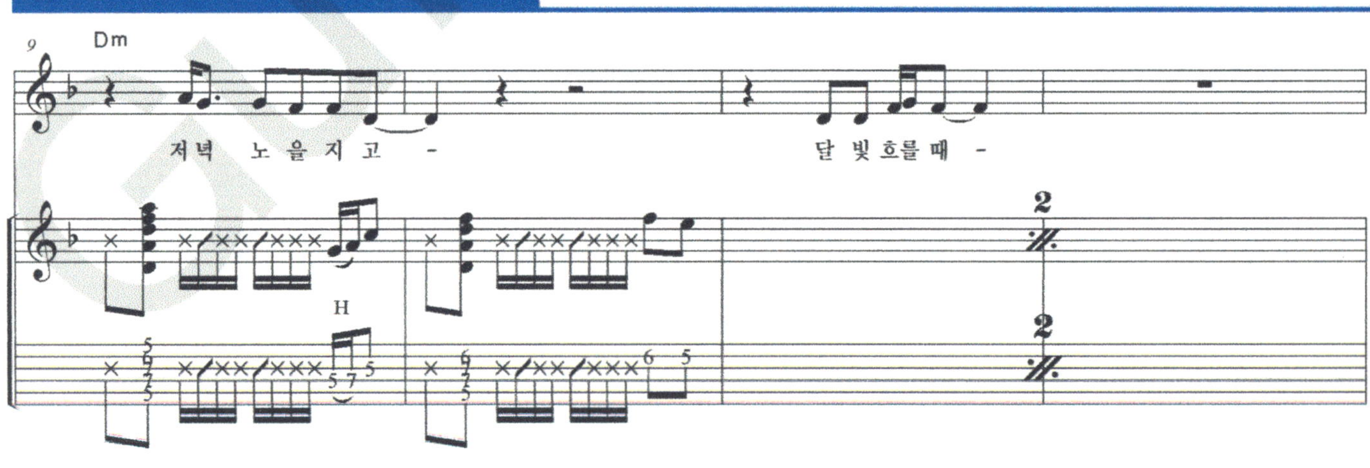

불놀이야

Dm
작은 불꽃으로 -
네 마음을 날려봐 -
Dm
F
저 들판 사이로
가면 -
Dm
F
내 마음의 창을
열고 -
Dm
F
두 팔을 벌려서
돌면 -
Dm
F
야 불이 춤춘다
불놀이
G
B♭
A
야 - - 하

Dm
Dm
꼬마 불꽃송이 -   꼬리를물고-
Dm
동 그 라 미 그-려 -   너 의 꿈 을 날려봐 -
Dm   F   Dm   F
저 들판사이로   가면 -   내 마음의창 을   열고 -
H

불놀이야

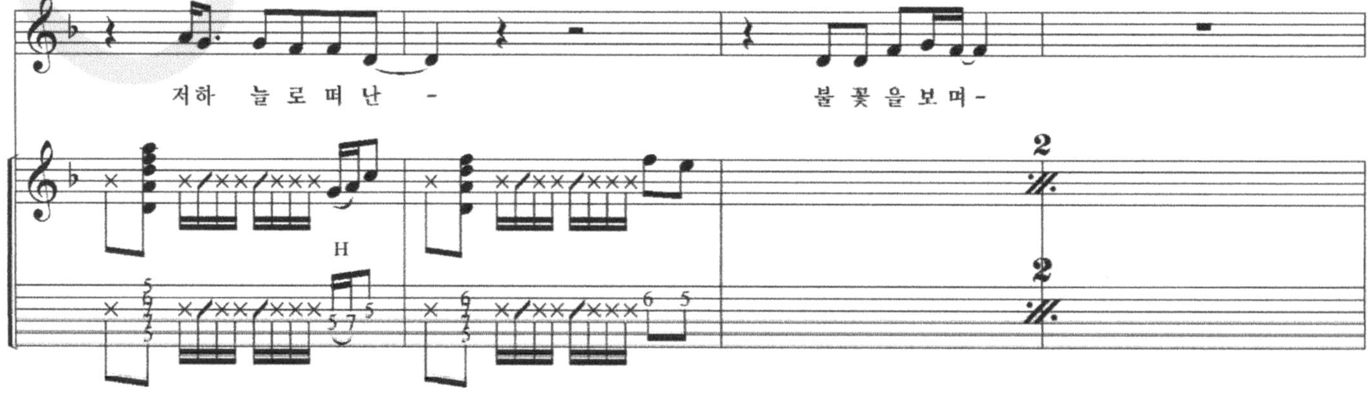

Dm
Dm
A
Dm
Dm
저하 늘로떠난 -
불꽃을보며 -

힘 껏 소 리 치-며 - 우 리 소 원 빌 어 봐 -
저 들 판 사 이 로 가 면 - 내 마 음 의 창 을 열 고 -
두 팔 을 벌 려 서 돌 면 -
불 놀 이 야 - - 하

Dm　　　　F　　　　Dm　　　　F
저 들판사이로　　가면－　내 마음의창 을　열고－

Dm　　　　F　　　　Dm　　　　F
두 팔을벌려 서　돌면－　야 불이 춤춘 다　불놀이

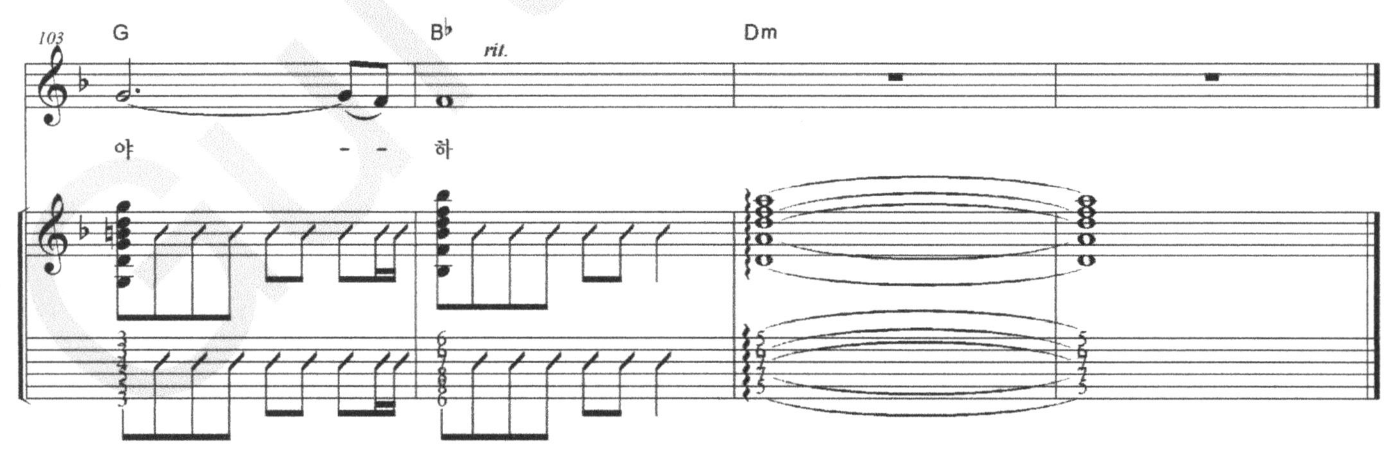
G　　　　Bb　　rit.　　Dm
야 －－하

- 사람이 꽃보다 아름다워 -

작사 : 정지원
작곡 : 안치환
노래 : 안치환
편곡 : GuitarCamp

안치환 5집 'Desire' 수록곡(1997)

사람이 꽃보다 아름다워

강좌파트 - 1 . 인트로부분(intro)
E
강물같은노래 _를_ 품고사 _는_ 사람 은 알게되
A
E
_지 음 알게되 _지
A
E
내내어두웠던산 들이 _ 저녁이 되면 _ 왜
A
E
강으 로스미 어꿈을꾸 _다밤이 깊을수록말없 이 서로를쓰다듬으며
A
E
부등켜안은 채 느긋하게정 들어 _ 가는지를 _으음
B7

사람이 꽃보다 아름다워
E A
지독한 외로움 _ 에 쩔쩔매본 _ 사람은 알게되
E A
_지 음 알게되 _지
E A
그 슬픔에 굴하지않고 비켜서지 않으며 _ 어 느
E A
곁에 반 _ 짝이는 꽃눈을달고우 _ 령우령잎들을 키우는사람이야말로
E B7
짙푸른숲이되고 산이되어매 꼭아리로 _ 남는다는것을 _ 누가뭐 래도

사람이 꽃보다 아름다워
4
(누가뭐래도) 사람이 꽃보다아름다워
모든 외로움이겨낸 바로 그사람 누가뭐래도
(누가뭐래도) 그대는 꽃보다아름다워 노
래의온 길품 고사는바로그대 바로당신 바로우리 우린참사람
헤아헤아

지 독 한 외 로 움 _ 에 쩔 쩔 매 본 사 람 은 알 게 되
_ 지
음 알 게 되 _ 지

사람이 꽃보다 아름다워

그 슬픔에 굴 하지 않고 비켜 서지 않으며 _ 어느
곁에 반 _ 짝이는 꽃눈을 달고 우 _ 렁우렁잎들 을 키우는 사람이야말로
질푸른 숲이 되고 산이 되어 메아리로 - 남 는 다는 것을 _ 누가 뭐 래도
(누가 뭐 래도) 사람이 꽃 보다 아름다워 _ 이
모든 외로 움 이겨 낸 _ 바로 그 사 람 _ 누가 뭐 래도

(누가뭐 래도) 그 대는 꽂 보다아름다워 _ 노
래의 온 _ 길 품 _고 사 _ 는바로 그 대 바로당신 바로우리 우린참사람
_ 누가뭐래도 (누가뭐 래 도) 사 람이
꽂 보 다 아 름 다 워 _ 노 래의 온 _ 길 품
_고 사 _ 는 바로그 대 바로당신 바로우 리 우린참 사 람

사람이 꽃보다 아름다워

- 좋다 -

작사 : 데이브레이크
작곡 : 데이브레이크
노래 : 데이브레이크
편곡 : GuitarCamp

데이브레이크의 'New Day' (2010.01)수록곡

강좌파트 - 1 . 인트로부분(intro)

강좌파트 - 2 . 노래부분

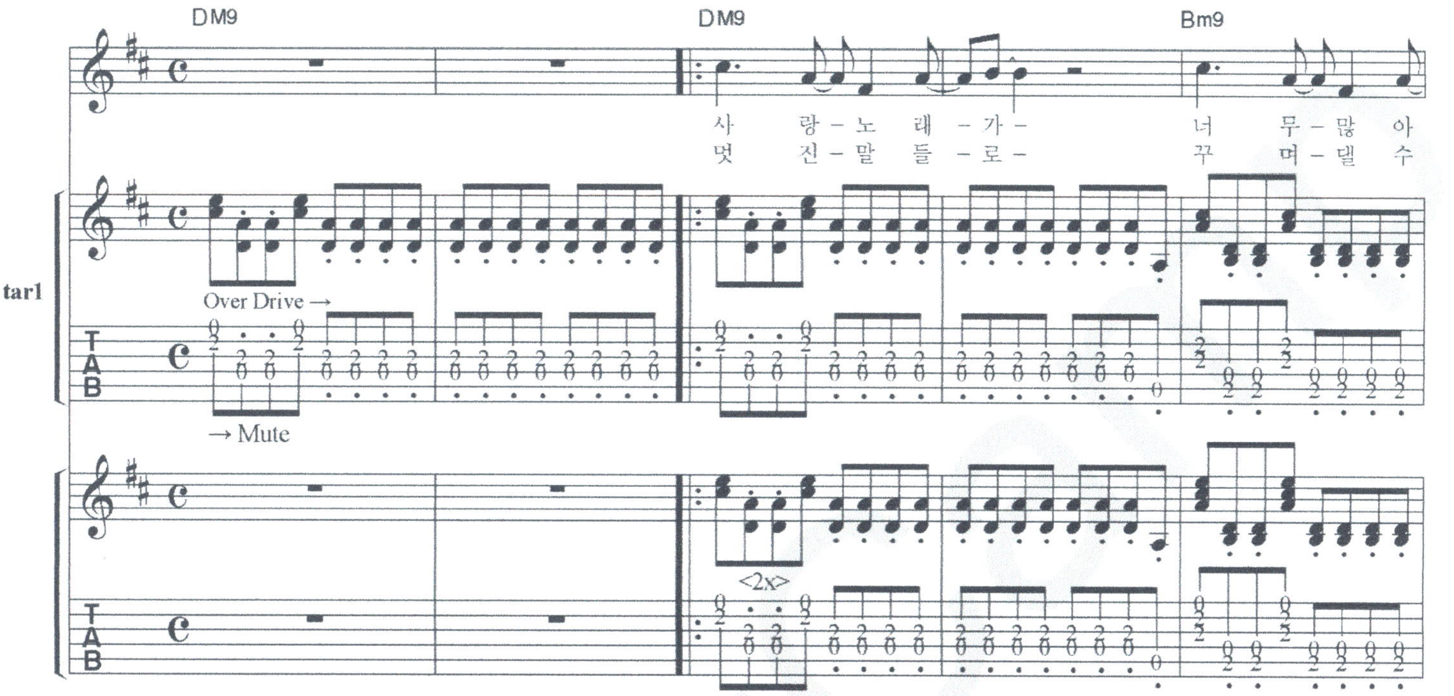

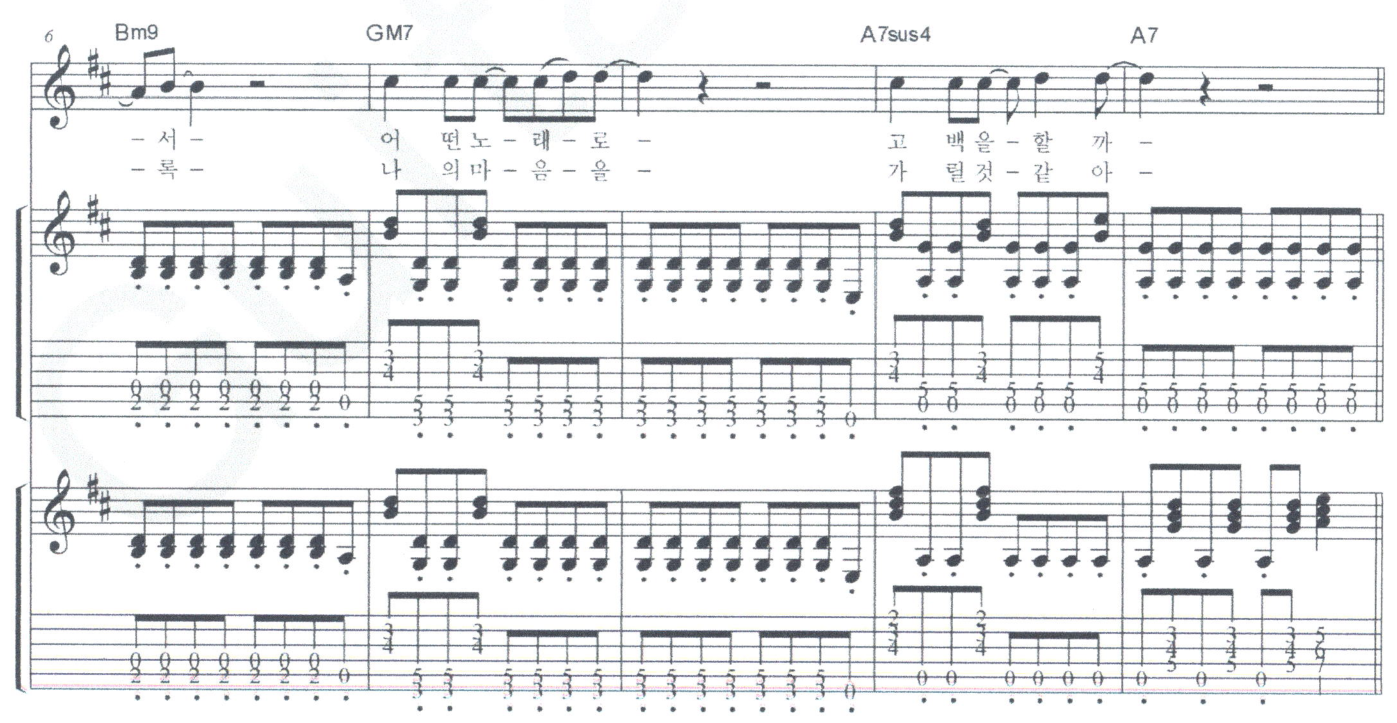

DM9
Bm9
처 음 본 - 순 간 - - -
(I'm)fall in love - with you -
빼 - 고 - 또 빼 - 고 -
줄 여 갈 - 수 록 -
GM7
A7sus4
A7
미 칠 것 - 같 은 - 데 -
널 사 랑 하 - 는 데 -
니 가 있 어
보 석 과 - 도 같 - 이 -
남 아 있 - 는 이 - 한 마 디
<2x>
Em7
A7
A7sus4 A7
F#m7
Bm7
좋 다 - 사 랑 해 서 좋 다 - 다 른 말 로
Em7
A7
A7sus4 A7
D
C# C B7
B7sus4 B
설 명 할 - 수 없 - 는 이 - 기 분 - - - - - 너 무 나 도
Em7
A7
A7sus4 A7
F#m7
B7
B7sus4 B7
좋 다 본 - 순 간 - 너 와 함 께 하 는 이 - 순 간 -

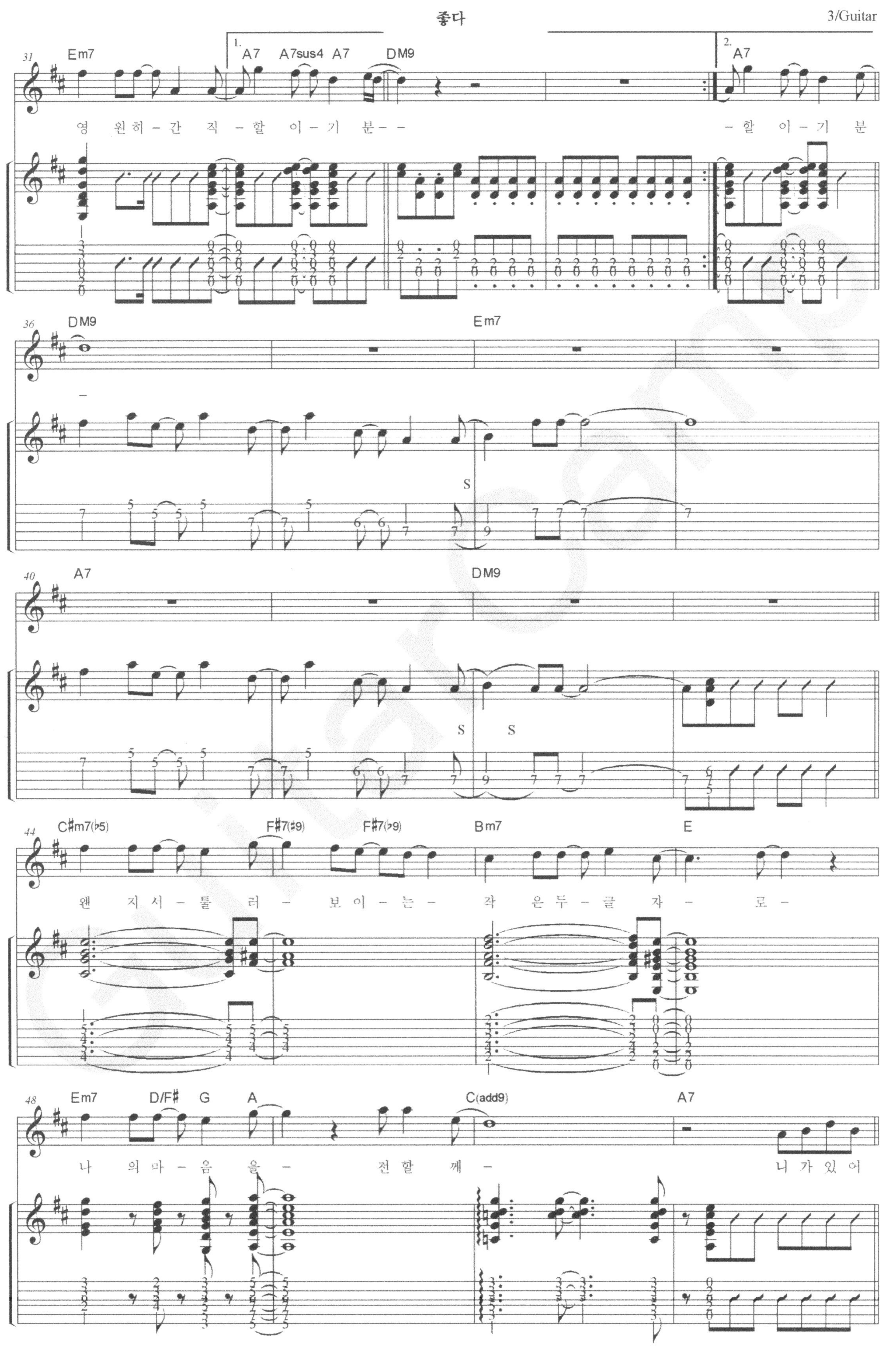
영 원히 – 간 직 –할 이 –기 분 – –
– 할 이 –기 분
왠 지서 –툴 러 – 보 이 –는 – 작 은두 –글 자 – 로 –
나 의마 –음 을 – 전 할 께 –
니가 있어

4/Guitar
좋다
좋 다 - 사 랑 해 서 좋 다 - 다 른 말 로
설 명 할 - 수 없 - 는 이 기 분 - - - - 너 무 나 도 좋 다
- 너 와 함 께 하 는 이 - 순 간 - 영 원 히 - 간 직 - 할 이 - 기 분
- - yeah 좋 다 -

좋다

74
Em7   A   A7sus4 A7   F♯m7   B7   B7sus4 B7
좋 다 -
78
Em7   A7   A7sus4 A7   DM9
영 원히-간 직-할 이-기 분-

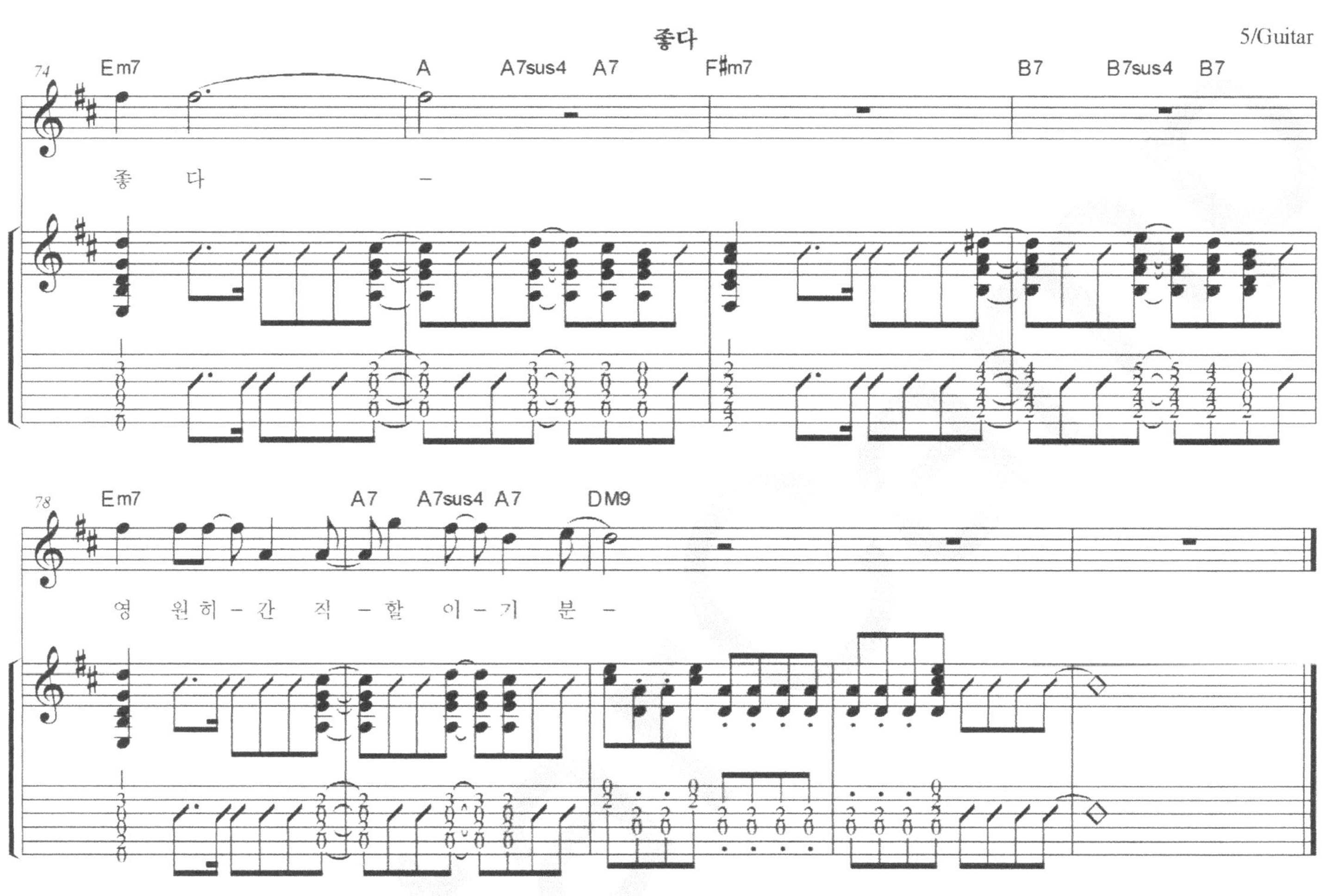

- Smells Like Teen Spirit -

Nirvana 2집 'Nevermind'(1991)수록곡

작사 : Novoselic Krist Anth, Grohl David Eric, Cobain Kurt
작곡 : Novoselic Krist Anth, Grohl David Eric, Cobain Kurt
노래 : Nirvana
편곡 : GuitarCamp

● 강좌파트 - 1 . 인트로부분(intro)

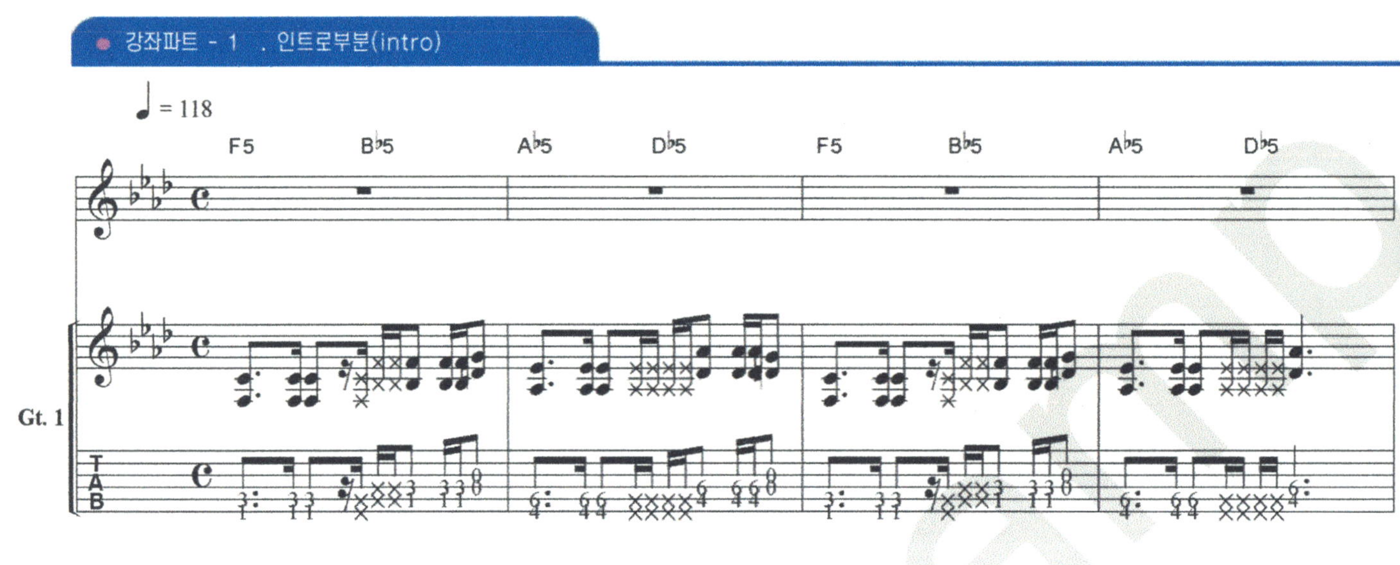

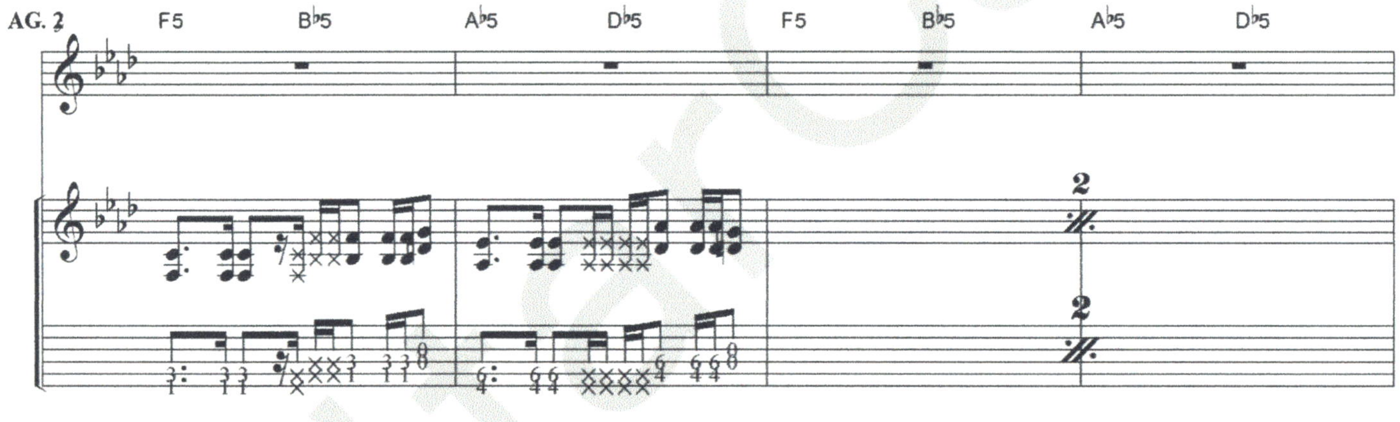

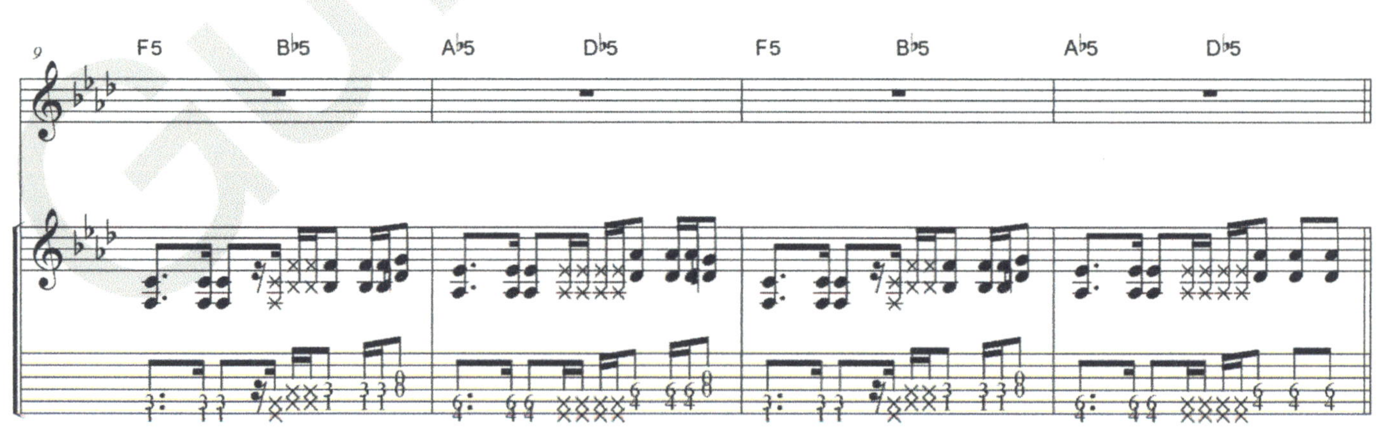

Smells Like Teen Spirit

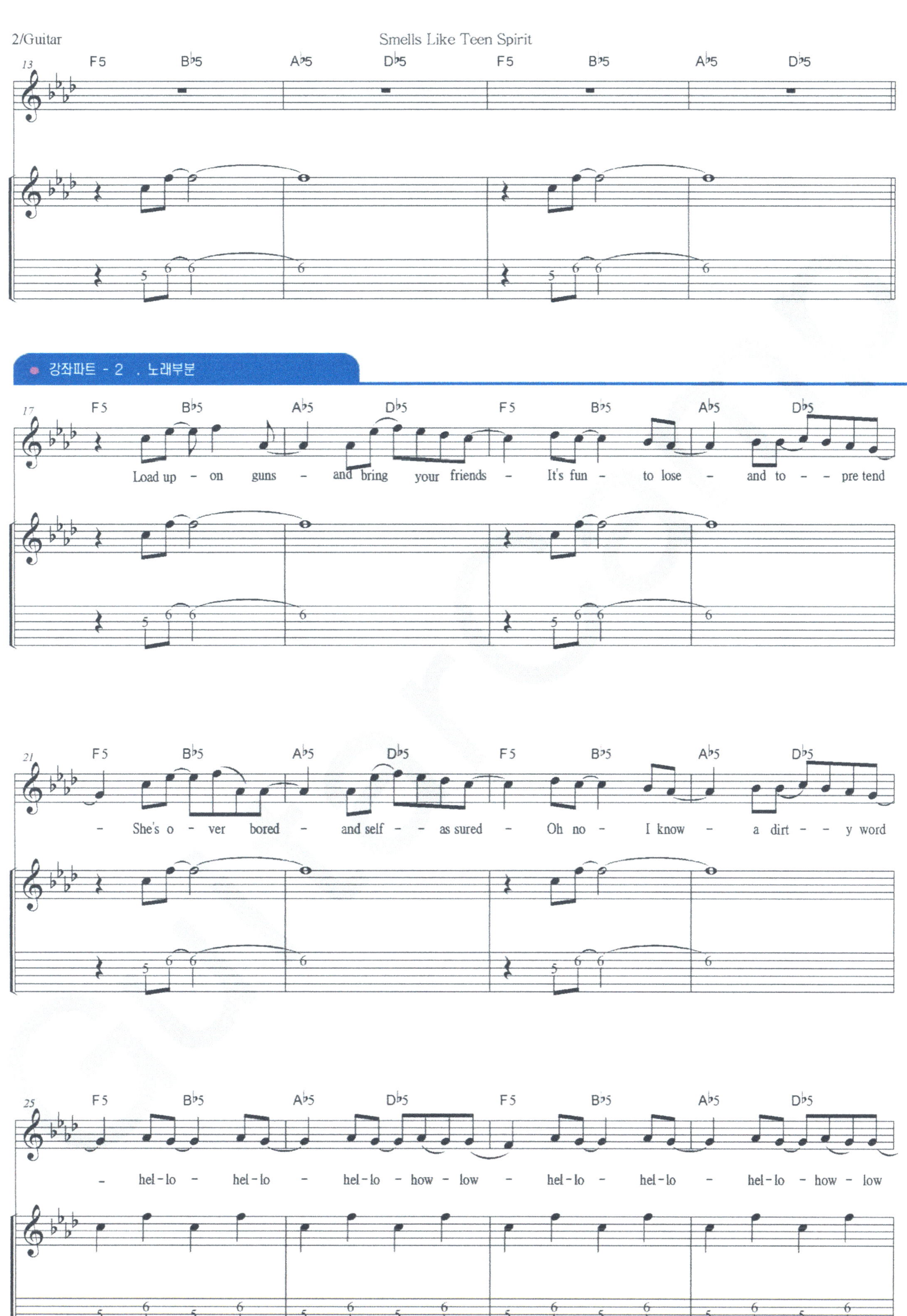

- hel-lo - hel-lo - hel-lo - how - low - hel-lo - hel-lo - he-llo With the lights
- out - it's less dan - gerous - Here we are - now en-ter tain - us - I feel stu-
- pid - and con-ta - gious. - Here we are - now en-ter tain - us. - A mul-la-
- to an al-bi - no, - a mos qui - to, my li bi - do. Yeh,

Smells Like Teen Spirit

Smells Like Teen Spirit
5/Guitar
61
F5 Bb5 Ab5 Db5 F5 Bb5 Ab5 Db5
- hel-lo - hel-lo - hel-lo - how - low - hel-lo - hel-lo - hel-lo - how - low
65
F5 Bb5 Ab5 Db5 F5 Bb5 Ab5 Db5
- hel-lo - hel-lo - hel-lo - how - low - hel-lo - hel-lo - he-llo With the lights
69
F5 Bb5 Ab5 Db5 F5 Bb5 Ab5 Db5
- out - it's less dan - gerous - Here we are - now en-ter tain - us - I feel stu-
73
F5 Bb5 Ab5 Db5 F5 Bb5 Ab5 Db5
- pid - and con-ta - gious. - Here we are - now en-ter tain - us. - A mul-la-

Smells Like Teen Spirit

Smells Like Teen Spirit
7/Guitar
And I — for get — just why — I taste — Oh yeah — I guess — it makes — me smile

I found - it hard - - it was hard - to find - Oh well - what e - ver, ne - - ver mind
- hel-lo - hel-lo - hel-lo - how - low - hel-lo - hel-lo - hel-lo - how - low
- hel-lo - hel-lo - hel-lo - how - low - hel-lo - hel-lo - he-llo -With the lights
- out - it's less dan -gerous -Here we are - now en-ter tain - us - I feel stu-

125
F5   B♭5   A♭5   D♭5   F5   B♭5   A♭5   D♭5
- pid   - and con - ta - gious.   - Here we are - now   en - ter tain - us.   - A mul - la -

129
F5   B♭5   A♭5   D♭5   F5   B♭5   A♭5   D♭5
- to   an al - bi - no,   - a mos qui - to,   my li - bi - do,   a de - ni -

133
F5   B♭5   A♭5   D♭5   F5   B♭5   A♭5   D♭5
- al,   a de - ni - al,   a de - ni - al,   a de ni - al,   a de - ni -

137
F5   B♭5   A♭5   D♭5   F5   B♭5   A♭5   D♭5
- al   a de - ni - al,   a de - ni - al,   a de ni - al,   a de - ni -

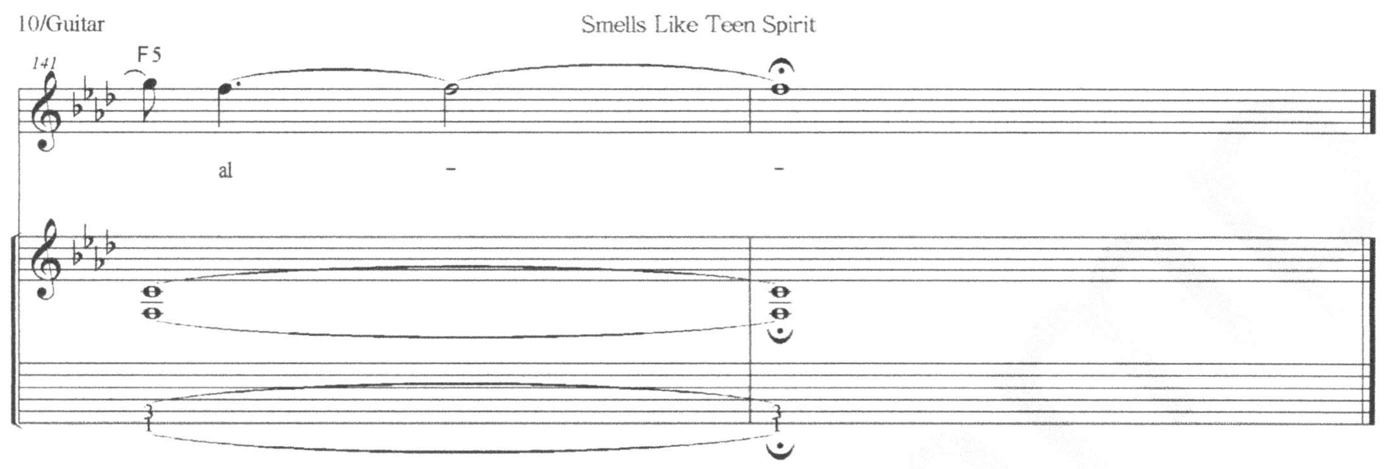
141
F 5
al

베이스기타교본 스마트폰 거치대 설치안내! & 스마트폰 동영상강좌 안내!

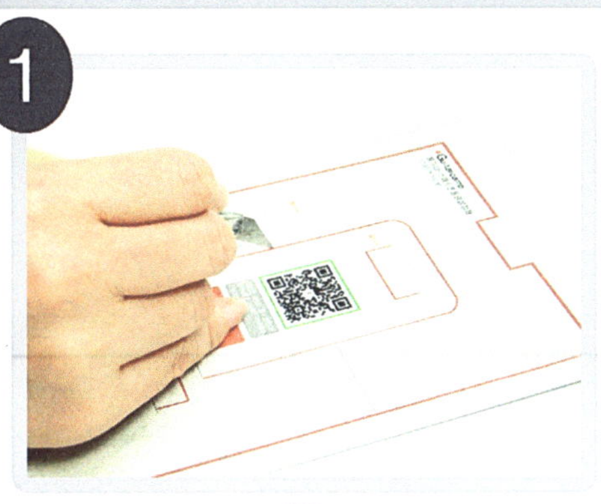

적색선을 따라 준비된 칼을 이용해
절단하세요!
이때 접는선표시(----)는
절단하시 마세요!
(주의)절단시 손을 다치지않게
주의 하시기 바랍니다.
아래 그림순서와 같이 설치하세요!

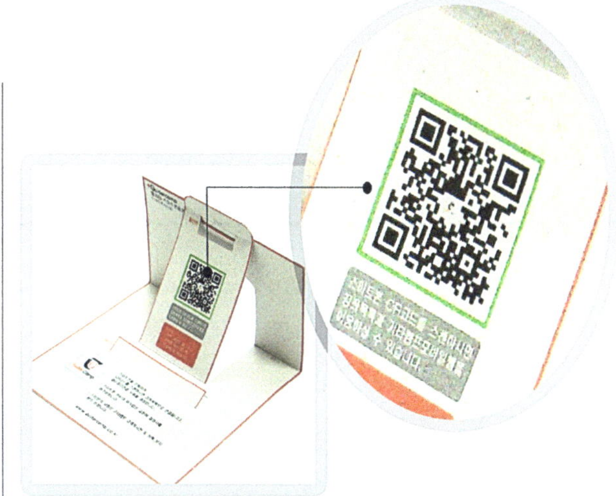

회원님 스마트폰으로 거치대 중간 QR코드를
스캔하시면 별도 인증없이 동영상강좌 페이지로
바로 이동 합니다!

QR코드 스캔이 안될시 www.guitarcamp.kr 기타캠프
모바일웹으로 직접 연결 바랍니다.

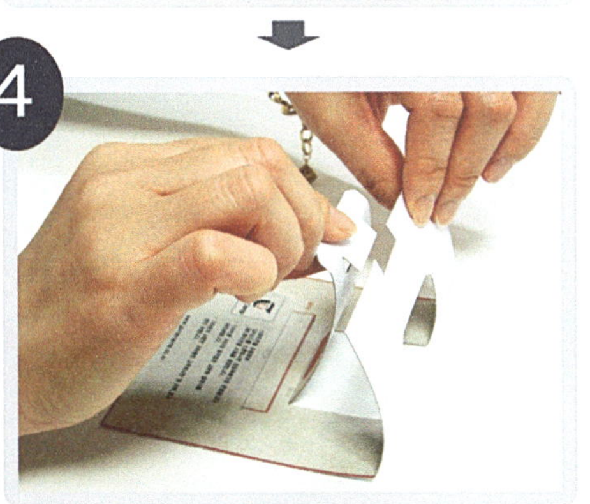

"베이스기타교본" 버튼터치 후
인증번호 입력페이지에서
인증번호를 입력하세요!
(와이파이 연결을 권장합니다)

인증번호 : 75043670

인증 후 강좌리스트 페이지로 연결됩니다.
강좌리스트 제목을 터치하면
동영상강좌를 이용 하실 수 있습니다.
(단, 스마트폰모델과 설정관계로 인하여
 강좌가 다운로드 될 수 있습니다.
 강좌다운로드시 내파일에서 이용가능 합니다.)

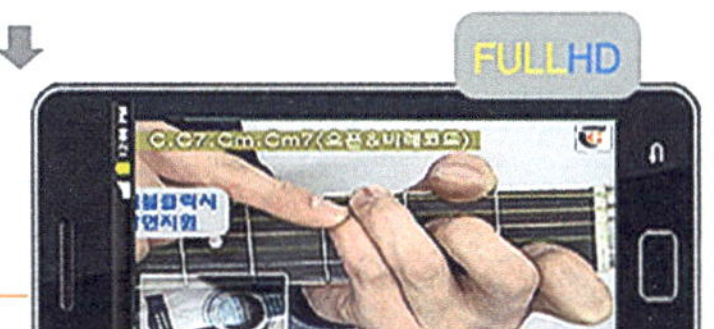

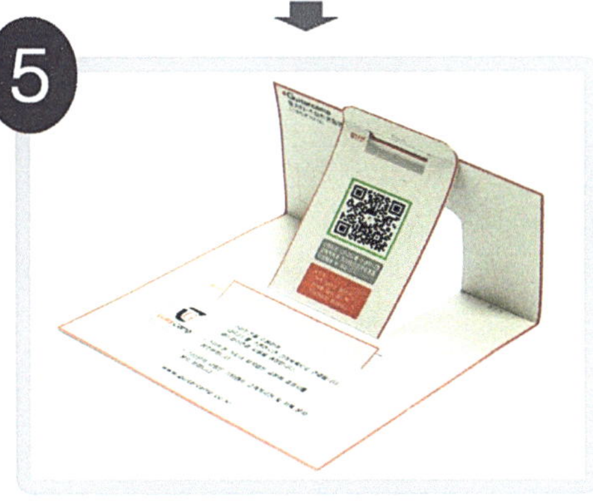

(주의)설치가 완료된 거치대에
스마트폰은 세로가 아닌
가로로 꼭 거치하시기 바랍니다.
세로로 거치시 쓰러질 수 있습니다.

01. 본강좌 이용전 기타 key튜닝 및 사용안내(필독)

<중요공지 >

본강좌 이용시엔 기타 개방현 3번줄을 "A"(라)
음으로 튜닝(음조율)을 하신 후 이용하시기 바랍니다.(튜너사용 튜닝강좌부분을 참조하세요!)

● 튜너(음조율기)로 기타현음정맞추기(튜닝)

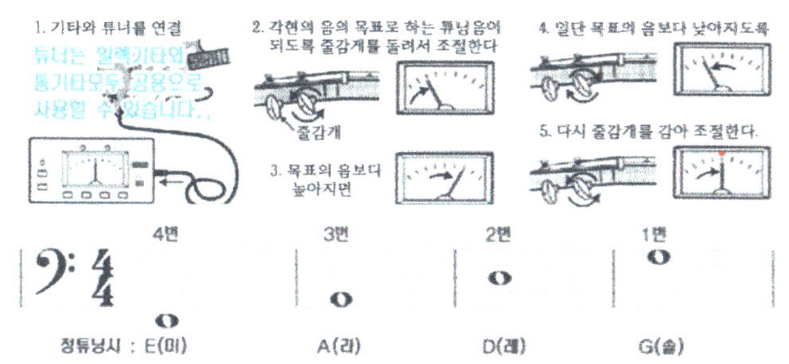

03. 튜너를 사용한 튜닝법(줄음조율)

04. 청음를 사용한 네츄럴 튜닝법(줄음조율)

(튜닝은 여러방법이 있습니다. 예를 들어 네추럴하모닉스 튜닝 튜닝기계를 이용한
튜닝 등이 있지만 이번시간엔 기본이 되는 개방현을 청음(음율듣기)튜닝 방법을
알아 보겠습니다.)(청음튜닝은 많은 노력이 필요함을 알려드립니다.)

5프렛 튜닝법
가장 많이 쓰이는 튜닝법으로 여기서는 피치 파이프(Pitch Pipe)를
통한 튜닝 방법을 설명하겠다. (다른 악기를 통한 튜닝도 같은 방법으로 하면 된다.)
또한 튜너를 사용하여 튜닝(조율)할 수 있다

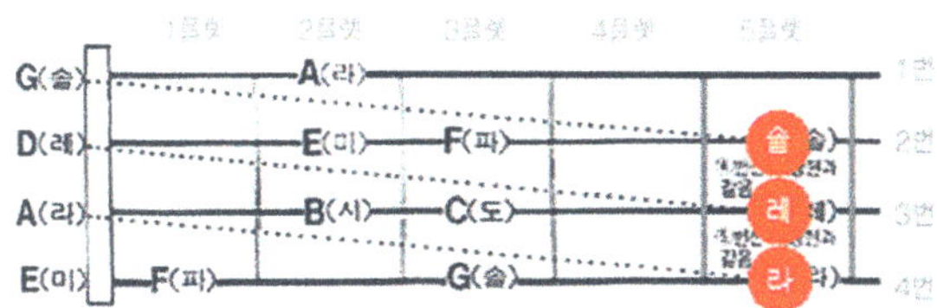

02. 각부분 명칭 및 역할 알아보기

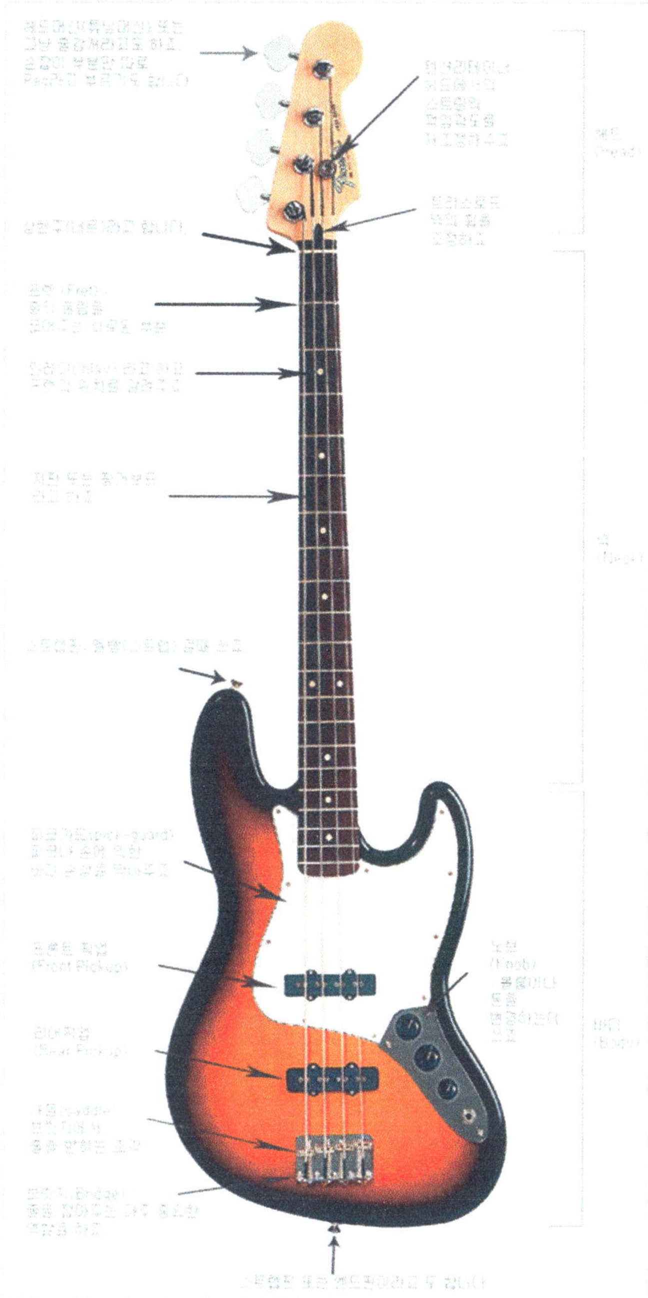

05. 청음를 사용한 네츄럴하모닉스 튜닝법(줄음조율)

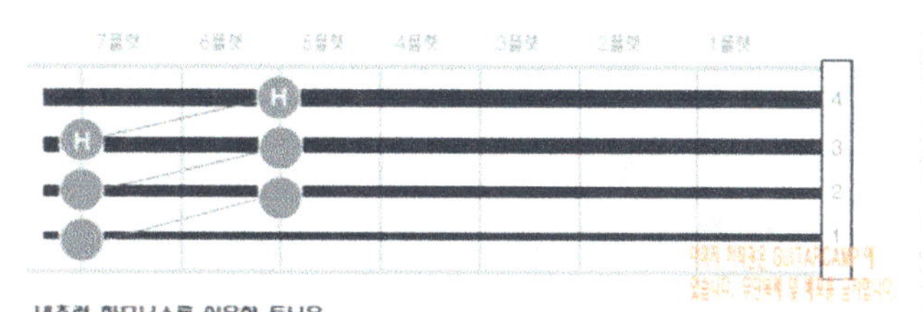

네츄럴 하모닉스를 이용한 튜닝은
건반, 피지파이프를 사용해 먼저 기준이되는 3번줄 개방현음을 튜닝힘.
4번줄 5플랫 하모닉스를 연주한 다음 3번줄 7플랫 하모닉스를 연주후 4번줄 페그를 돌려 튜닝힘.
3번줄 5플랫 하모닉스를 연주한 다음 2번줄 7플랫 하모닉스를 연주후 2번줄 페그를 돌려 튜닝힘.
2번줄 5플랫 하모닉스를 연주한 다음 1번줄 7플랫 하모닉스를 연주후 1번줄 페그를 돌려 튜닝힘.

06. 베이스기타와 엠프연결 사운드세팅법

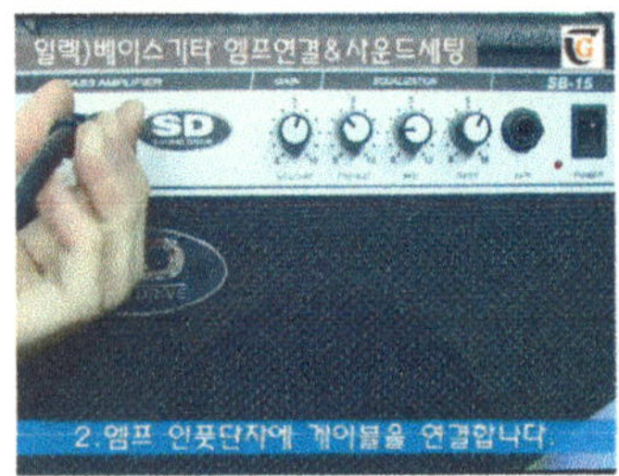

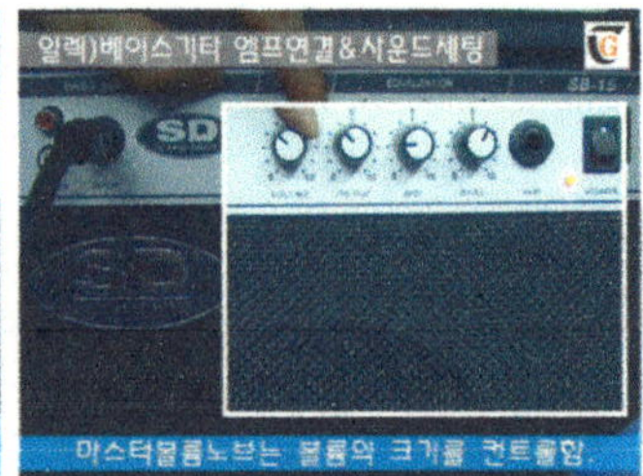

07. 각현의 개방현(음)과 음계 알아보기

개방현이란?

왼손으로 줄을 누르지 않은 내츄럴상태에 음을 말합니다.
가장기본이 되는 음입니다. 꼭 암기하시기 바랍니다.
(1번부터 - 솔->레->라->미)

4번 개방현 = 미(E)
3번 개방현 = 라(A)
2번 개방현 = 레(D)
1번 개방현 = 솔(G)

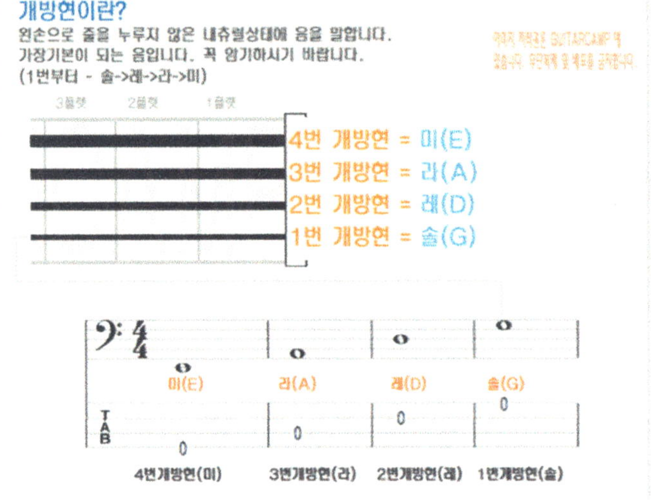

08. 왼손핑거링법 알아보기

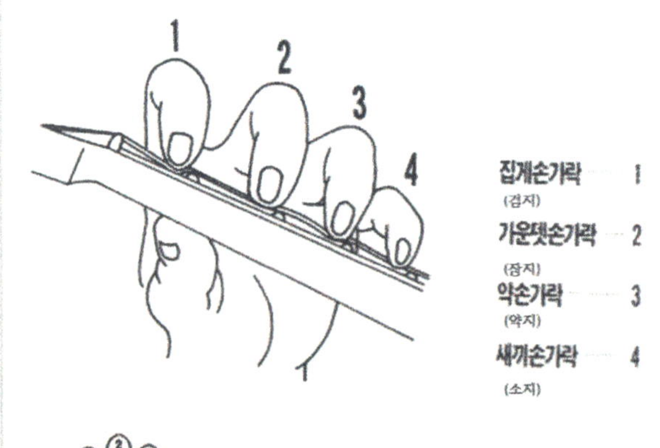

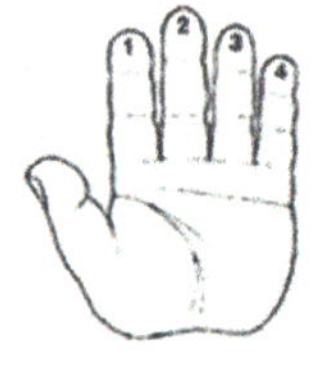

왼손은 기타의 넥에 핑거보드에 있는 현을 누르는데 사용
왼손은 그림과같이 집게손가락 부터
1번에서 ~ 4번까지구성
엄지손가락은 0번이 됩니다.
(왼손은 기타넥을 공을 쥐듯이 자세를 잡습니다.)
손가락의 마디끝으 세운뒤 기타현(줄)을 누릅니다.
기타 핑거보드 1플렛은 1번손가락이 담당.
(플렛번호에 맞게 4개단위씩 잡아줍니다.)

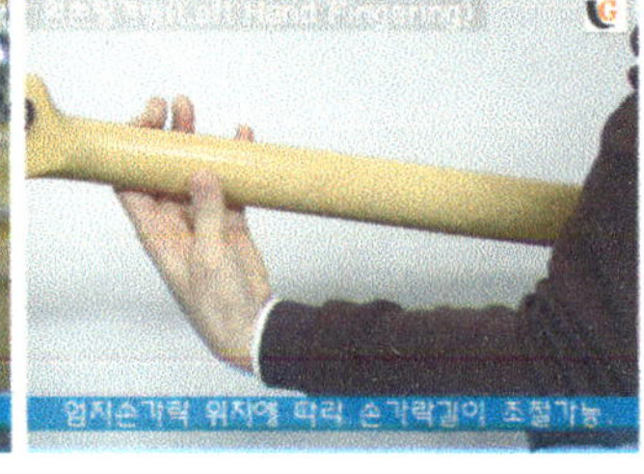

09. 오른손핑거피킹법 알아보기

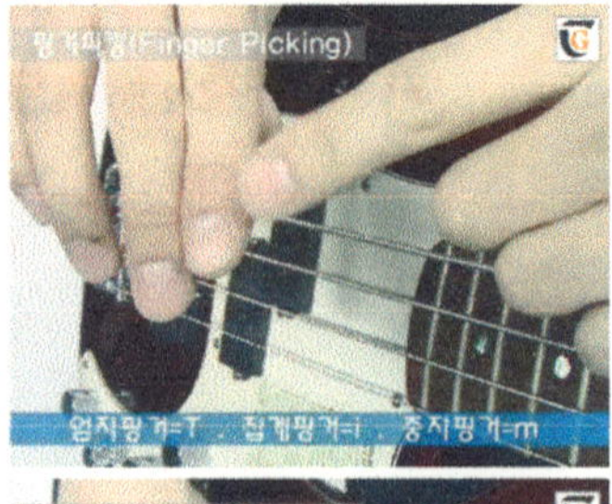

오른손 핑거피킹

엄지손가락(T)을 픽업위쪽 또는 4번줄 위에 살짝올려놓고
검지손가락(i)과 중지손가락(m)으로 줄(현)을 아래에서 위로 뜯으며
연주하는 주법입니다.

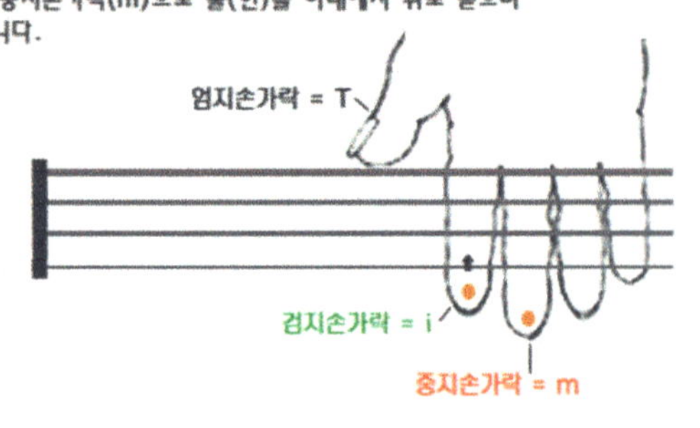

10. 피크사용법과 피킹법 알아보기

다운피킹법

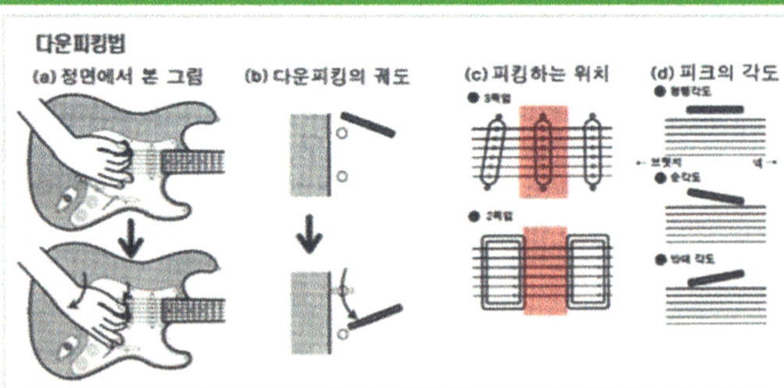

업피킹법

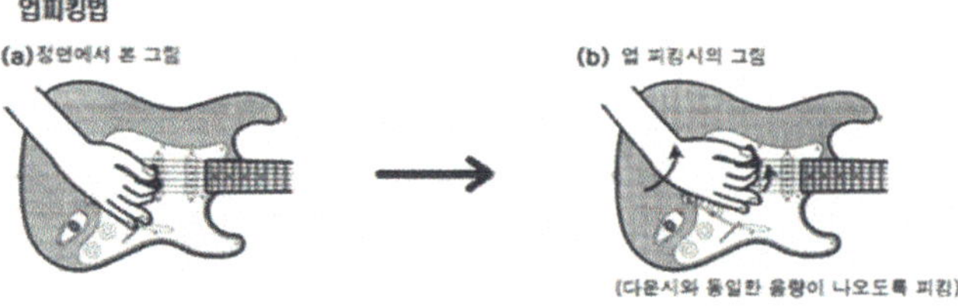

피크종류 및 잡는법

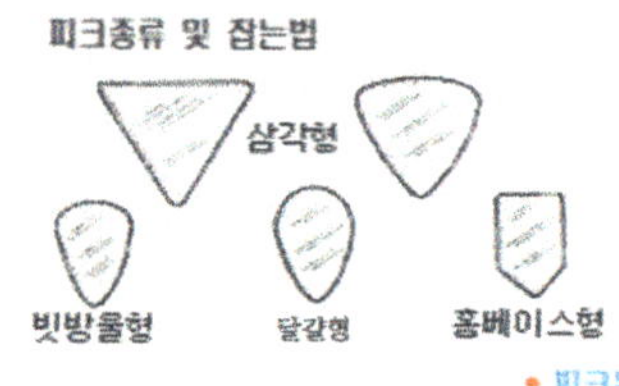

피크란? 오른손 주법시 사용되는 도구이다.
구체적 멜로디와 빠른 연주사용시 이용
빗방울형, 삼각형, 홈베이스현등
여러 종류가 있음 또한 두께와 재질도한 여러
종류이다.

• 피크는 일반적으로 쉽게 물건을 잡듯이
편안하게 잡으셔야 피크컨트롤이 용의하게 됩니다.

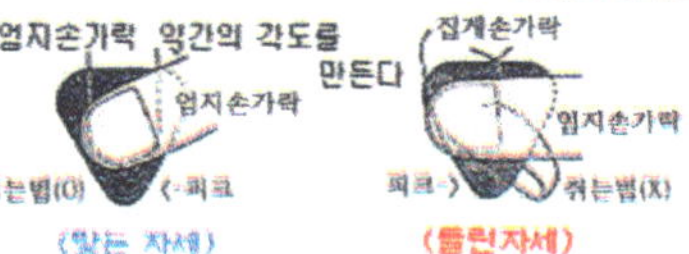

그림과 같이 피크는 잡는 자세에
따라 기타연주에 큰영향을 주는
요소이다.

꾸준한 연습으로 올바른 피킹자세를
익히는 것이 중요함.

11. 크로메틱(반음계스케일)알아보기

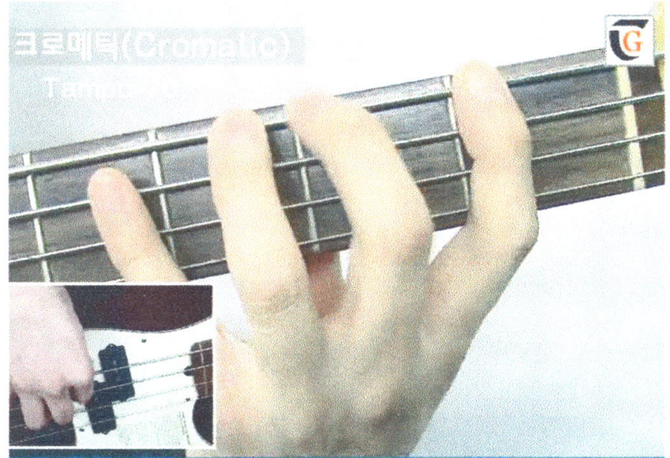

베이스기타 크로메틱연습
Moderate = 70

(크로메틱연습은 왼손핑거링과 오른손핑거피킹의 싱크를 맞추고 핑거보드의 음정을
이해하는 연습이며 빠른동작의연습보단 정확한음을 내는 것이 중요합니다.)

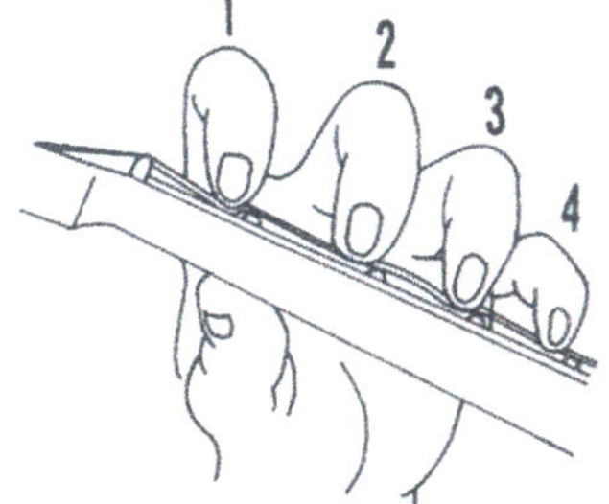

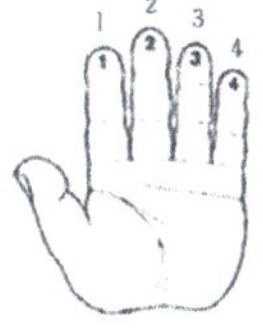

집게손가락 (검지)	1
가운뎃손가락 (장지)	2
약손가락 (약지)	3
새끼손가락 (소지)	4

왼손 명칭

왼손은 기타의 넥에 핑거보드에 있는 현을 누르는데 사용
왼손은 그림과같이 집게손가락 부터
1번에서 ~ 4번까지구성
엄지손가락은 0번이 됩니다.
(왼손은 기타넥을 공을 쥐듯이 자세를 잡습니다.)
손가락의 마디끝을 세운뒤 기타현(줄)을 누릅니다.
기타 핑거보드 1플렛은 1번손가락이 담당.
(플렛번호에 맞게 4개단위씩 잡아줍니다.)

12. 악보보는법 알아보기(동영상미지원)

온음과 반음
서양음악은 7음계 이며 도레미파솔라시에서 미파와 시도는 반음입니다.
피아노 건반에서 미파와 시도 사이에는 검정건반이 없습니다.
즉 계단으로 보면은 미파와 시도는 반계단을 올라가는것입니다

타블레춰(TAB)악보 보는법

13. 베이스기타줄(현)교체 알아보기

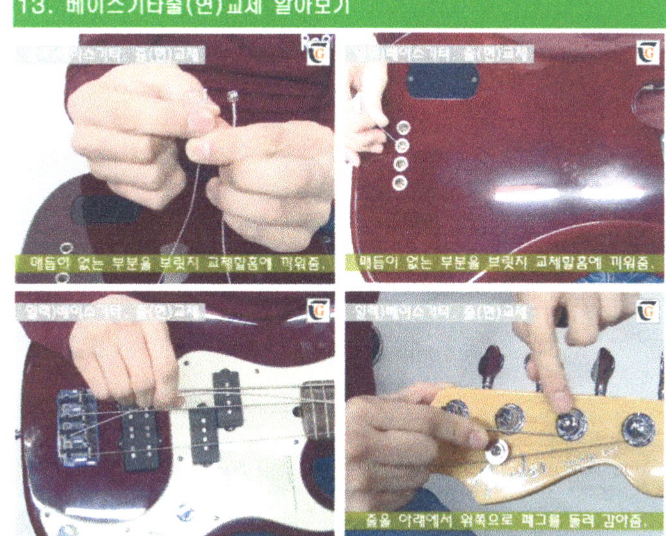

14. C - C7 - Cm - Cm7 (트라이어드) 코드 알아보기

15. D - D7 - Dm - Dm7 (트라이어드) 코드 알아보기

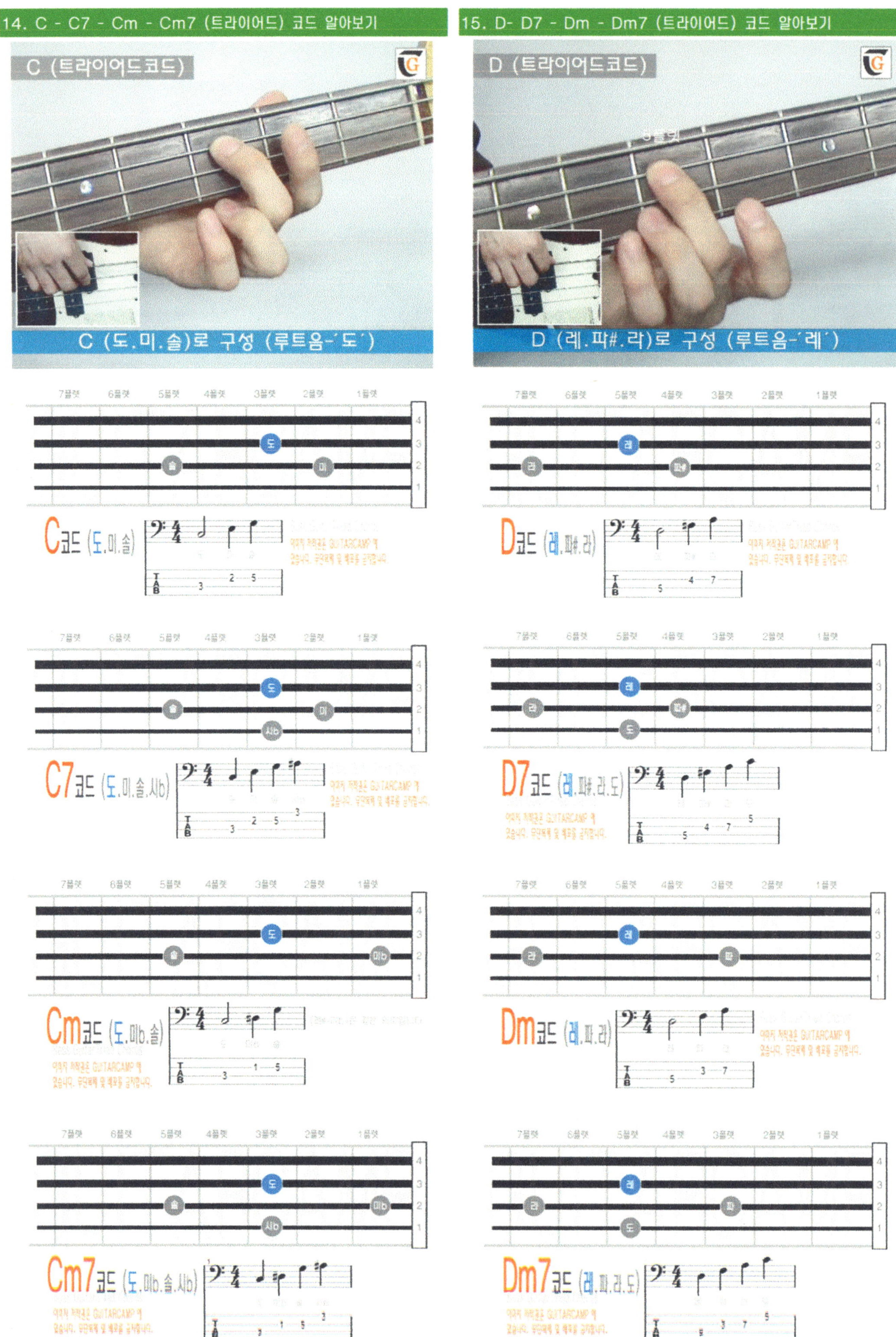

16. E - E7 - Em - Em7 (트라이어드) 코드 알아보기
17. F - F7 - Fm - Fm7 (트라이어드) 코드 알아보기
E (트라이어드코드)
F (트라이어드코드)
E (미.솔#.미)로 구성 (루트음-'미')
F (파.라.도)로 구성 (루트음-'파')
E코드 (미.솔#.시)
F코드 (파.라.도)
E7코드 (미.솔#.시.레)
F7코드 (파.라.도.미b)
Em코드 (미.솔.시)
Fm코드 (파.라b.도)
Em7코드 (미.솔.시.레)
Fm7코드 (파.라b.도.미b)

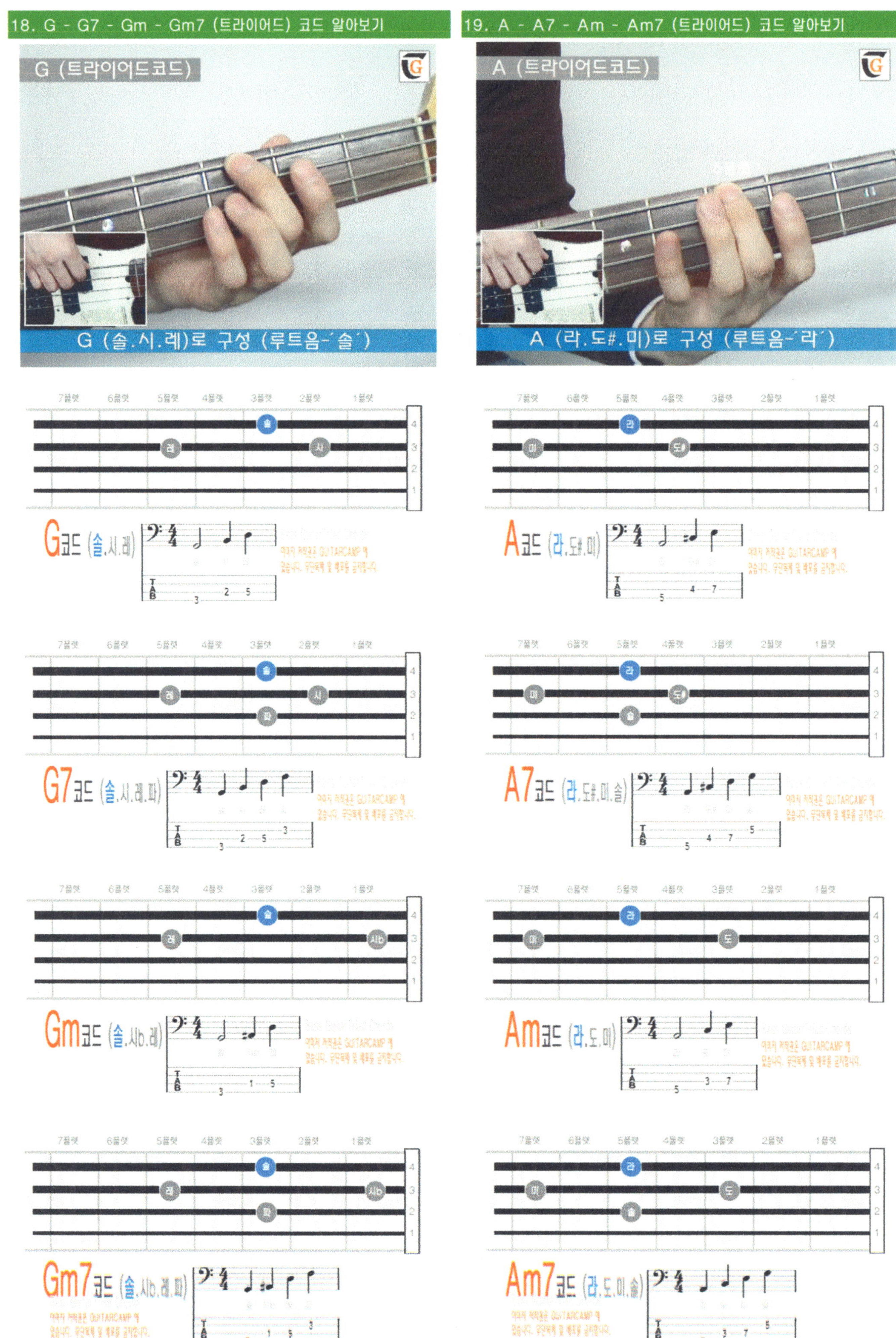
18. G - G7 - Gm - Gm7 (트라이어드) 코드 알아보기
19. A - A7 - Am - Am7 (트라이어드) 코드 알아보기
G (트라이어드코드)
G (솔.시.레)로 구성 (루트음-'솔')
A (트라이어드코드)
A (라.도#.미)로 구성 (루트음-'라')
G코드 (솔.시.레)
A코드 (라.도#.미)
G7코드 (솔.시.레.파)
A7코드 (라.도#.미.솔)
Gm코드 (솔.시b.레)
Am코드 (라.도.미)
Gm7코드 (솔.시b.레.파)
Am7코드 (라.도.미.솔)

20. B - B7 - Bm - Bm7 (트라이어드) 코드 알아보기

21. 옥타브코드 알아보기

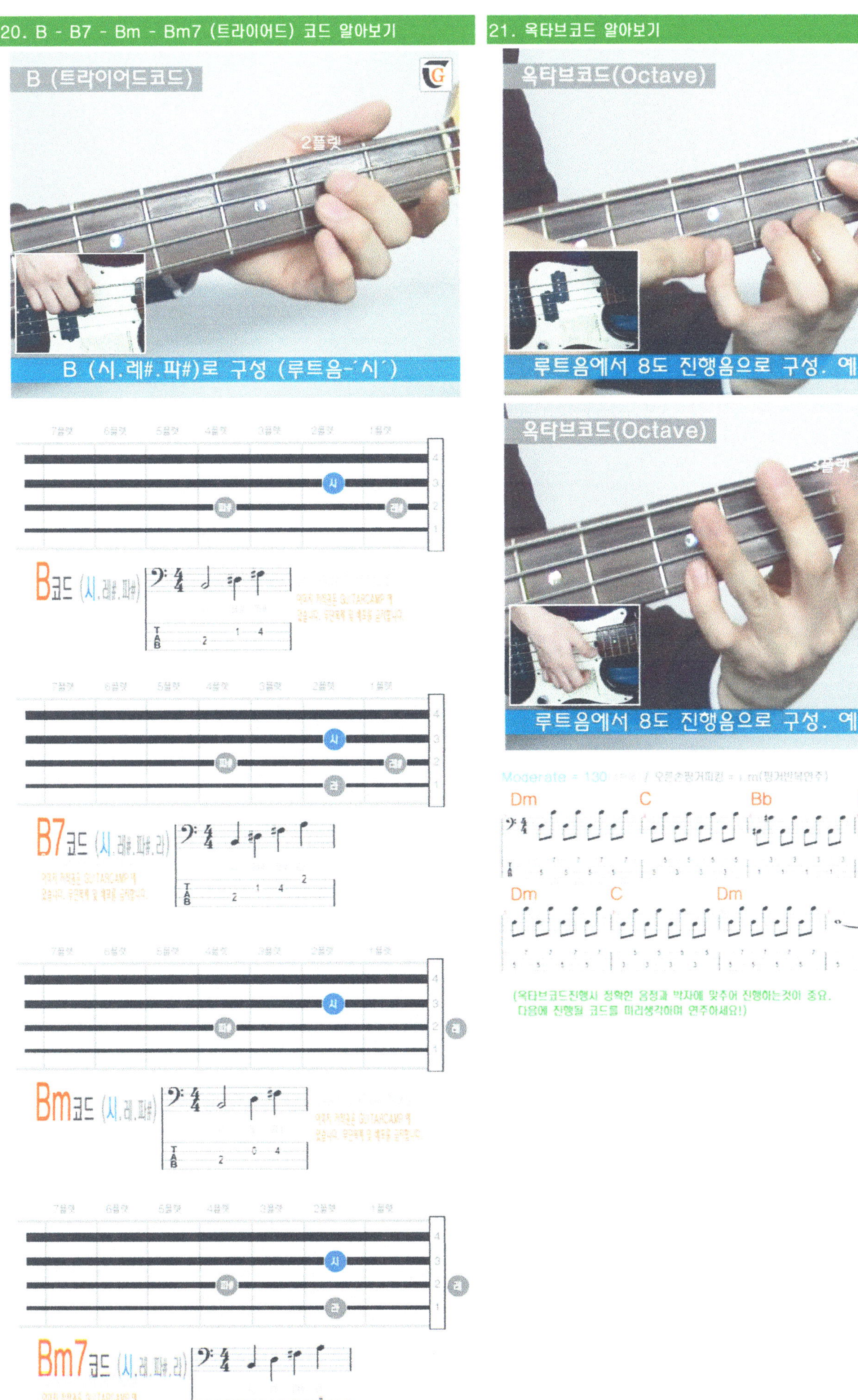

22. C - F - G7 - C코드체인지 알아보기

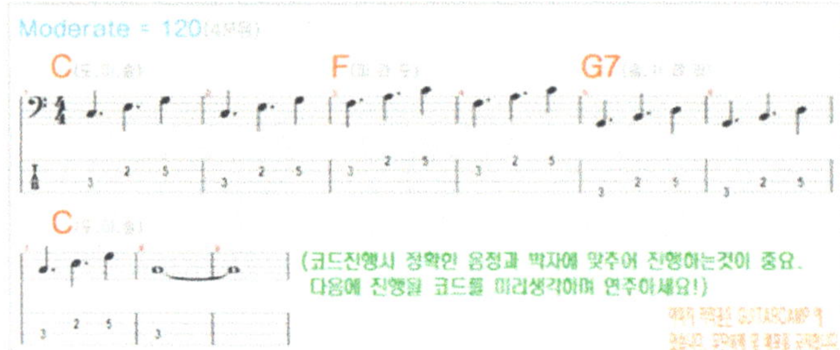

23. Am - Dm - E7 - Am코드체인지 알아보기

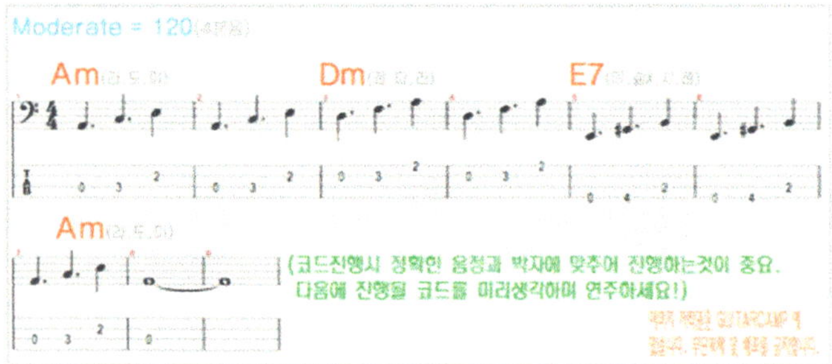

24. D - C - Bb - B - C - C# - D 옥타브코드체인지 알아보기

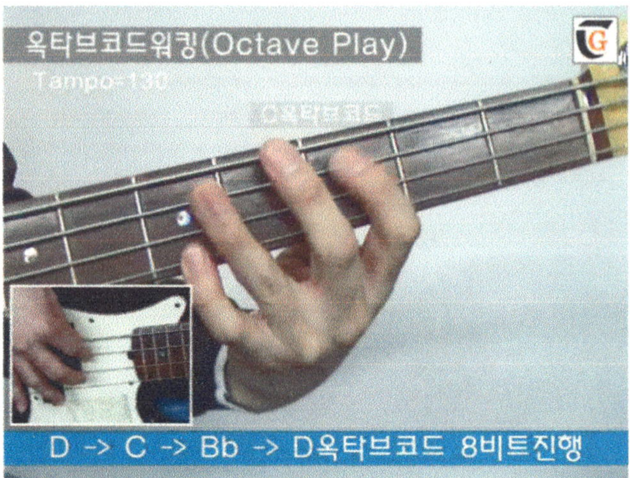

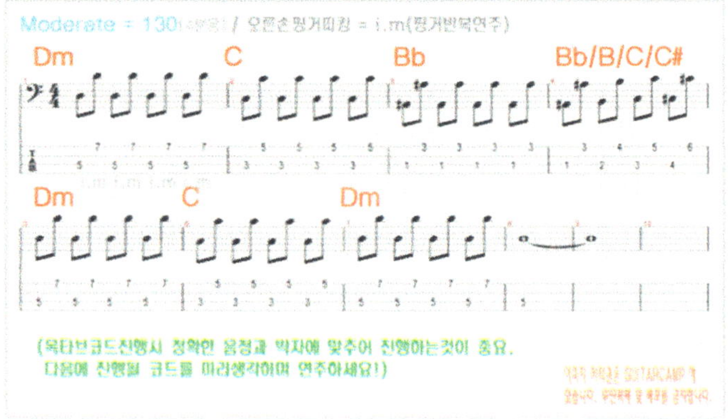

25. 왈츠(Waltz)리듬 알아보기

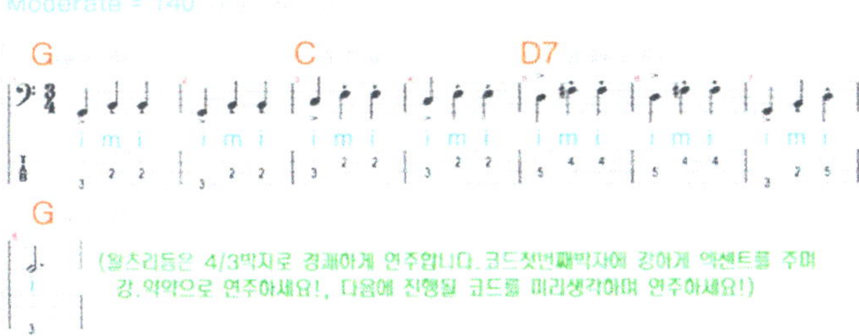

Moderate = 140

(왈츠리듬은 4/3박자로 경쾌하게 연주합니다. 코드첫번째박자에 강하게 엑센트를 주며 강.약약으로 연주하세요!, 다음에 진행될 코드를 미리생각하며 연주하세요!)

왈츠(Waltz) 4/3박자

18세기말에 오스트리아 바이에른 지방에서 독일 무곡의 영향으로 생겨난 보통 빠르기의 박자 춤곡입니다. 원래 왈츠는 남녀가 서로 끌어안고 원을 그리면서 추는 춤이었는데, 상류사회로 유행하기 시작한 것은 프랑스혁명과18세기 사회구조의 변화 덕분이었습니다. 19, 20세기를 통하여 여러 가지 왈츠의 형식이 발전하였고, 오늘날에도 사교 댄스나 발레 음악에 없어서는 안될 춤과음악이 되었습니다.

악센트　스타카토　스타카토란? 짧은음의길이에 느낌(끊어짐)

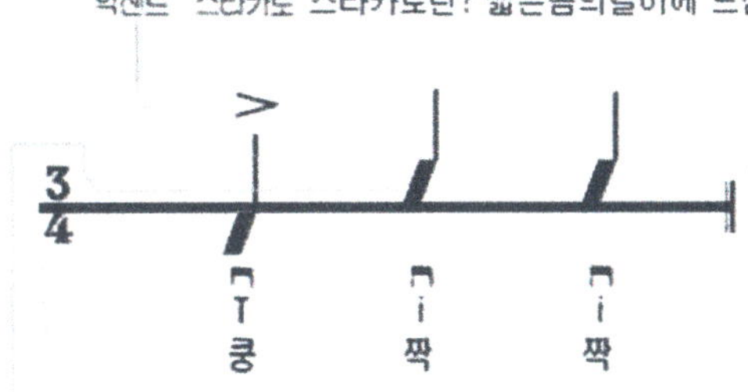

다운 스트로크로 연주
4.5.6번현을 스트로크로 연주함

1.2.3번현을 스트로크하여 연주함(피크사용권장)

연습)

26. 4비트(4beat)리듬 패턴 1

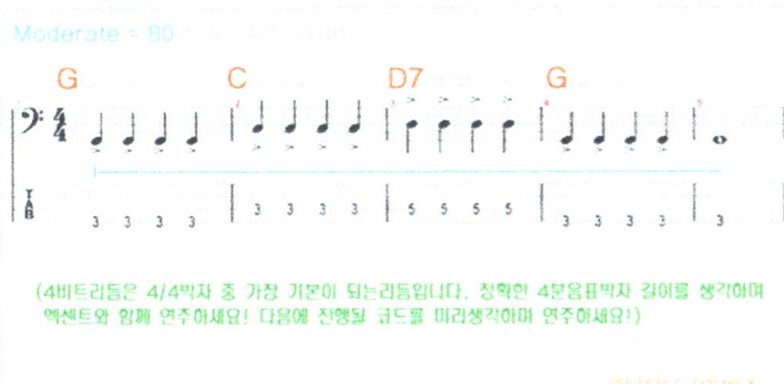

Moderate = 80

(4비트리듬은 4/4박자 중 가장 기본이 되는리듬입니다. 정확한 4분음표박자 길이를 생각하며 엑센트와 함께 연주하세요! 다음에 진행될 코드를 미리생각하며 연주하세요!)

4비트(4 Beat) 4/4박자

4비트는 곡의 템포가 빠른 것에서부터 느린 것에 이르기까지 넓게 사용되고 있으므로 꼭 익혀두어야 하는 기본적인 리듬의 한 종류입니다. 둘째 박과 넷째 박에 악센트를 넣고, 첫 박과 셋째 박은 약간 스타카토를 시키는 기분으로 연주합니다. 각 박자 사이의 여운을 가볍게 커팅시키는 요령도 필요합니다.

악센트　스타카토　스타카토란? 짧은음의길이에 느낌(끊어짐)

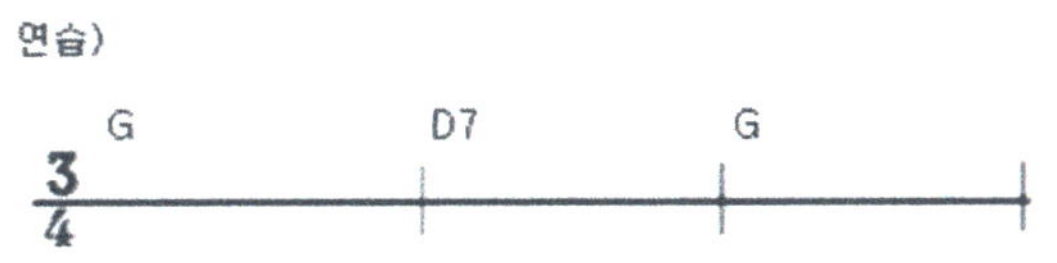

다운 스트로크로 연주

기타현모두를 스트로크하여 연주함(피크사용권장)

연습)

27. 4비트(4beat)리듬 패턴 2

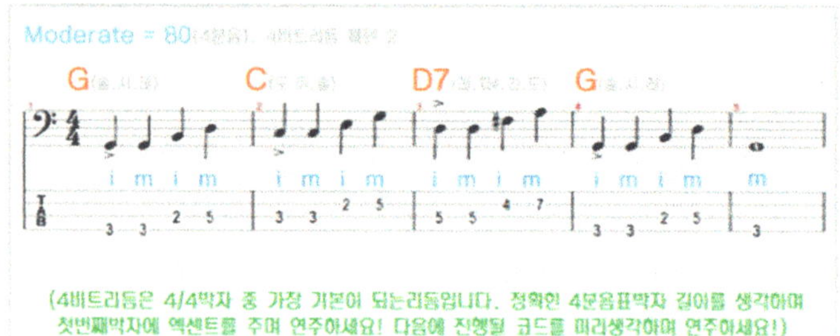

Moderate = 80(4분음표, 4비트리듬 패턴 2)

(4비트리듬은 4/4박자 중 가장 기본이 되는리듬입니다. 정확한 4분음표박자 길이를 생각하며 첫번째박자에 엑센트를 주며 연주하세요! 다음에 진행될 코드를 미리생각하며 연주하세요!)

4비트(4 Beat) 4/4박자

4비트는 곡의 템포가 빠른 것에서부터 느린 것에 이르기까지 넓게 사용되고 있으므로 꼭 익혀두어야 하는 기본적인 리듬의 한 종류입니다 둘째 박과 넷째 박에 악센트를 넣고, 첫 박과 셋째 박은 약간 스타카토를 시키는 기분으로 연주합니다. 각 박자 사이의 여운을 가볍게 커팅시키는 요령도 필요합니다.

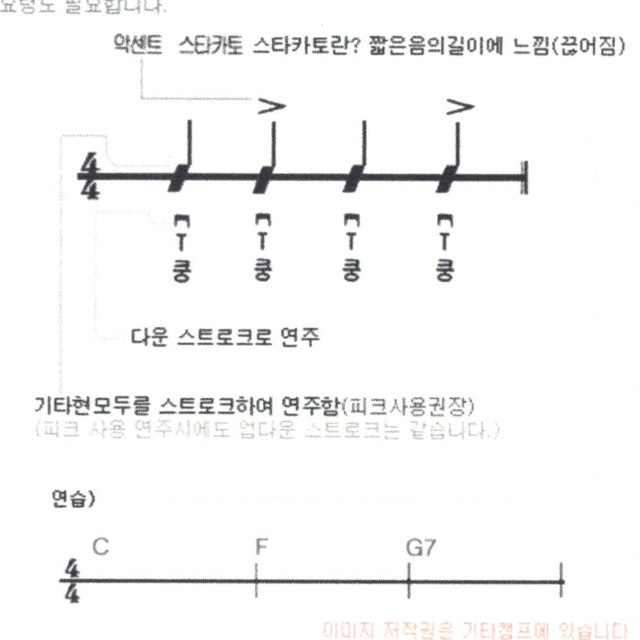

기타현모두를 스트로크하여 연주함(피크사용권장)
(피크 사용 연주시에도 업다운 스트로크는 같습니다.)

연습)
C   F   G7

28. 8비트(8beat)리듬 패턴 1

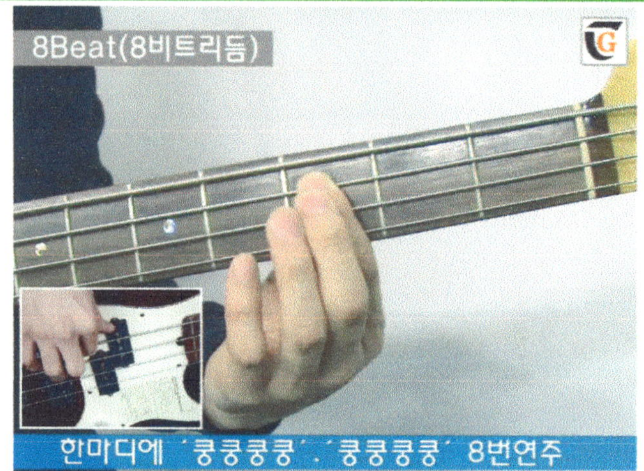

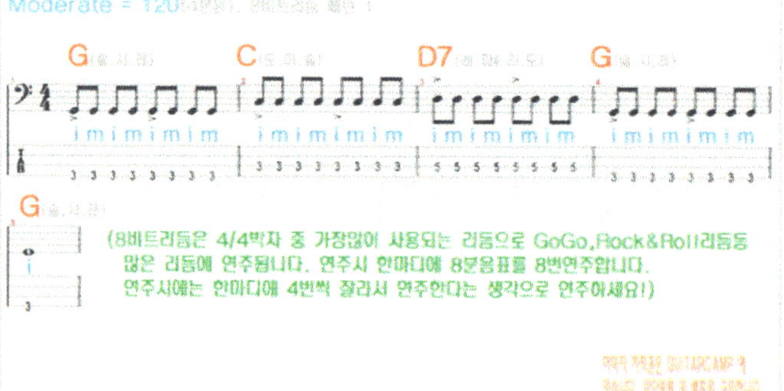

Moderate = 120(8분음표, 8비트리듬 패턴 1)

(8비트리듬은 4/4박자 중 가장많이 사용되는 리듬으로 GoGo, Rock&Roll리듬등 많은 리듬에 연주됩니다. 연주시 한마디에 8분음표를 8번연주합니다. 연주시에는 한마디에 4번씩 잘라서 연주한다는 생각으로 연주하세요!)

8Beat(고고(Go Go)) 4/4박자

트위스트, 럼보, 몽키 등 60년대 중반에 유행한 댄스 뮤직의 총칭이 '고고'입니다라고 부르는 리듬은 정확히 얘기해서 8비트라고하는 것이 좋습니다

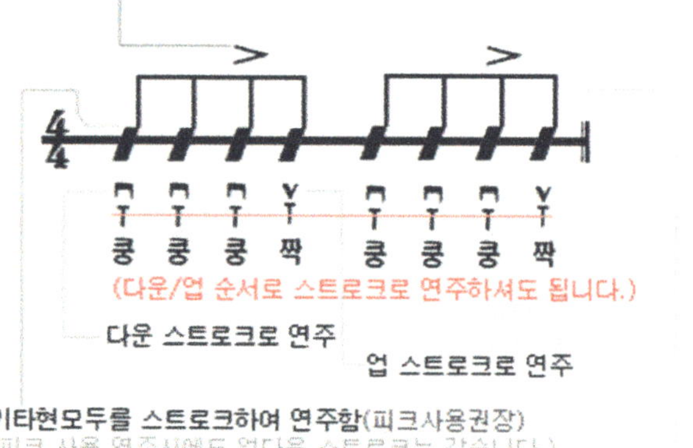

기타현모두를 스트로크하여 연주함(피크사용권장)
(피크 사용 연주시에도 업다운 스트로크는 같습니다.)

연습) (엑센트부분에 컷팅을 하시면 더욱 좋습니다)
C   F   G7

29. 8비트(8beat)리듬 패턴 2

Moderate = 120

G　　　　　　　C
D7　　　C　　　G

(8비트리듬은 4/4박자 중 가장많이 사용되는 리듬으로 GoGo,Rock&Roll리듬등
많은 리듬에 연주됩니다. 연주시 한마디에 8분음표를 8번연주합니다.
연주시에는 한마디에 4번씩 잘라서 연주한다는 생각으로 연주하세요!)

8Beat(고고(Go Go)) 4/4박자

트위스트, 럼보, 몽키 등 60년대 중반에 유행한 댄스
뮤직의 총칭이 '고고'입니다라고 부르는 리듬은 정확히 얘기해서
8비트라고하는 것이 좋습니다

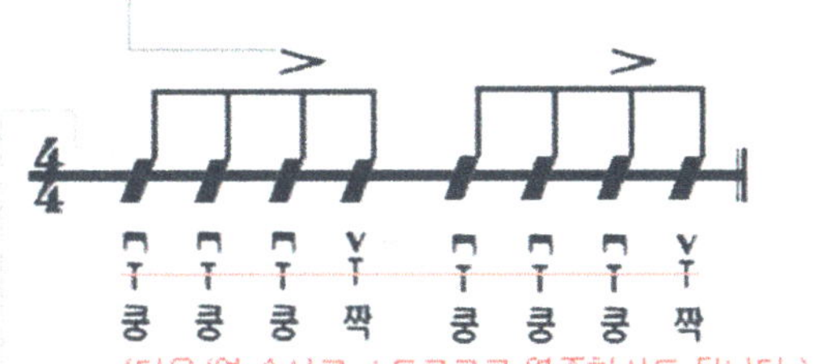

기타현모두를 스트로크하여 연주함(피크사용권장)

연습) (악센트부분에 컷팅을 하시면 더욱 좋습니다)

30. 16비트(16beat)리듬 알아보기

Moderate = 80

G　　　　　　　　　C
D7　　　　　　　G

(16비트리듬은 4/4박자로 4분을 한박자에 4번씩잘라서 한마디에 16번을 연주합니다.
연주시 한마디에 한박자 4번씩 4번 연주한다는 생각으로 연주하세요!)

16비트(16 Beat) 4/4박자

8비트에서 쉐이크를 거쳐 16분 음표를 사용하는 16비트로, 이렇게 리듬은
복잡하게 발전해 나아가고 있습니다.
(첫박에 엑센트와 함께 빠르고 정확하게 연주하는 것이 중요합니다.)

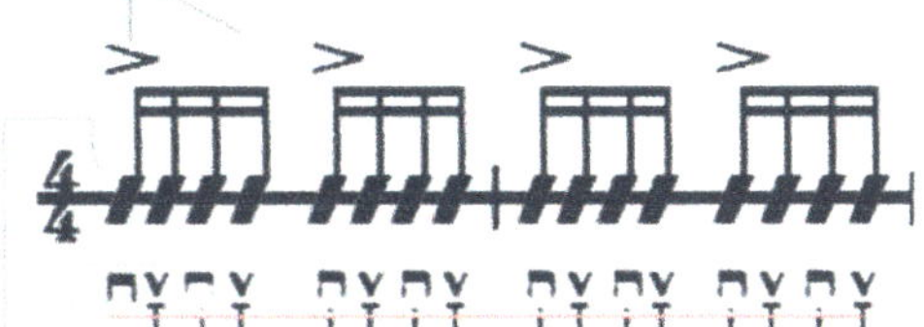

기타현모두를 스트로크하여 연주함(피크사용권장)

연습) (빠르고 정확하게 연주하세요!)

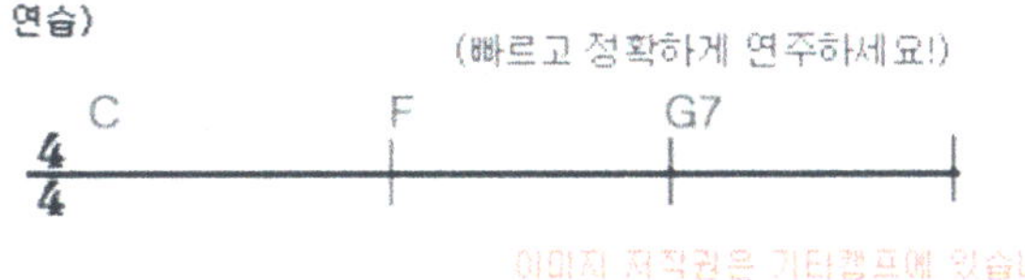

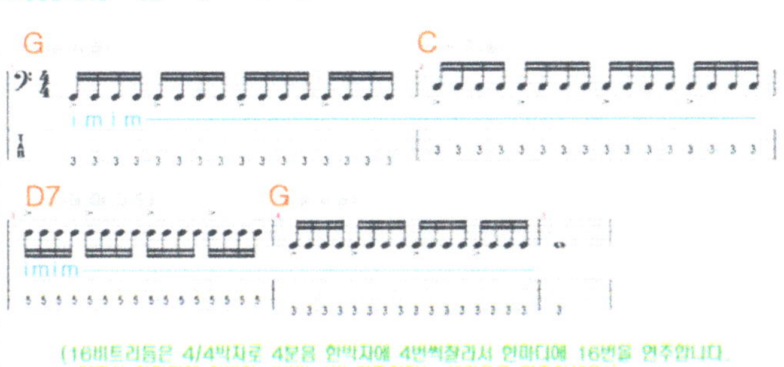

31. 슬로우락(Slow Rock)리듬

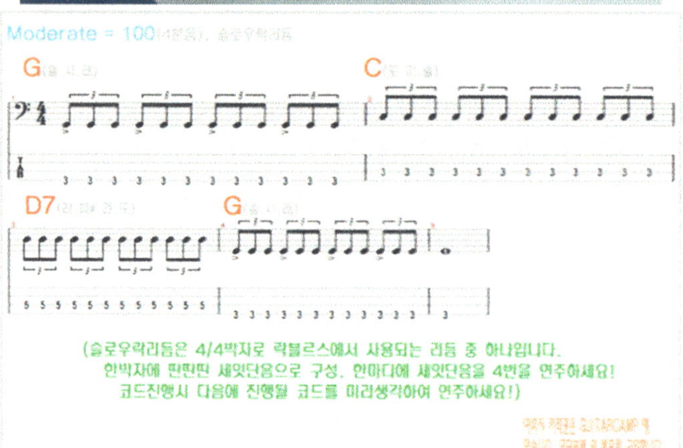

슬로우 록(Slow Rock) 12비트(12 Beat)

1940년대에 이르러 블루스 음악은 부기우기와 셔플로부터 생겨난 강렬한 댄스 비트와 어울려서 R&B로 발전합니다. 그 후 R&B는 로큰롤을 낳았지만, 발라드하면서 조금 느린 록음악에서는 R&B의 리듬 패턴을 계속 사용하였습니다. 결국 R&B나 록 발라드나 슬로우 록은 같은 패턴의 리듬입니다. 록 블루스(Rock Blues)라고도 합니다.
리듬의 여러 가지 이름 중에서 비교적 비트가 약한 것이 슬로우 록입니다.

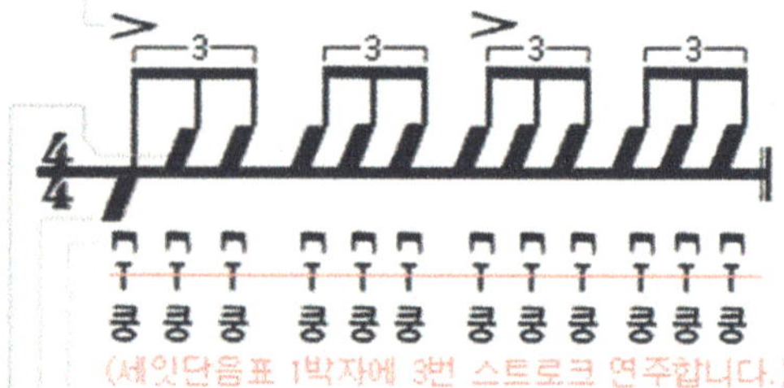

다운 스트로크로 연주
4.5.6번현을 스트로크로 연주함

1.2.3번현을 스트로크하여 연주함(피크사용권장)
(피크 사용 연주시에도 업다운 스트로크는 같습니다.)

연습)

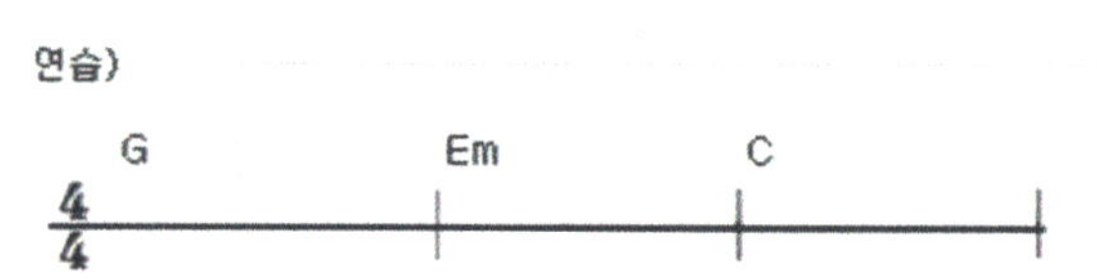

32. 셔플(Shuffle)리듬 알아보기

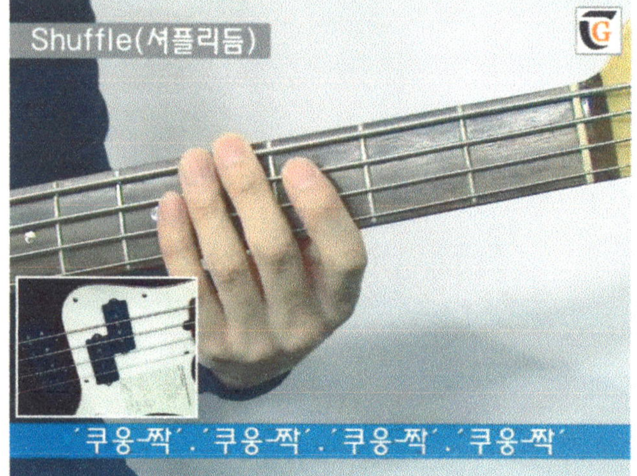

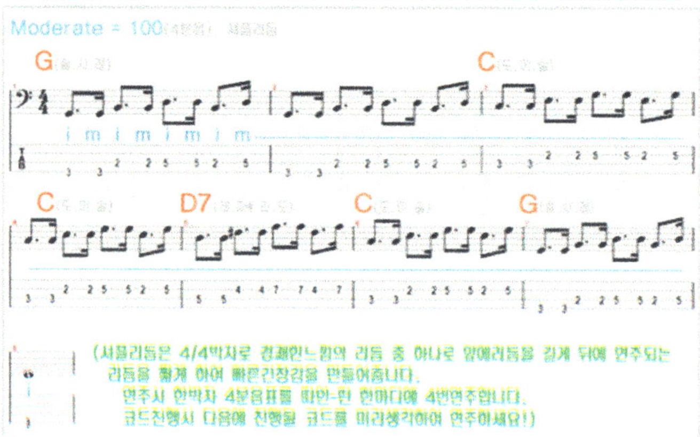

셔플(Shuffle) 4/4박자

부기우기와 마찬가지로 미국 남부의 흑인들 사이에서 생겨나 1920년대에 재즈와 함께 유행하였으며, 1950년대에 이르러 흑인 음악 리바이벌 붐을 타고 팝 음악의 독립된 분야로서 크게 성행하기 시작한 리듬입니다.

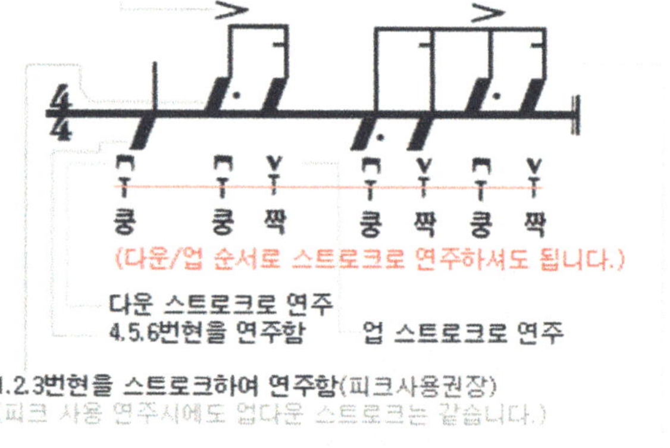

다운 스트로크로 연주
4.5.6번현을 연주함   업 스트로크로 연주

1.2.3번현을 스트로크하여 연주함(피크사용권장)
(피크 사용 연주시에도 업다운 스트로크는 같습니다.)

연습) (길고 짧은 음의 간격을 잘표현하셔야 합니다.)

33. 스윙(Swing)리듬 알아보기

Moderate = 100

(스윙리듬은 4/4박자로 째즈느낌의 리듬 중 하나로 첫박자에 8분음을 뒤로
앞에 리듬을 길게 뒤에 연주되는 리듬을 짧게 하여 긴장감을 만들어줍니다.
연주시 한박자 액센트를 시작으로 4분음표를 따안-판 한마디에 3번연주합니다.
코드진행시 다음에 진행될 코드를 미리생각하여 연주하세요!)

스윙(Swing) 4/4박자

1930년대 베니굿맨악단 그들이 연주하는 음악을 스윙이라고 한데서
나온 말이다. 그들은 스윙음악으로 인기를 모아 스윙이라고 하면 곧
재즈를 가리킬 정도로 유명해졌다.
4/4박자의 노래이며 저음을 칠때의 여운을 유지하는 것이 중요하다.
스윙을 연주할때는 리듬을 따라 어깨가 들썩들썩하는 느낌을 가지면
좋습니다.

악센트　스타카토 스타카토란? 짧은음의길이에 느낌(끊어짐)

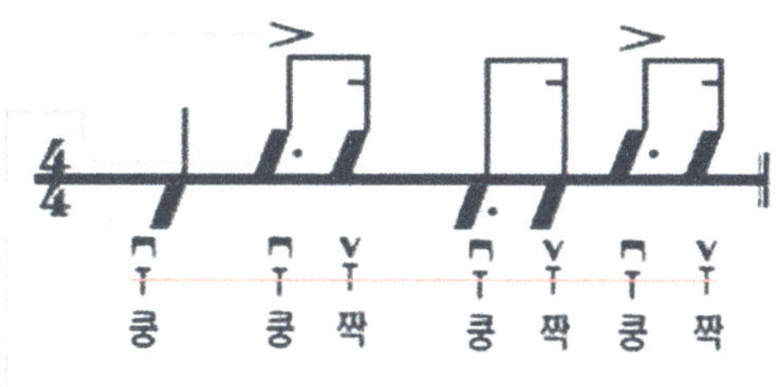

다운 스트로크로 연주
4.5.6번현을 연주함　　　업 스트로크로 연주

1.2.3번현을 스트로크하여 연주함(피크사용권장)

연습) (길고 짧은 음의 간격을 잘표현하셔야 합니다.)

34. 레게(Trot)리듬 알아보기

Moderate = 80

(레게리듬은 4/4박자로 아프리카에서 시작된 리듬으로 시작부분을 8분쉼으로
시작되는 것이 특징으로 경쾌한느낌의 리듬 중 하나입니다.
코드진행시 다음에 진행될 코드를 미리생각하여 연주하세요!)

레게(Reggae) 4/4박자

미국에서 생겨나지 않은 리듬 중에서 최근 전 세계적으로 유행했었던
리듬이 바로 Reggae입니다. 1960년대 중반, 자마이카에서 생겨난 레게는
스카(SKA) 사운드가 발전하여 만들어진 것입니다. 자마이카의 연주인들이
방송을 통하여 청취했던 미국의 R&B 음악이 1950년대 중반에
스카사운드를 만들어냈습니다.

악센트　스타카토 스타카토란? 짧은음의길이에 느낌(끊어짐)
긴: 느낌으로 연주　　　짧게 끊어지는 느낌으로 연주

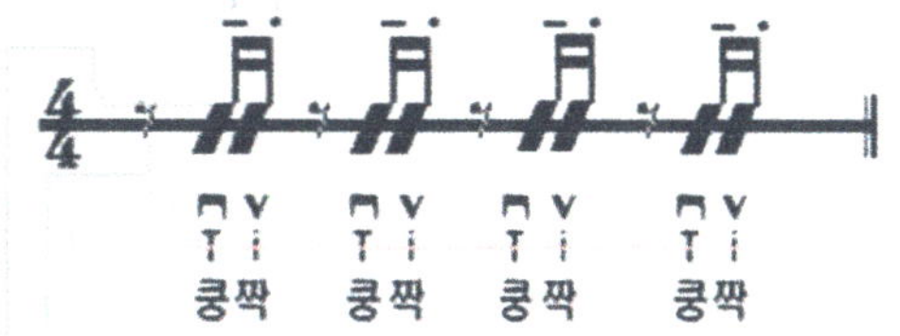

업 스트로크로 연주
다운 스트로크로 연주
쉼표 반박자를 쉼(기초무문참조)(웃)

기타현모두를 스트로크하여 연주함(피크사용권장)

연습)

Gm　　　Cm　　　Gm

35. 쌈바(Samba)리듬 알아보기

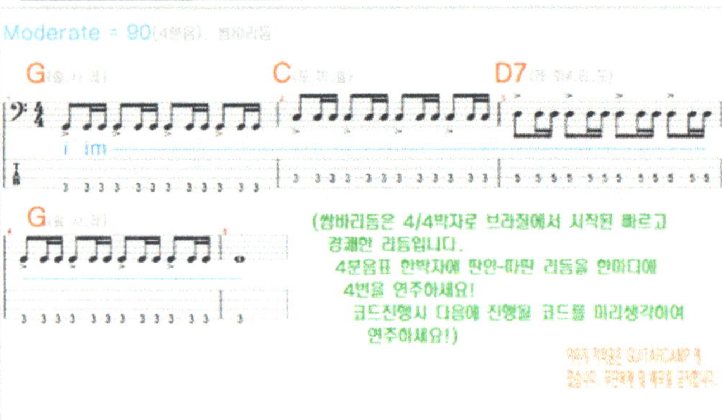

(쌈바리듬은 4/4박자로 브라질에서 시작된 빠르고
경쾌한 리듬입니다.
4분음표 한박자에 딴인-따딴 리듬을 한마디에
4번을 연주하세요!
코드진행시 다음에 진행될 코드를 미리생각하여
연주하세요!)

삼바(Samba) 4/2박자

Samba는 브라질 흑인계 주민의 토속 춤곡 및 리듬 등을 일컫는 2박자계
의빠른 템포입니다. 처음에는 집단으로 원무를 한다던가 또는 행렬에서
사용되었다가 1910년대에 대중화되기 시작했습니다. 이 리듬이 미국에
들어온것은 1940년대였으며, 그 후 재즈와 결합해서 보사노바를
탄생하게 합니다.

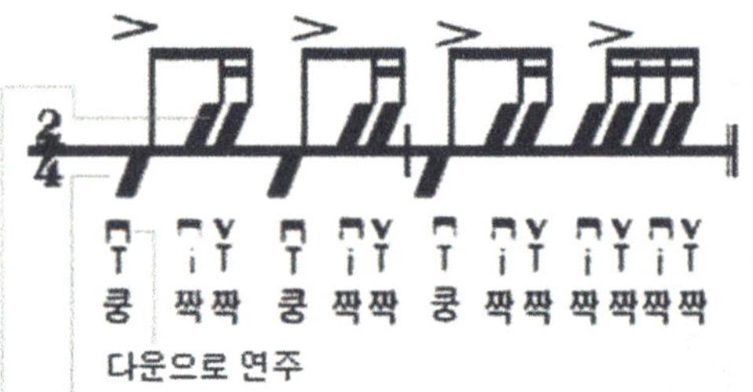

기타현 4,5,6번(저음부)현을 엄지 핑거로 다운으로 연주함

기타현 1,2,3번(고음부)현을 손바닥을 펴주며 다운으로 연주함
(피크 사용 연주시에도 업다운 스트로크는 같습니다.)

연습)

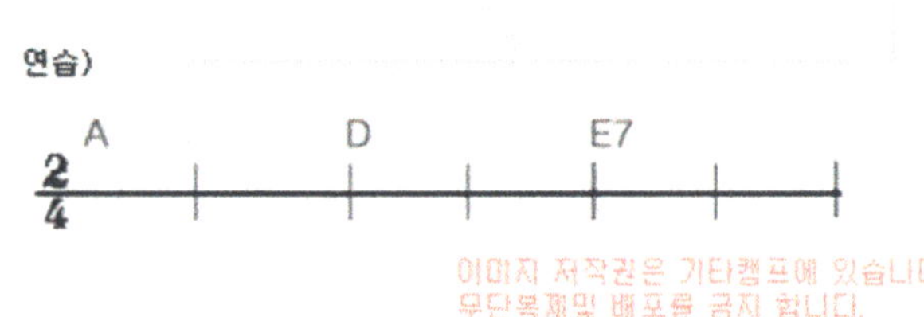

36. 트로트(Trot)리듬 알아보기

(트로트리듬은 4/2박자로 한마디에 4분음 2박자로 구성.
뽕짝리듬이라고도 불리우는 리듬입니다.
코드진행시 다음에 진행될 코드를 미리생각하여 연주하세요!)

Trot(트로트) (4/2)박자(한마디에 2박자를 연주함)

가장 단순한 형태의 리듬이지만 무시할 수 없을 정도로 아주 많은 곡에
쓰이는 것으로 우리가 흔히 말하는 '뽕짝'이라는 리듬의 형태가 바로
이것입니다.
'뽕짝'은 이 리듬의 느낌을 의성어로 발음한 것이라고 합니다. 아래에
리듬의 형태를 보시면 이해가 가실 것입니다.

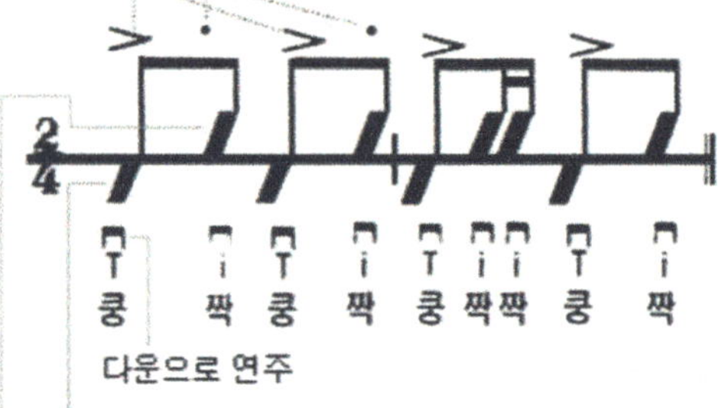

기타현 4,5,6번(저음부)현을 엄지 핑거로 다운으로 연주함

기타현 1,2,3번(고음부)현을 손바닥을 펴주며 다운으로 연주함
(피크 사용 연주시에도 업다운 스트로크는 같습니다.)

연습)

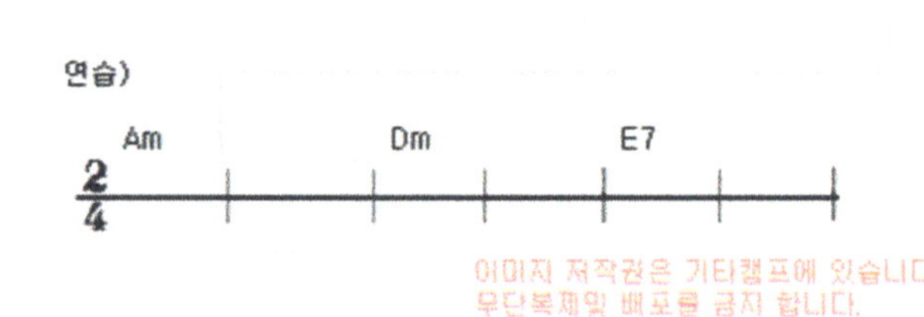

37. 헤머링온 & 풀링오프 & 트릴 테크닉 알아보기

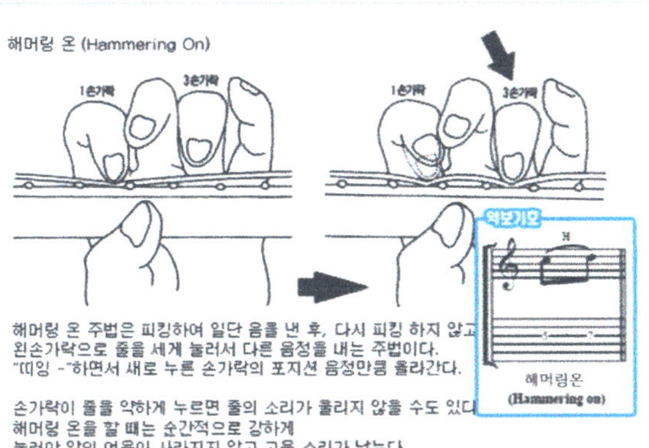

해머링 온 주법은 피킹하여 일단 음을 낸 후, 다시 피킹 하지 않고
왼손가락으로 줄을 세게 눌러서 다른 음정을 내는 주법이다.
"띠잉 -"하면서 새로 누른 손가락의 포지션 음정만큼 올라간다.

손가락이 줄을 약하게 누르면 줄의 소리가 울리지 않을 수도 있다.
해머링 온을 할 때는 순간적으로 강하게
눌러야 앞의 여운이 사라지지 않고 고운 소리가 남는다.

망치로 내려치듯 느낌으로 함.

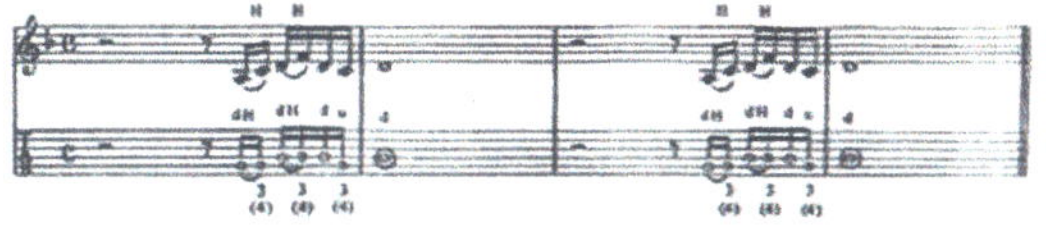

풀링 오프 (Pulling Off)

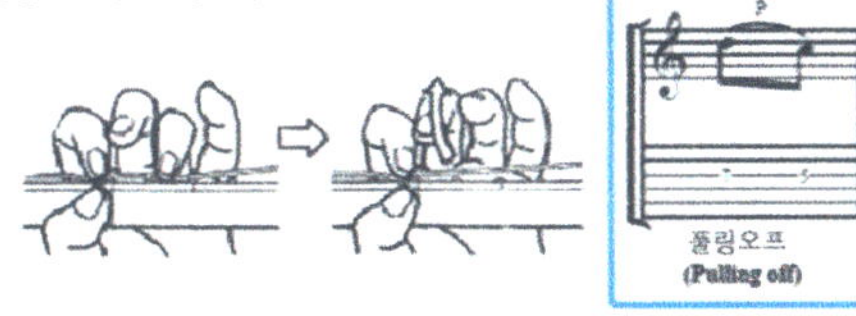

풀링 오프는 해머링 온과는 반대로 음을 누른 상태에서 줄을 퉁긴 후에,
줄을 눌렀던 왼손가락을 떼어서 다른 음정(처음 누른 음정)으로 바꾸는 주법을 말한다.

풀링 오프를 하는 손가락의 끝으로 줄을 긁듯이 강하게 퉁기면서
떼어야만 올바른 소리가 난다. 줄을 퉁겨 주지 않고 그냥 손가락을 떼면
소리가 아주 작아져서 잘 들리지 않게 된다.

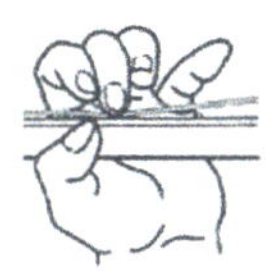

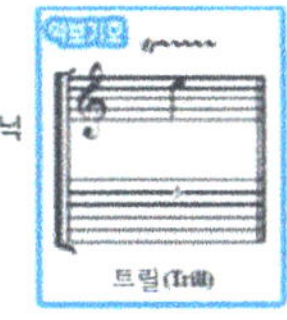

트릴테크닉은 헤머링온과 풀링오프 테크닉을
빠르게 반복적으로 움직여 사운드를 내는 테크닉
입니다.

38. 슬라이드 & 글리산도 테크닉 알아보기

슬라이드 (Slide)

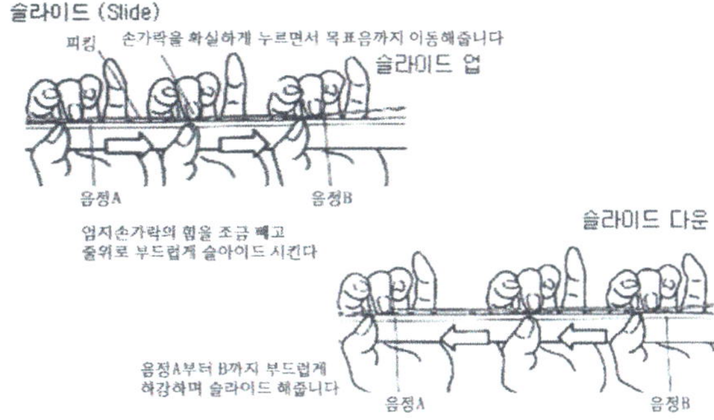

슬라이드란, 줄 위를 손가락으로 누른 후, 지판을 떼지 않고
미끄러뜨려 음정을 바꾸는 주법을 말한다.

글리산도(Glissado) 혹은 글리스(Gliss)라고도 한다.

슬라이드는 시작음과 끝나는 음이 명확하고
글리산도는 시작음이나 끝나는 음이 명확

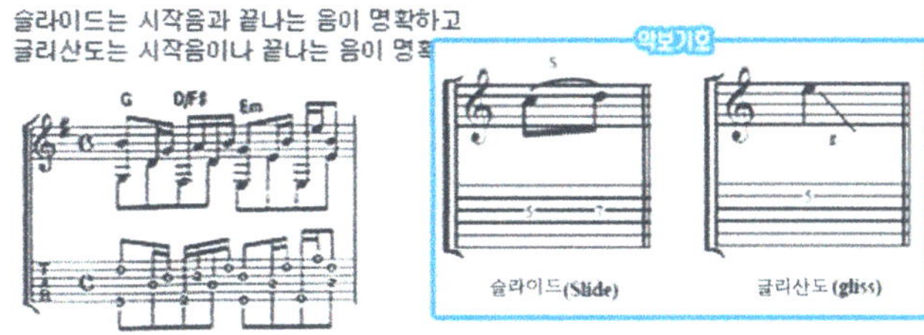

39. 스타카토 & 테누토 테크닉 알아보기

스타카토란(Staccato)?
연주하고자 하는 음을 짧게끊어 연주함을 말합니다.
악보표기는 '음표위에 ▪ 점으로 표기합니다

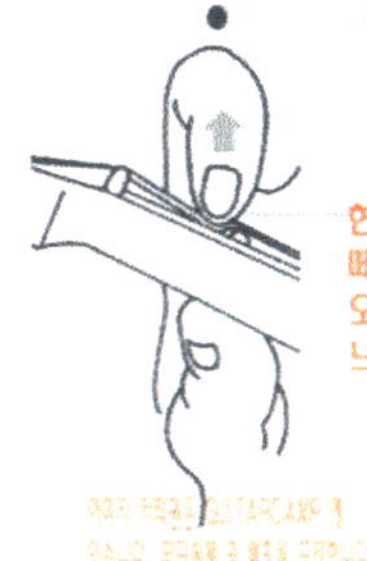

현을 누르고 연주한다음 누르고있던 손가락을
떼어서 음을 짧게 연주합니다.
오른손 핑거피킹또한 짧게 끊어친다는
느낌으로 연주하세요!

테누토란(Tenuto)?
연주하고자 하는 음을 길게 연주함을 말합니다.
악보표기는 '음표위에 ― 선으로 표기합니다

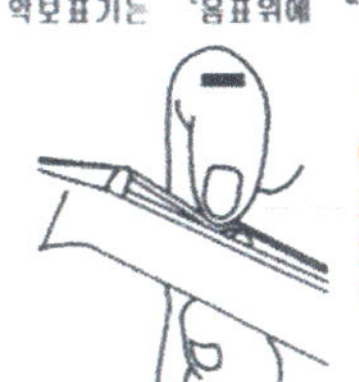

현을 누르고 연주한다음 음을길게 유지한다는
느낌으로 연주합니다.
오른손 핑거피킹또한 음을길게 한다는
느낌으로 연주하세요!

40. 네츄럴 하모닉스 테크닉 알아보기

네츄럴하모닉스테크닉(N.Harmonics)

5플렛

플렛 위에서 나오는 옥타브하이음정 연주

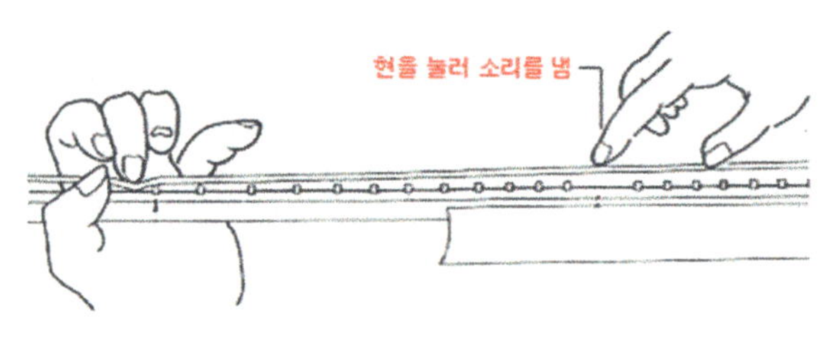

네추럴 하모닉스테크닉은 플렛바로위에 손가락을 위치한 후
연주와 동시에 손가락을 떼어주며 소리를 내는 테크닉입니다.
하모닉스 튜닝시에도 많이 사용됩니다.
(5,7,12플렛에서 하모닉스가 잘나며 꼭 플렛정중앙위에
위치하셔야 합니다.)

42. 테핑(라이트핸드) 테크닉 알아보기

테핑테크닉(Tapping)

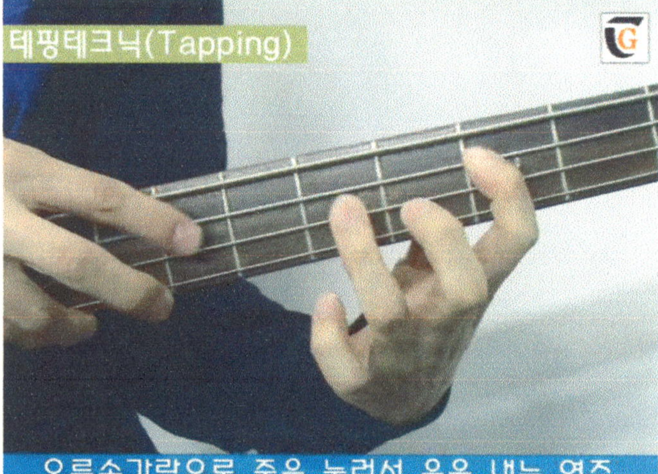

오른손가락으로 줄을 눌러서 음을 내는 연주

현을 눌러 소리를 냄

라이트 핸드 왼손으로 음정을 누른후 오른손으로 밀어내듯 연주함..

41. 벤딩(쵸킹) & 비브라토 테크닉 알아보기

밴딩(쵸킹)

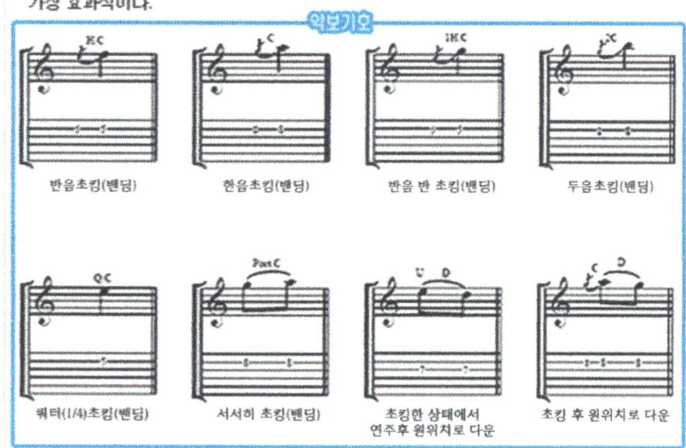

일렉기타이미지처럼 베이스기타또한
폼과 악보기호가 낮은음자리표만 다를뿐 동일합니다.

초킹(또는 밴딩:Bending)은 누르는 프렛을 옮기지 않은 채 왼손가락 끝으로
줄을 밀어서 음정을 변화시키는 주법을 말한다. 왼손가락의 1·2·3·4 중
어느 손가락으로도 초킹이 가능하도록 연습하여야 한다.
어쿠스틱 기타의 경우에는 줄의 장력이 강해서 보통 1/2음이나 1음 정도의
초킹이 많이 사용되고 있지만 일렉 기타의 경우에는 2음까지도 초킹 하는 경우도 있다.
초킹을 할 때 정확한 음정이 나올 수 있도록 주의를 기울이자.
①·②·③·④번선은 ⑥번선 방향으로 밀어 올리고, ⑤·⑥번선은 ①번선 방향으로
끌어내리는 것이 보편적인 방법이다.

정확한 초킹음정을 내기 위해서는 정확한 음을 구분할 수 있는 귀가 필요하다.
쉽게 말하자면 초킹을 하게 되면 음정이 올라간다.
따라서 원하는 음정을 끌어올리면서 원하는 음정을 구분할 줄 알아야 한다.
연습 방법은 먼저 선택한 연습곡을 귀에 완전히 익히도록 많이 듣고나서 초킹 연습을 한다
초킹의 실력 차이는 자기가 원하는 음정을 깨끗하게 표현하는데 있다.
통기타에서는 잘 모르지만 앰프에 연결하여 연주해
보면 초킹과 릴리즈의 전후로 잡음이 생긴다.
이는 초킹과 릴리즈를 하면서 그 줄의 위, 아래를 건들기 때문이다.
이 잡음을 막기 위해서는 어렵지만 잡음이 날 만한 줄을 뮤트 시키는 방법이
가장 효과적이다.

악보기호

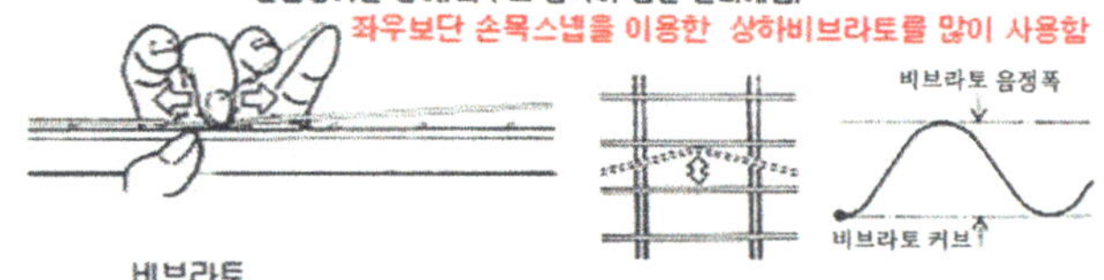

비브라토 (Vibrato)

왼손핑거를 상하/좌우로 움직여 음을 떨리게함.
좌우보단 손목스냅을 이용한 상하비브라토를 많이 사용함

만약 멜로디나 프레이즈에 어떠한 표정도 덧붙이지 않는다고 한다면
그것은 음악이 아니라 단순한 신호음이 나열된 것과 같은 셈이다.

아무리 작은 프레이즈에도 반드시 거기에 어울리는 뉘앙스가
표현되어 있지 않으면 안된다. 여기서 다루는 비브라토는 음에
흔들림을 만드는 간단한 것인데, 많은 테크닉 중에서도 가장 정감적인
효과를 만드는 테크닉이라 할 수 있다. 기타 특유의 효과는
거의가 비브라토의 미묘한 움직임에서 생겨난다고 불수 있다.

핸드 비브라토
줄를 누르고 피킹한 다음 누르고 있는 손가락을 지점으로 하여
왼손 전체를 좌우로 흔들어 음에 흔들림 만든다.
이 때 엄지는 가볍게 네크에 닿는 정도이거나 떼도록 하는 것이 좋다.
그리고 음이 흔들리는 속도는 왼손을 흔드는 빠르기로 조종하고
흔들림의 깊이는 누르고 손가락의 힘으로 조종한다.

초킹 비브라토
초킹 비브라토는 초킹과 릴리즈의 되풀이로
비브라토를 만드는 테크닉이다. 흔들림의 스피드는 초킹과 릴리즈의
빠르기로 흔들림의 깊이는 초킹의 크기로 한다.
기타 테크닉 중 중요한 요소중 하나이다.

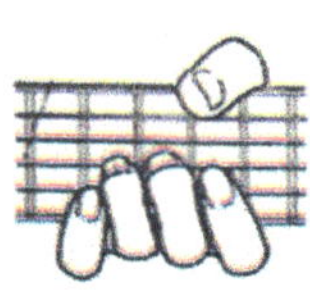
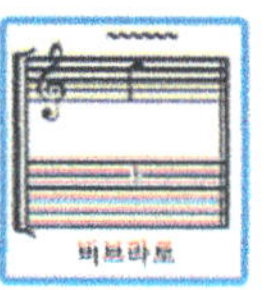

43. A7 Key 12마디 Rock & Roll(락앤롤) 4비트 알아보기

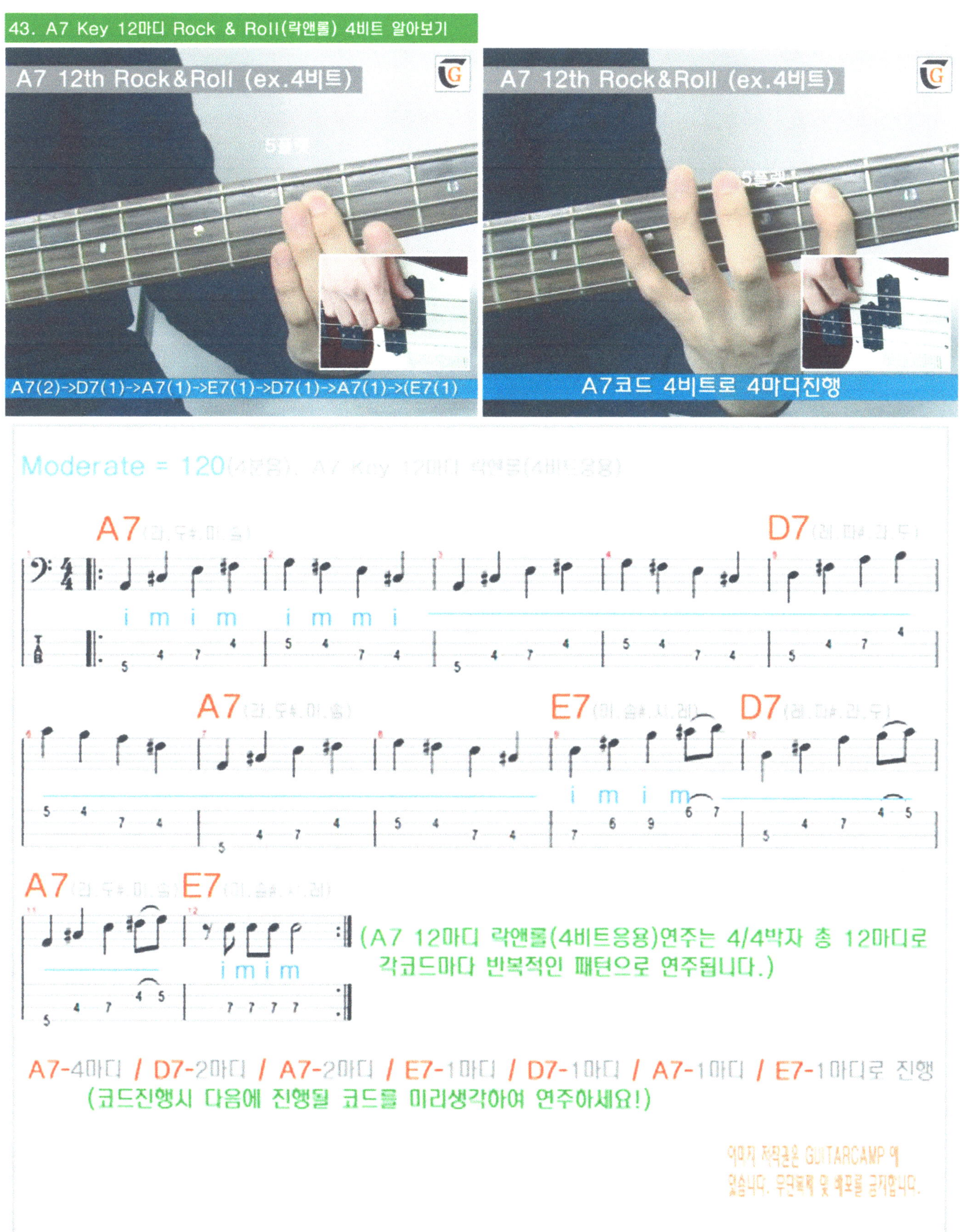

A7-4마디 / D7-2마디 / A7-2마디 / E7-1마디 / D7-1마디 / A7-1마디 / E7-1마디로 진행
(코드진행시 다음에 진행될 코드를 미리생각하여 연주하세요!)

44. A7 Key 12마디 Rock & Roll(락앤롤) 8비트 알아보기

Moderate = 120(4분음). A7 Key 12마디 락앤롤(8비트응용)

A7(라.도#.미.솔)

D7(레.파#.라.도)　　　　　　　A7(라.도#.미.솔)

E7(미.솔#.시.레)　　D7(레.파#.라.도)　　A7(라.도#.미.솔)　　E7(미.솔#.시.레)

A7-4마디 / D7-2마디 / A7-2마디 / E7-1마디 / D7-1마디 / A7-1마디 / E7-1마디로 진행
(코드진행시 다음에 진행될 코드를 미리생각하여 연주하세요!)

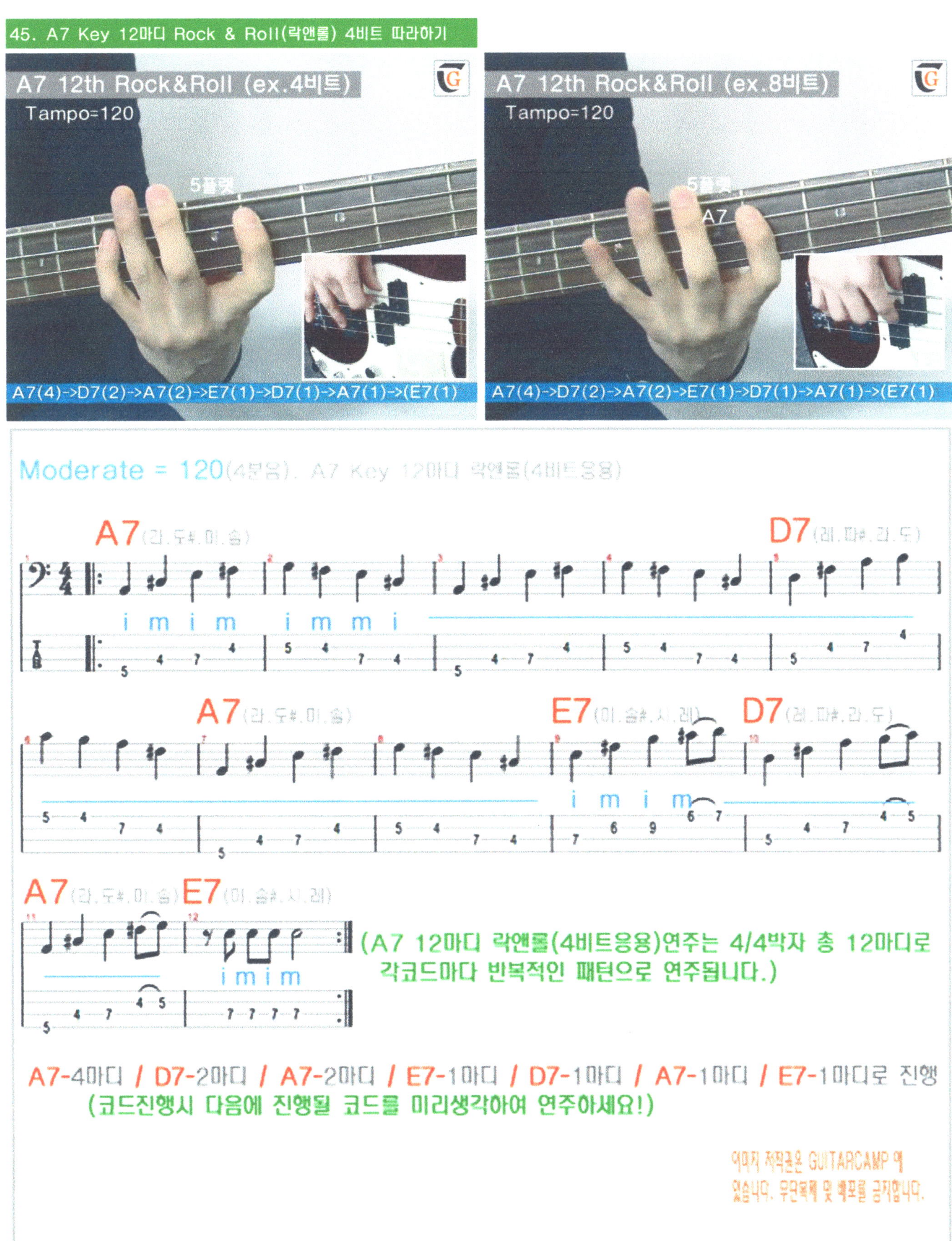

A7 12th Rock&Roll (ex.4비트)
Tampo=120
5플렛
A7(4)->D7(2)->A7(2)->E7(1)->D7(1)->A7(1)->(E7(1)
A7 12th Rock&Roll (ex.8비트)
Tampo=120
5플렛
A7
A7(4)->D7(2)->A7(2)->E7(1)->D7(1)->A7(1)->(E7(1)
Moderate = 120(4분음). A7 Key 12마디 락앤롤(4비트응용)
A7 (라.두#.미.솔)
D7 (레.파#.라.두)
i m i m   i m m i
A7 (라.두#.미.솔)
E7 (미.솔#.시.레)
D7 (레.파#.라.두)
i m i m
A7 (라.두#.미.솔)
E7 (미.솔#.시.레)
i m i m
(A7 12마디 락앤롤(4비트응용)연주는 4/4박자 총 12마디로
각코드마다 반복적인 패턴으로 연주됩니다.)
A7-4마디 / D7-2마디 / A7-2마디 / E7-1마디 / D7-1마디 / A7-1마디 / E7-1마디로 진행
(코드진행시 다음에 진행될 코드를 미리생각하여 연주하세요!)

우쿨렐레교본 스마트폰 거치대 설치안내! & 스마트폰 동영상강좌 안내!

1

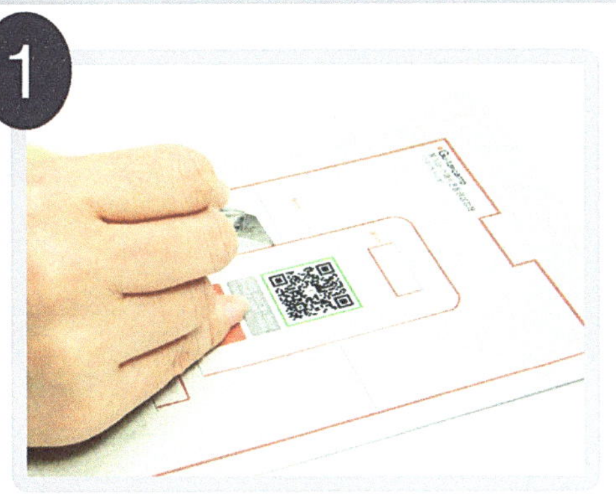

적색선을 따라 준비된 칼을 이용해
절단하세요!
이때 접는선표시(----)는
절단하시 마세요!
(주의)절단시 손을 다치지않게
주의 하시기 바랍니다.
아래 그림순서와 같이 설치하세요!

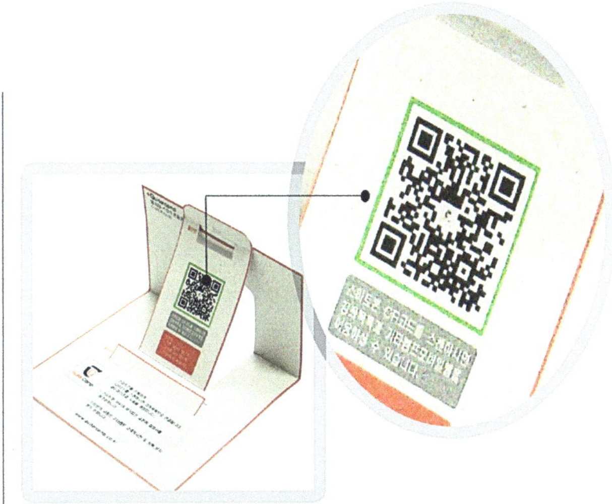

2

"우쿨렐레교본" 버튼터치 후
인증번호 입력페이지에서
인증번호를 입력하세요!
(와이파이 연결을 권장합니다)

인증번호 : 85730754

3

인증 후 강좌리스트 페이지로 연결됩니다.
강좌리스트 제목을 터치하면
동영상강좌를 이용 하실 수 있습니다.
(단, 스마트폰모델과 설정관계로 인하여
강좌가 다운로드 될 수 있습니다.
강좌다운로드시 내파일에서 이용가능 합니다.)

4

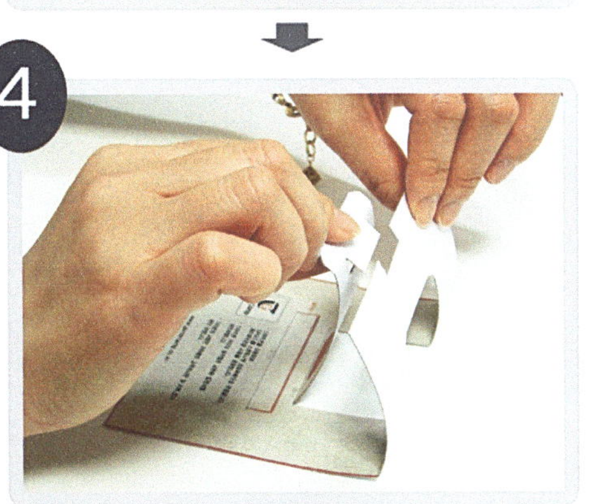

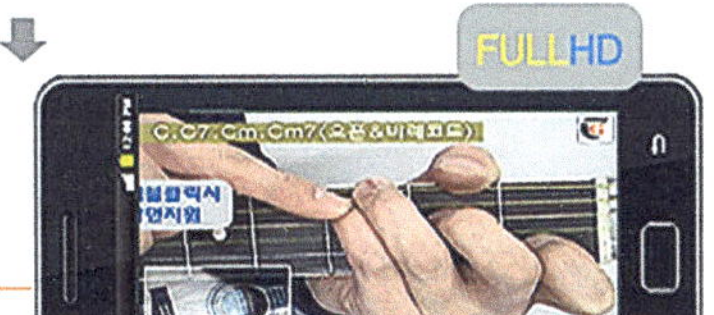

5

(주의)설치가 완료된 거치대에
스마트폰은 세로가 아닌
가로로 꼭 거치하시기 바랍니다.
세로로 거치시 쓰러질 수 있습니다.

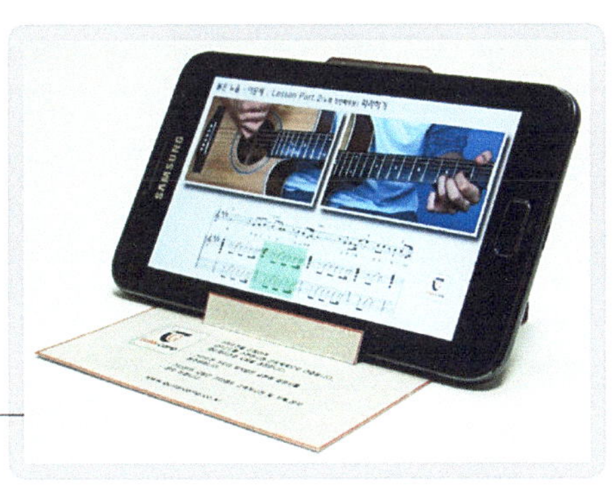

- 강좌리스트 -

01. 구성 및 연주자세 알아보기

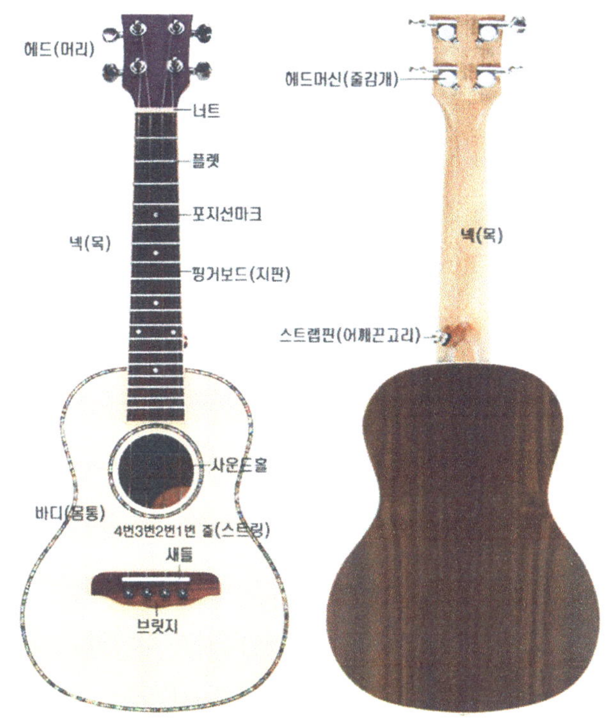

우쿨렐레는 크게 헤드,넥,바디 3부분으로 구성되어 있습니다.

1.헤드(Head)
- 헤드머신(줄감개) : 줄을 감아주고 풀어주어
　　　　　　　　　 음조율(튜닝)을 할 수 있게 하는 역할을 합니다.

2.넥(Neck)
- 너트 : 넥에 줄의 높이와 간격을 고정시켜주는 역할을 합니다.
- 플렛 : 핑거보드에 줄을 누를때 음정을 구분하는 칸막이 같은 역할을 합니다.
　　　　(헤드쪽부터 1플레 2플렛 3플렛......)
- 포지션마크 : 특정 프렛을 쉽고 빠르게 찾기 위한 기준점 역할을 합니다.
- 핑거보드 : 줄을 누루때 지판 역할을 합니다.

3. 바디(Body)
- 사운드홀 : 줄을 튕길 때 바디에서 울리는 소리가 나옵니다.
- 브릿지 : 줄이 바디에 잘 고정될 수 있게 지지해주고,
　　　　　 줄의 진동이 바디에 잘 전달될 수 있게 도와주는 역할을 합니다.
- 새들 : 줄을 브릿지에 고정시켜주는 역할을 합니다.
- 스트랩핀 : 어깨끈을 고정하는 역할을 합니다.

02. 개방현과 핑거보드음계 알아보기

03. 튜닝(음조율) 알아보기

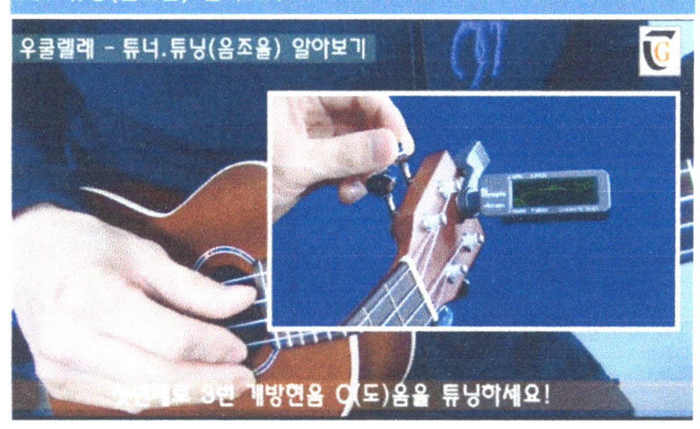

우쿨렐레 음조율(튜닝)

1번줄 개방형음. 라(A)
2번줄 개방형음. 미(E)
3번줄 개방형음. 도(C)
4번줄 개방형음. 솔(G)

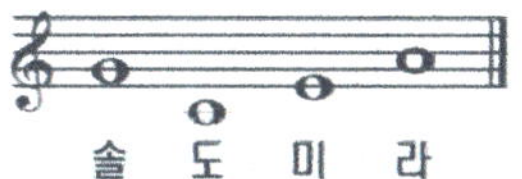

04. 악보(TAB)보는법 알아보기

*우쿨렐레 타블레취(TAB)악보는 오선지악보가 아닌 보기쉽게 풀이된 문자형식의 악보를 말합니다.
　타블레취악보 이용법은 아래그림설명과 같습니다.

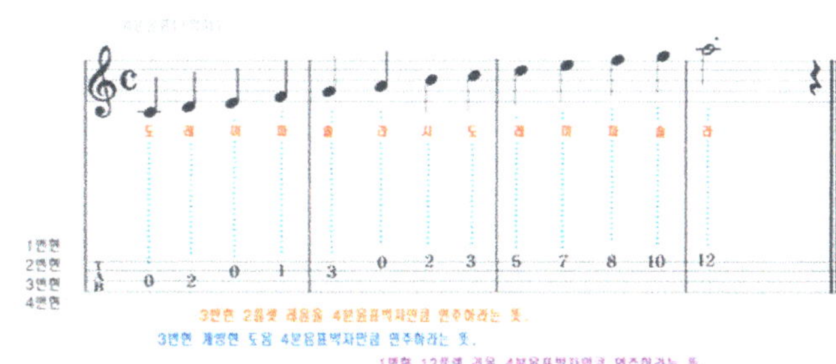

05. 왼손핑거링과 오른손스트로크

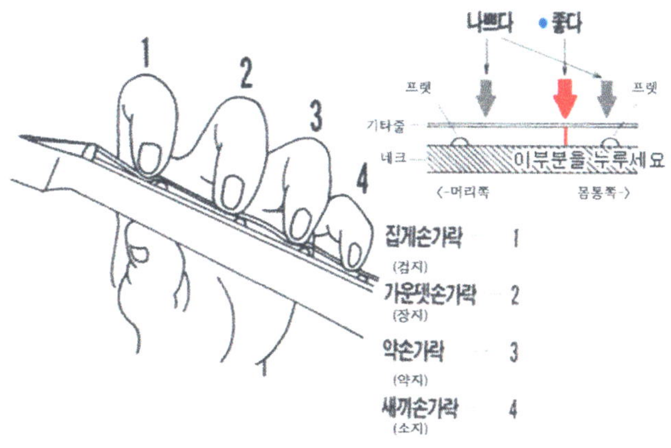

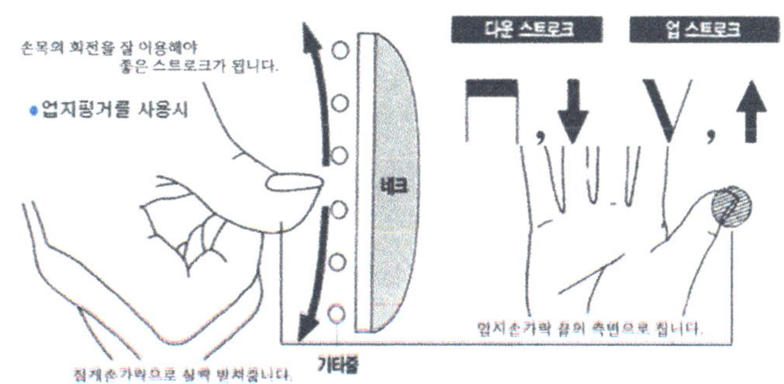

06. 왼손뮤팅 알아보기

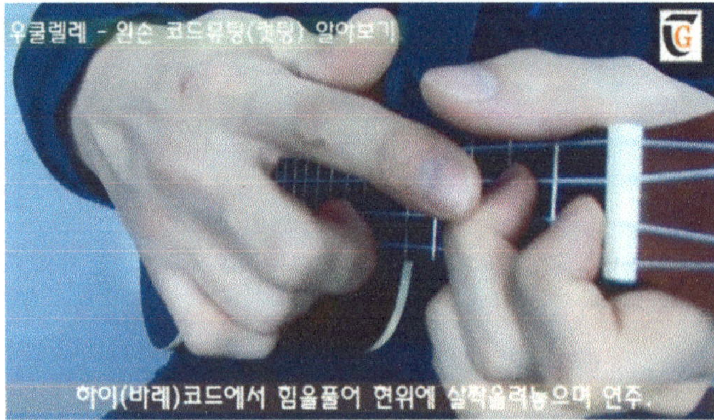

왼손 뮤트(묵음) 방법

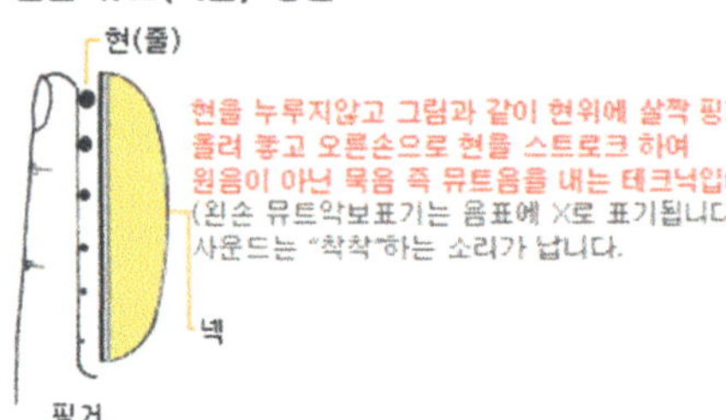

현을 누루지않고 그림과 같이 현위에 살짝 핑거를
올려 놓고 오른손으로 현를 스트로크 하여
원음이 아닌 묵음 즉 뮤트음을 내는 테크닉입니다.
(왼손 뮤트악보표기는 음표에 X로 표기됩니다.)
사운드는 "착착"하는 소리가 납니다.

07. 오른손컷팅 알아보기

뮤트 (Muting)

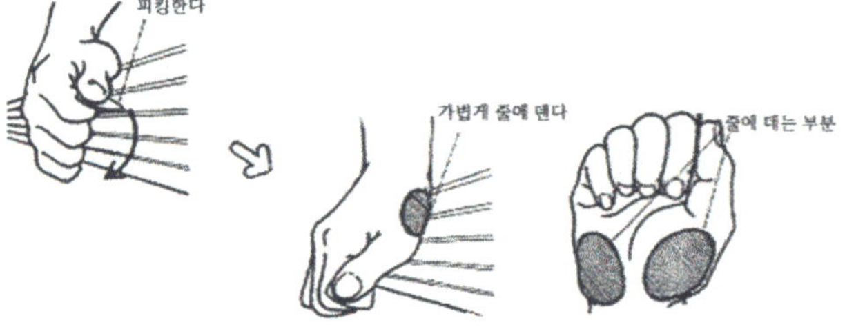

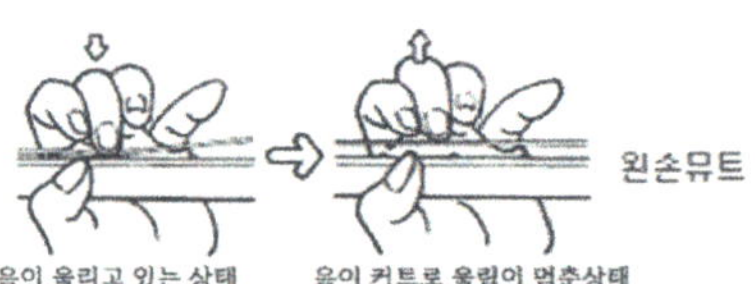

뮤트는 왼손가락이나 혹은 오른손의 새끼손가락 근처의 손바닥을 줄에 가볍게
대고 피킹하여 둔탁한 소리를 내는 주법이다.

머슈 뮤트
오른손 테크닉으로 '쟈가쟈가하는 뮤트음을 만든다.
그 방법은 브리지 위에 가볍게 손을 얹고 피킹한다.
머프 뮤트는 오른손 손목을 고정시킨 부자연스런 피킹이기 때문에 빠른 패시지나
극단적인 음(줄)의 도약 등에는 상당한 연습이 필요하다.
노이즈 뮤트
왼손 테크닉으로 그 방법은 핑거 커팅과 동일하다.
즉 줄을 누르고 있는 손가락의 힘을 빼고 손가락이 줄에 가볍게 댄 체로 피킹한다.
이 때 음정이 없는 노이즈를 얻을 수 있다.

08. 헤머링온 테크닉 알아보기

해머링 온 (Hammering On)

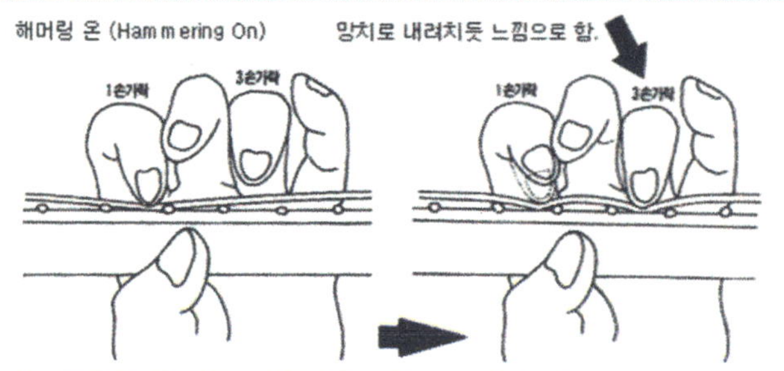

해머링 온 주법은 피킹하여 일단 음을 낸 후, 다시 피킹 하지 않고
왼손가락으로 줄을 세게 눌러서 다른 음정을 내는 주법이다.
"따잉 -"하면서 새로 누른 손가락의 포지션 음정만큼 올라간다.

09. 풀링오프 테크닉 알아보기

풀링 오프 (Pulling Off)

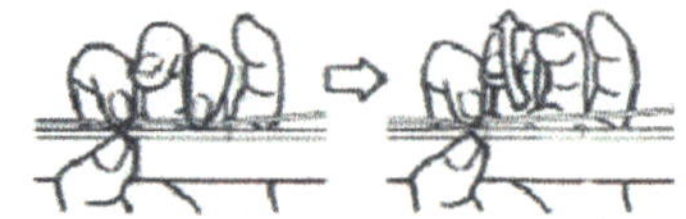

풀링 오프는 해머링 온과는 반대로 음을 누른 상태에서 줄을 퉁긴 후에,
줄를 눌렀던 왼손가락을 떼어서 다른 음정(처음 누른 음정)으로 바꾸는 주법을 말한다.

풀링 오프를 하는 손가락의 끝으로 줄을 긁듯이 강하게 퉁기면서
떼어야만 올바른 소리가 난다. 줄을 퉁겨 주지 않고 그냥 손가락을 떼면
소리가 아주 작아져서 잘 들리지 않게 된다.

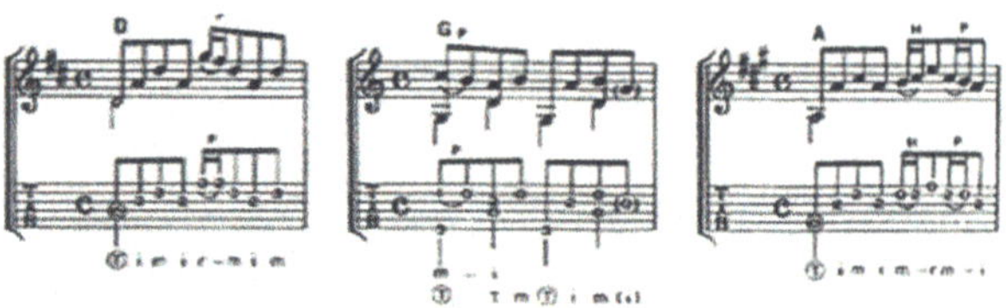

10. 슬라이드 테크닉 알아보기

슬라이드 (Slide)

슬라이드란, 줄 위를 손가락으로 누른 후, 지판을 떼지 않고
미끄러뜨려 음정을 바꾸는 주법을 말한다.

슬라이드는 시작음과 끝나는 음이 명확하고
글리산도는 시작음이나 끝나는 음이 명확하지않다.

11. 줄(현)교체방법 알아보기

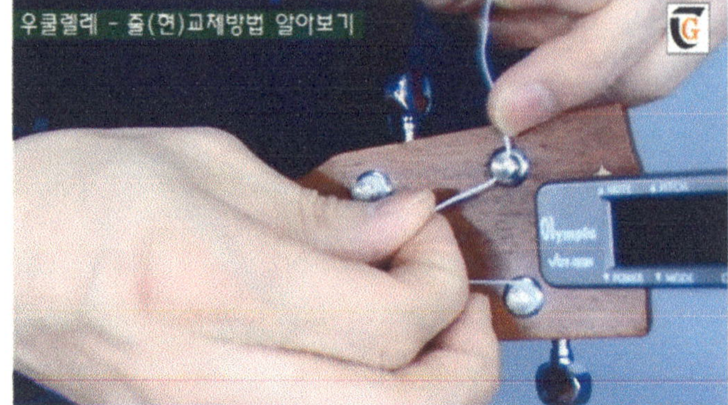

12. C 코드 (오픈/하이) 알아보기

* 우쿨렐레 코드표는 우쿨렐레핑거보드(지판)에서 쉽고 빠르게 코드를 잡을 수 있도록하는 이미지표이다.
  코드표 이용법은 아래그림설명과 같습니다.

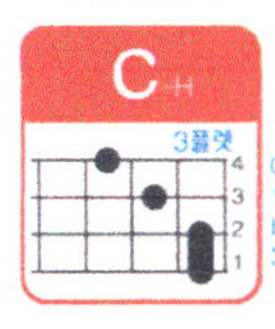

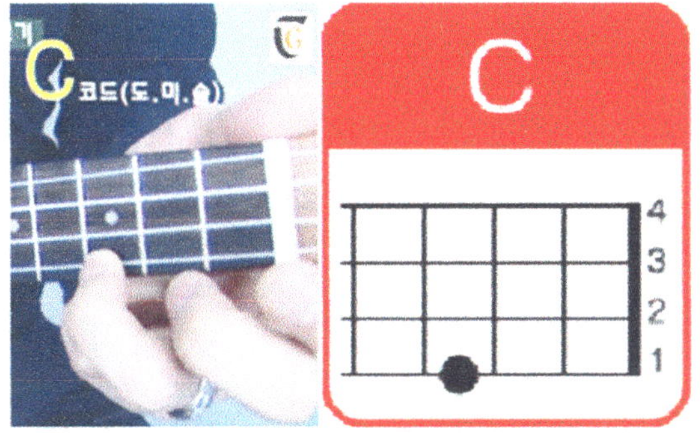

13. C7 코드 (오픈/하이) 알아보기

14. Cm 코드 (오픈/하이) 알아보기

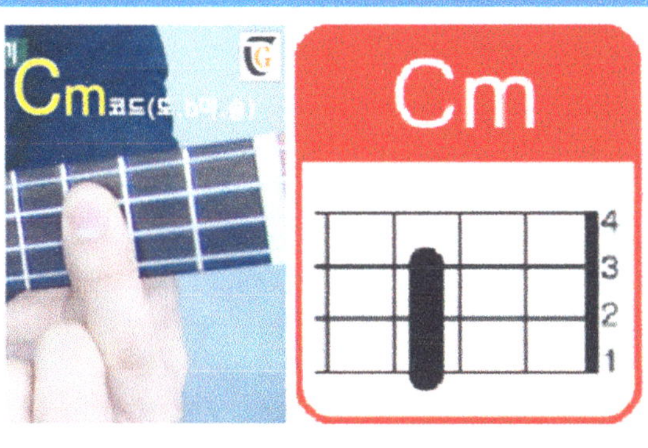

15. Cm7 코드 (오픈/하이) 알아보기

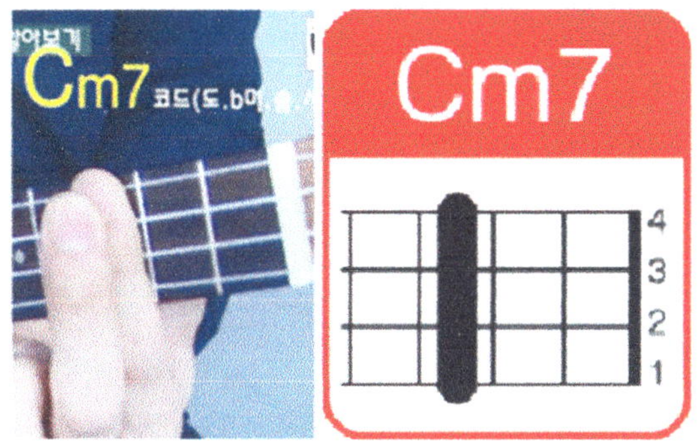

16. D 코드 (오픈/하이) 알아보기

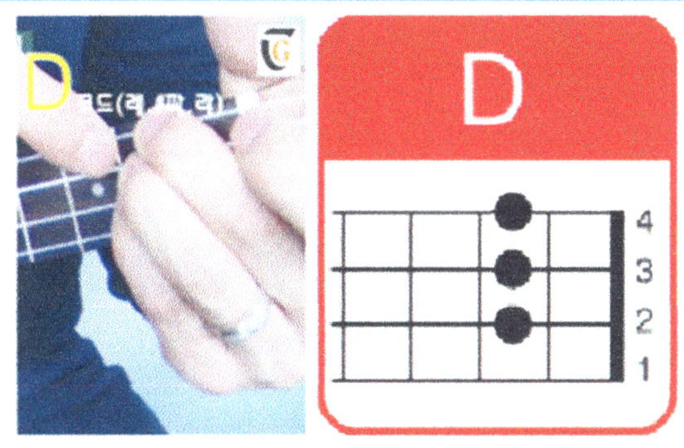

17. D7 코드 (오픈/하이) 알아보기

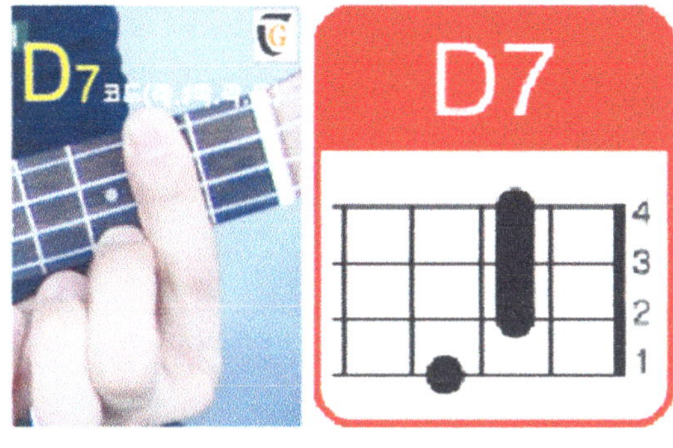

18. Dm 코드 (오픈/하이) 알아보기

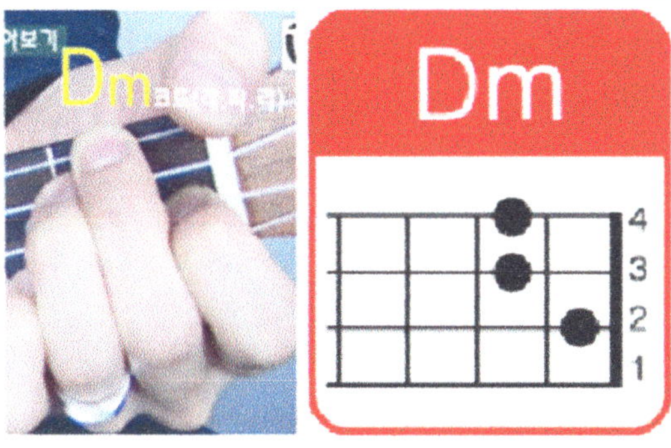

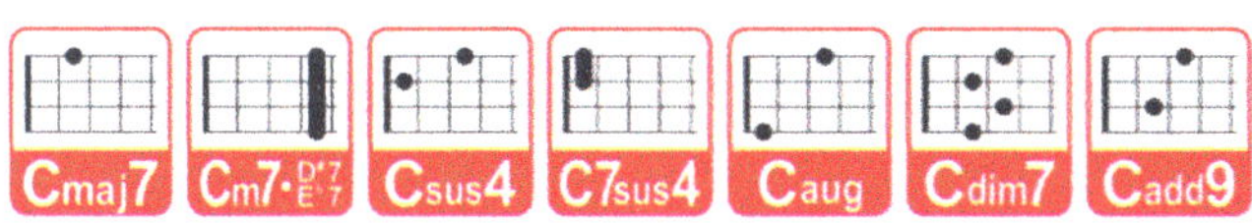

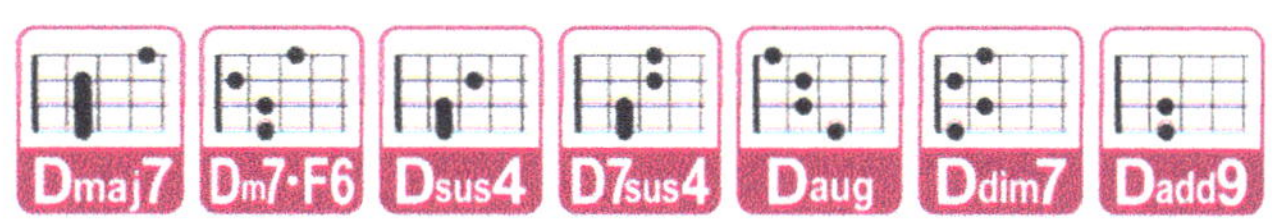

19. Dm7 코드 (오픈/하이) 알아보기

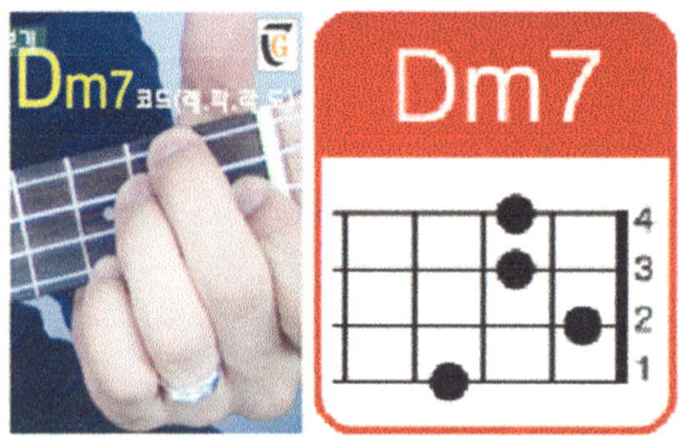

20. E 코드 (오픈/하이) 알아보기

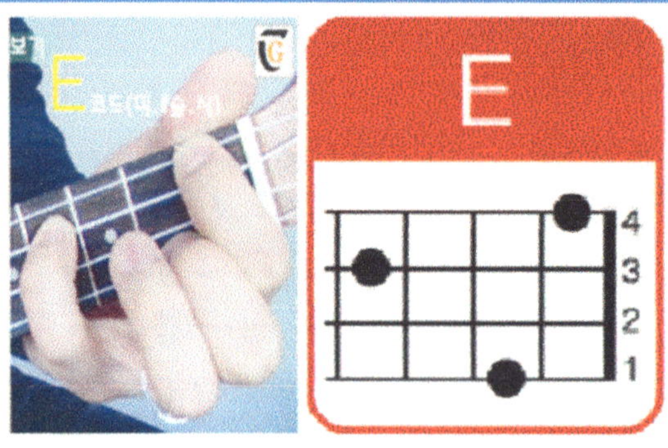

21. E7 코드 (오픈/하이) 알아보기

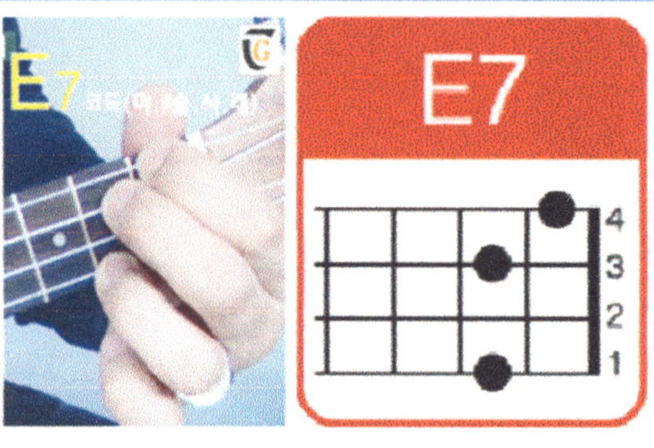

22. Em 코드 (오픈/하이) 알아보기

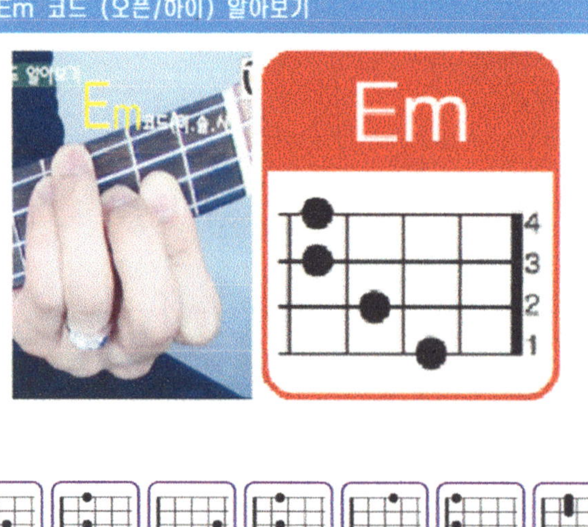

23. Em7 코드 (오픈/하이) 알아보기

24. F 코드 (오픈/하이) 알아보기

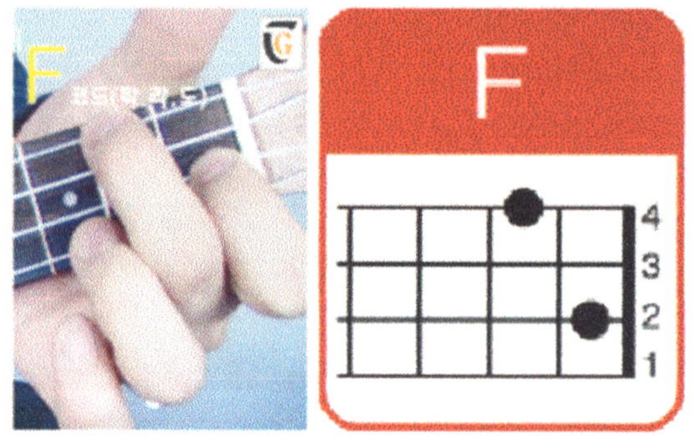

25. F7 코드 (오픈/하이) 알아보기

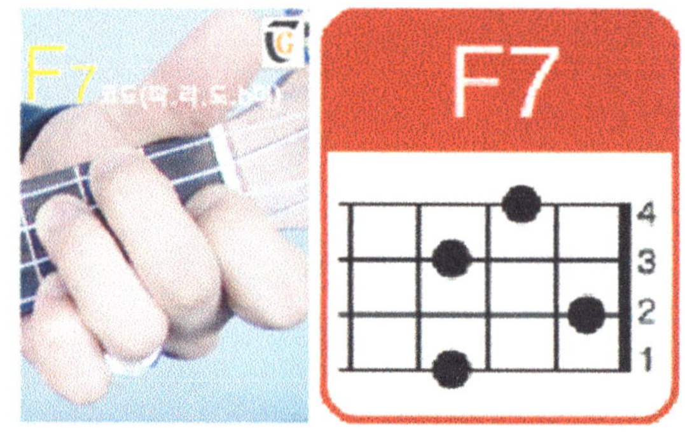

26. Fm 코드 (오픈/하이) 알아보기

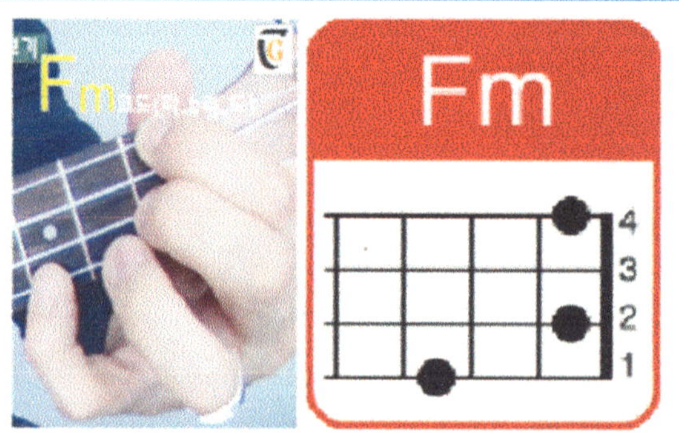

Emaj7　Em7·G6　Esus4　E7sus4　Eaug　Edim7　Eadd9

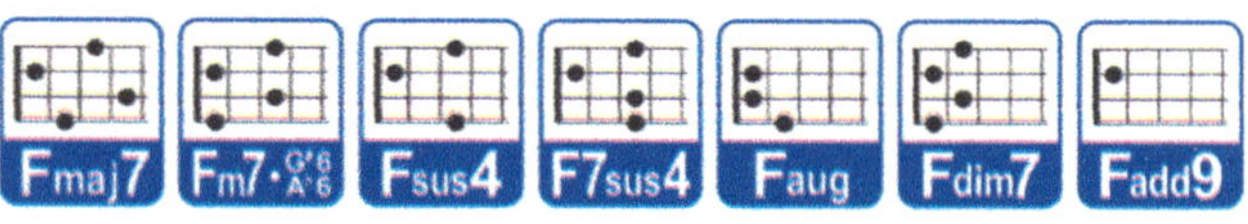

27. Fm7 코드 (오픈/하이) 알아보기

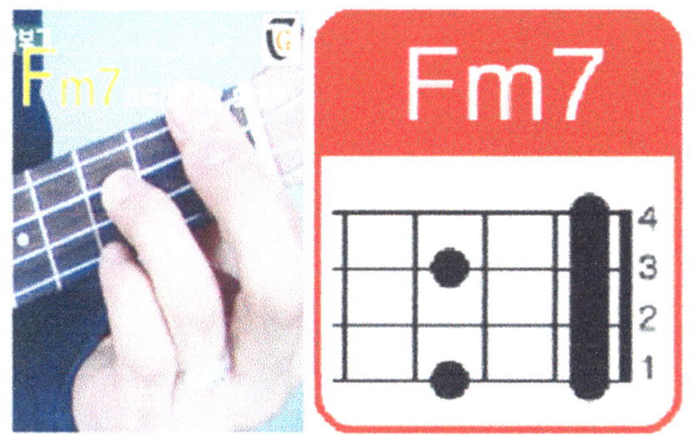

28. G 코드 (오픈/하이) 알아보기

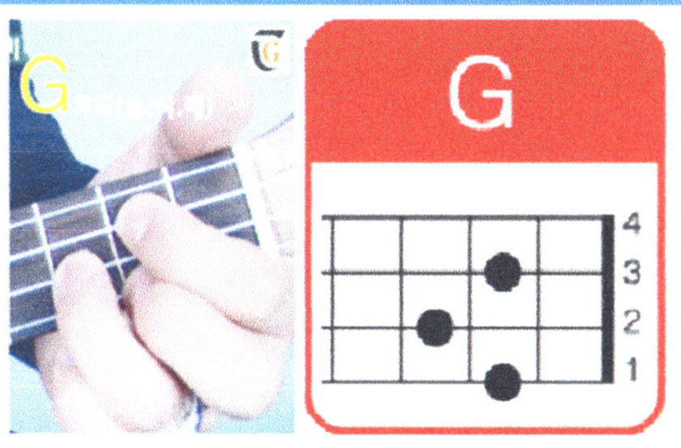

29. G7 코드 (오픈/하이) 알아보기

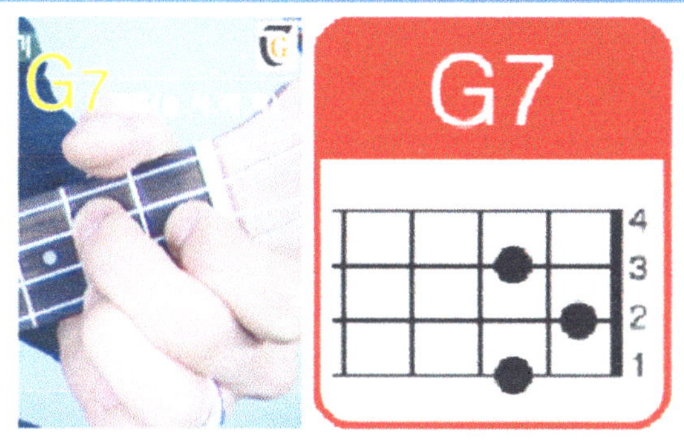

30. Gm 코드 (오픈/하이) 알아보기

31. Gm7 코드 (오픈/하이) 알아보기

32. A 코드 (오픈/하이) 알아보기

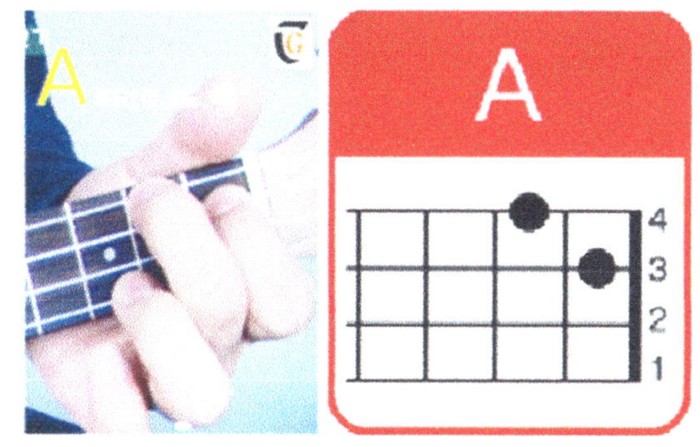

33. A7 코드 (오픈/하이) 알아보기

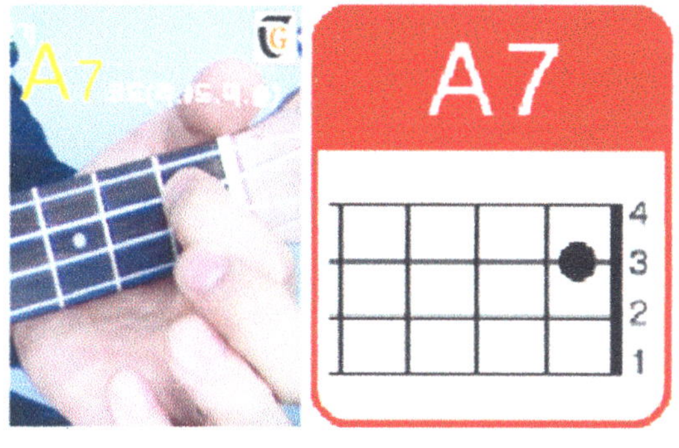

34. Am 코드 (오픈/하이) 알아보기

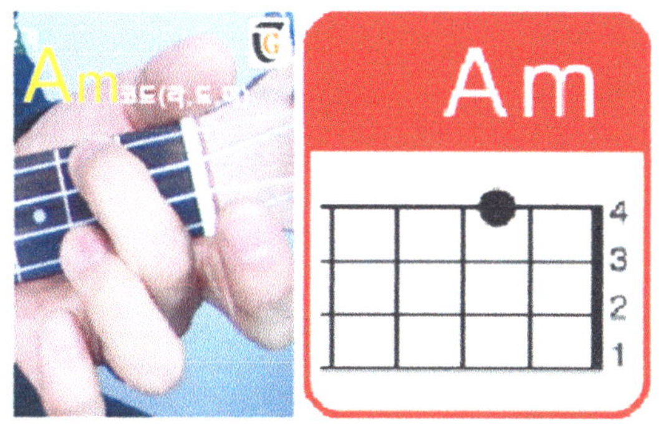

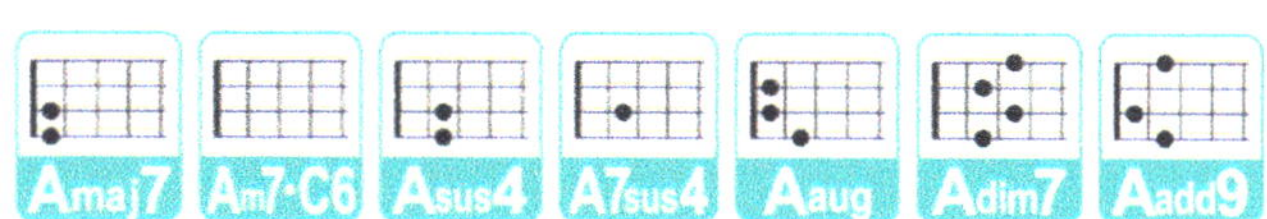

35. Am7 코드 (오픈/하이) 알아보기

36. B 코드 (오픈/하이) 알아보기

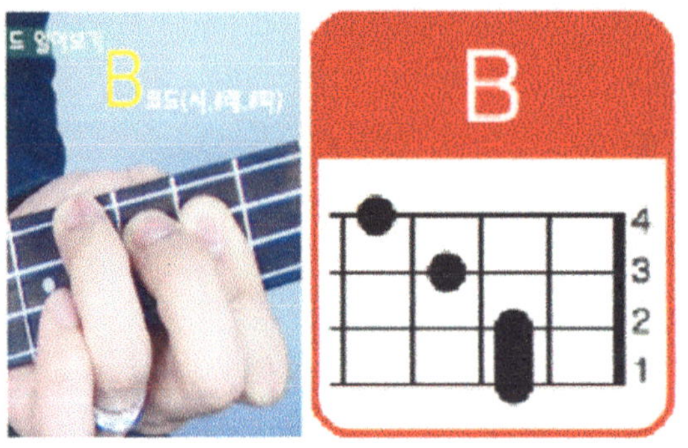

37. B7 코드 (오픈/하이) 알아보기

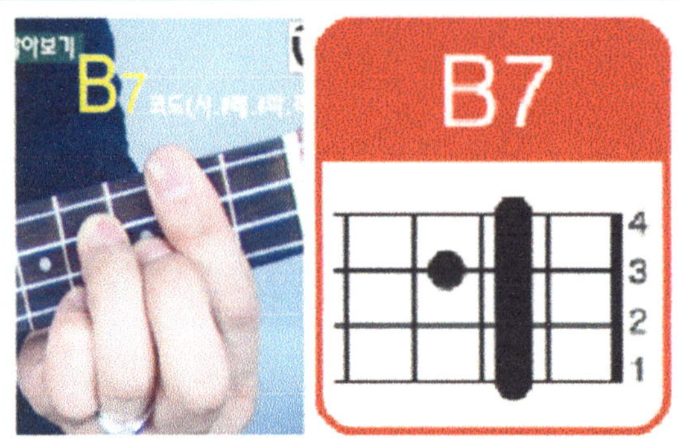

38. Bm 코드 (오픈/하이) 알아보기

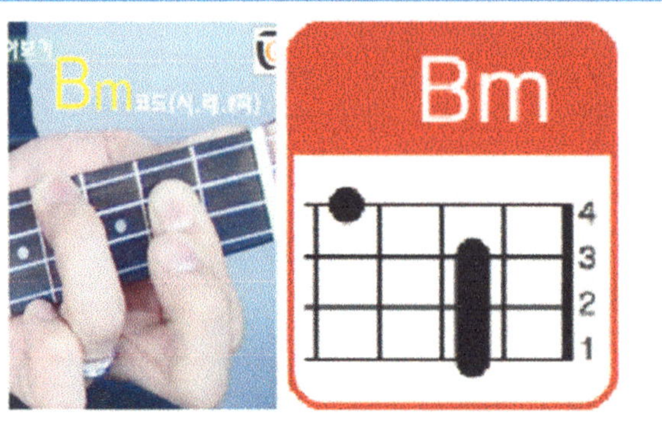

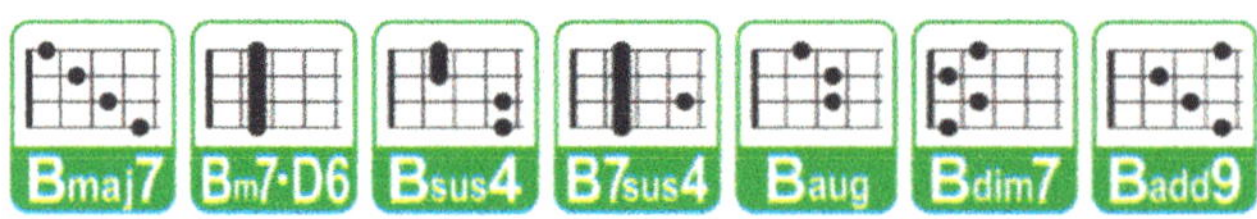

39. Bm7 코드 (오픈/하이) 알아보기

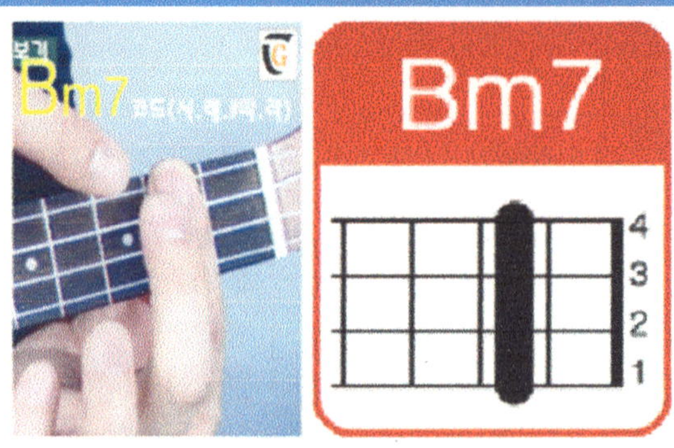

우쿨렐레 리듬부문 강좌

40. 4/3박자 왈츠(waltz)리듬 알아보기

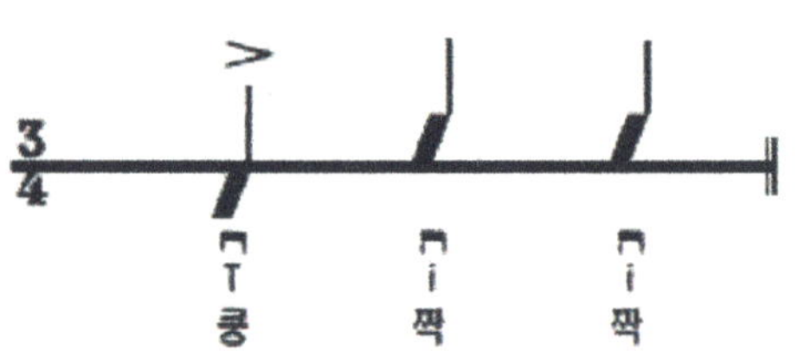

41. 4비트(Beat)리듬 알아보기

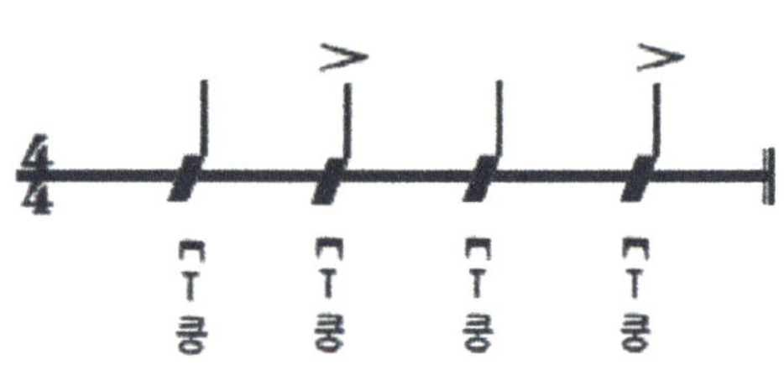

42. 8비트(Beat)리듬 알아보기

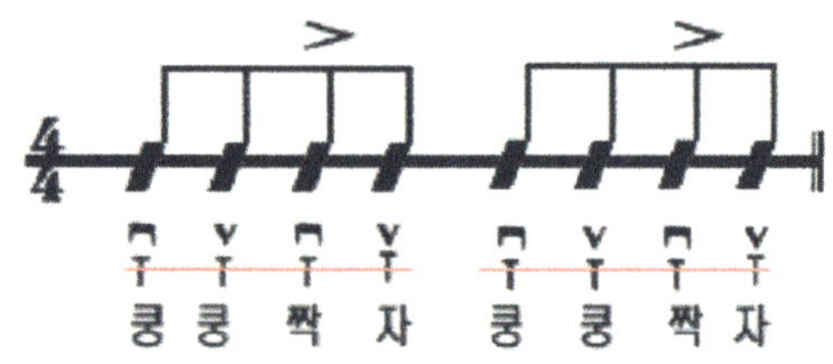

43. 16비트(Beat)리듬 알아보기

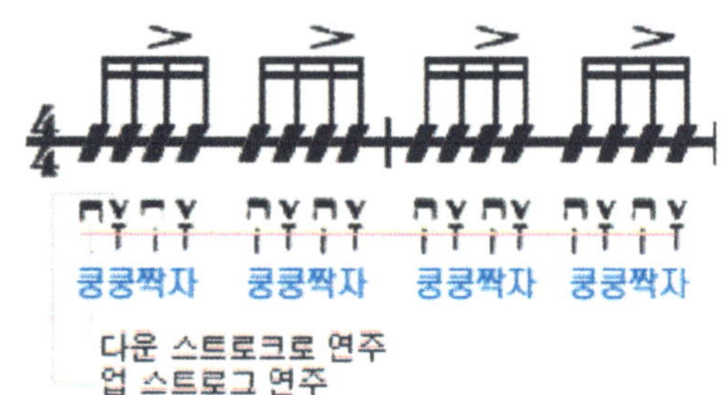

다운 스트로크로 연주
업 스트로그 연주

44. 셔플(Shuffle)리듬 알아보기

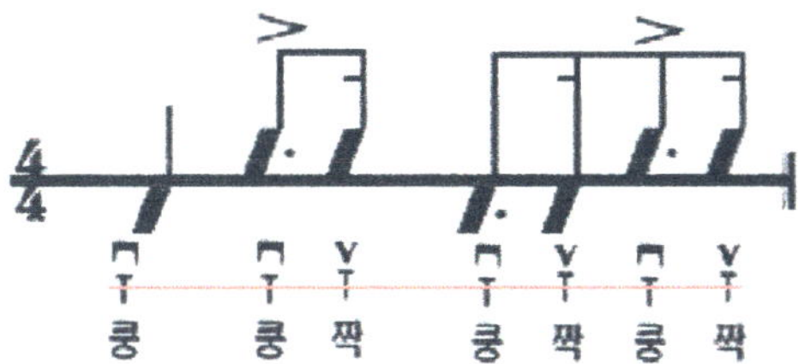

45. 칼립소(Calypso)리듬 알아보기

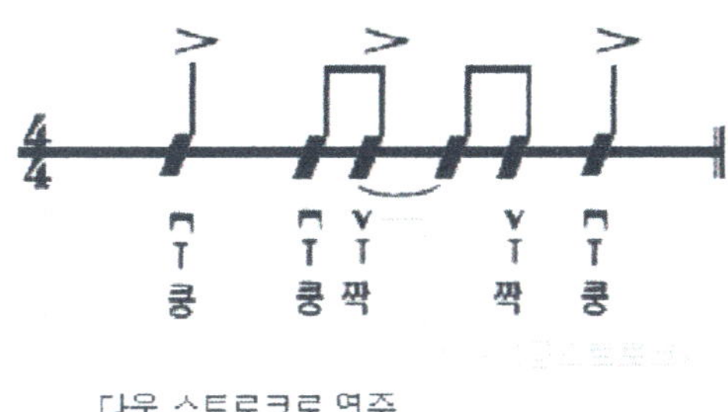

46. 슬로우고고(SlowGoGo)리듬 알아보기

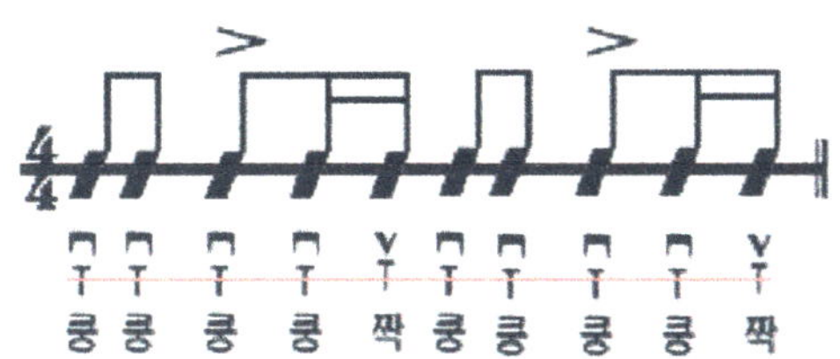

47. 슬로우락(Slow Rock)리듬 알아보기

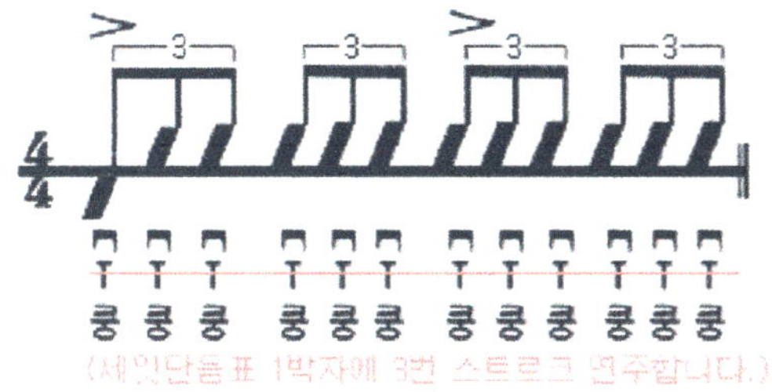

48. 고고(GoGo)리듬 알아보기

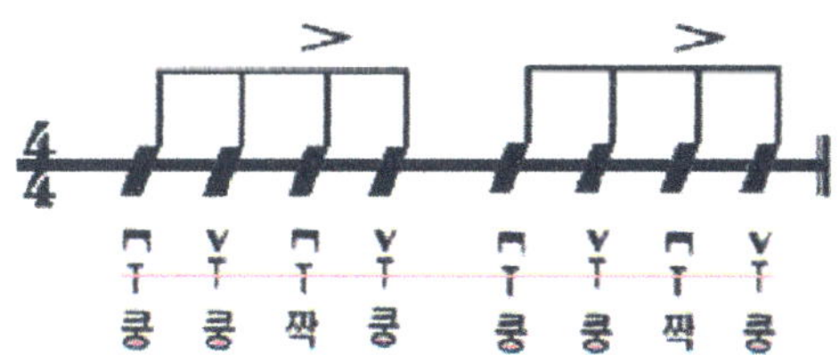

49. 레게(Reggae)리듬 알아보기

50. 아르페지오(Arupageio) 알아보기

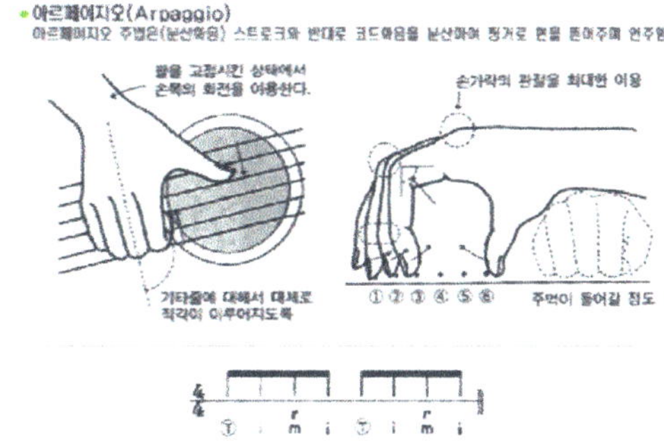

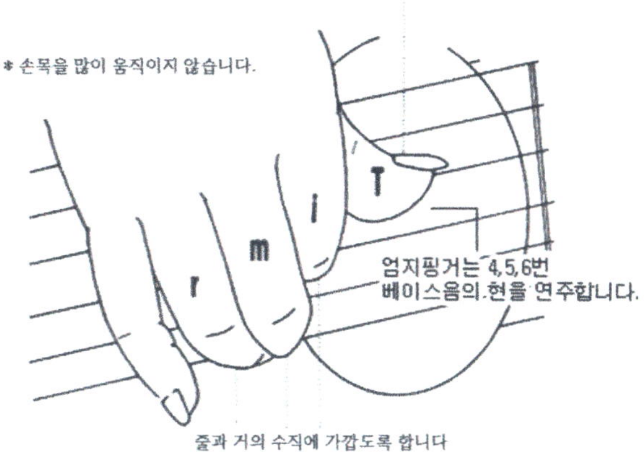

4/4박자 아르페지오

각각 담당하는 줄이 정해져 있으므로 항상 그 줄을 칠 수 있도록 준비해야 합니다.

페턴 1

4/4 박자의 전형적인 아르페지오 패턴입니다
2박과 4박에서 기타의 2번줄과 1번줄을 동시에 튕기는 점에 유의 하세요

You are My sun Shine

53. 비와당신-박중훈(영화 라디오스타OST) 전체연주

비와당신-박중훈(영화 라디오스타O.S.T)

작사.작곡 : 방준석

54. 비와당신-박중훈(영화 라디오스타OST) 전주부분

55. 비와당신-박중훈(영화 라디오스타OST) 노래부분

56. 비와당신-박중훈(영화 라디오스타OST) 후렴부분

57. 비와당신-박중훈.엔딩부분

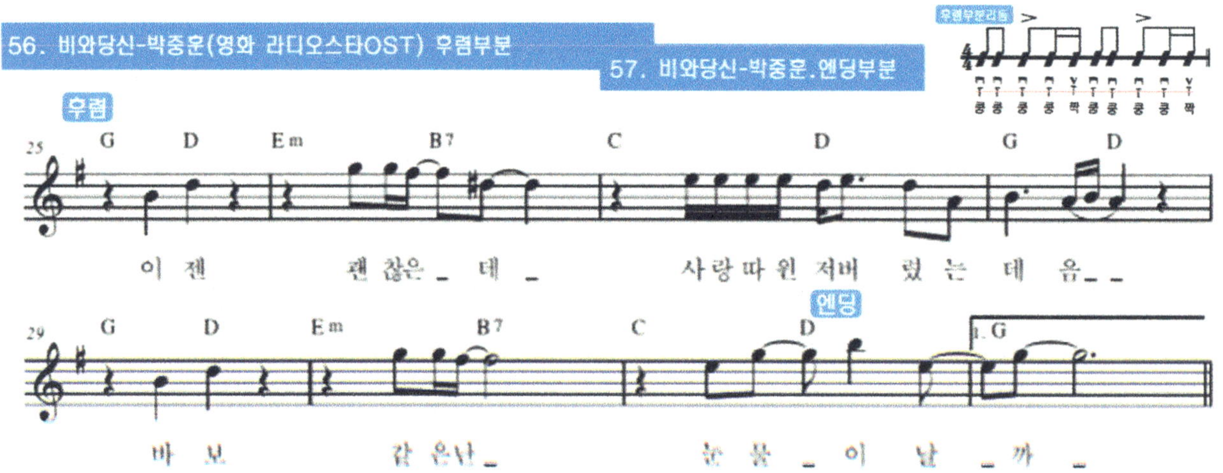

나 비 야 (독일민요)

C
G7
C Key
쿵 쿵 쿵 쿵
나 비 야 나 비 야 이 리 날 아 오 너 라
솔 미 미 파 레 레 도 레 미 파 솔 솔 솔
노 랑 나 비 흰 나 비 춤 을 추 며 오 너 라
솔 미 미 미 파 레 레 도 미 솔 솔 미 미 미
봄 바 람 에 꽃 잎 도 방 긋 방 긋 웃 으 며
레 레 레 레 레 미 파 미 미 미 미 미 파 솔
참 새 도 짹 짹 짹 노 래 하 며 춤 춘 다
솔 미 미 파 레 레 도 미 솔 솔 미 미 미

곰세마리

C
쿵 쿵 짝 자 쿵 쿵 짝 자

도 도 도 도 도 미 솔 솔 미 도 솔 솔 미 솔 솔 미 도 도 도
곰 세 마 리 가 한 집 에 있 어 아 빠 곰 엄 마 곰 아 기 곰

솔 솔 미 도 솔 솔 솔 솔 솔 미 도 솔 솔 솔
아 빠 곰 은 뚱 뚱 해 엄 마 곰 은 날 씬 해

솔 솔 미 도 솔 솔 솔 라 솔 도 솔 도 솔 미 레 도
아 기 곰 은 너 무 귀 여 워 으 쓱 으 쓱 잘 한 다

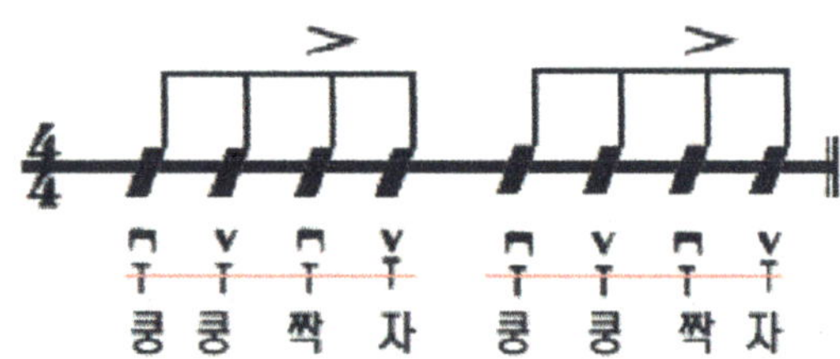

비행기

C G F
미 레 도 레 미 미 미 레 레 레 미 미 미
떴 다 떴 다 비 행 기 날 아 라 날 아 라
미 레 도 레 미 미 미 레 레 미 레 도
높 이 높 이 날 아 라 우 리 비 행 기
라 솔 파 솔 라 라 라 솔 솔 솔 라 라 라
내 가 만 든 비 행 기 날 아 라 날 아 라
라 솔 파 솔 라 라 라 솔 솔 라 솔 파
멀 리 멀 리 날 아 라 우 리 비 행 기

작은별

C
F
G7
2/4
T 쿵 쿵 쿵 쿵
C Key
C
F
C
G7
C
G7
C
도 도 솔 솔 라 라 솔 파 파 미 미 레 레 도
반 짝 반 짝 작 은 별 아 름 답 게 비 치 네
C
G7
C
G7
C
G7
C
G7
솔 솔 파 파 미 미 레 솔 솔 파 파 미 미 레
동 쪽 하 늘 에 서 도 서 쪽 하 늘 에 서 도
C
F
C
G7
C
G7
C
도 도 솔 솔 라 라 솔 파 파 미 미 레 레 도
반 짝 반 짝 작 은 별 아 름 답 게 비 치 네

주먹쥐고

D
A7
G

4/4
> >
쿵 쿵 짝 자 쿵 쿵 짝 자

D A7 D D A7 D
주 먹 - 쥐고 손을 펴 - 서 손뼉 - 치 고 주 - 먹 쥐 고
파# 파# 미 레 레 미 미 파# 미 레 라 라 솔 파# 파# 미 레 미 파# 레
2 2 2 0 2 2 2 0 0 0 2 0 2 0 0 3 2 2 0 2 0 0 2 2

D G D D G A7
또 다 시 펴 서 손뼉 치 - 고 두 - 손 을 머 리 위 에
파# 파# 솔 라 라 시 시 라 솔 파# 파# 솔 라 라 시 시 시 라
2 2 3 3 0 0 0 2 2 0 3 2 2 3 3 0 0 0 2 2 2 0

D A7 D D A7 D
해 님 이 반 짝 해 님 이 반 - 짝 해 님 이 반 짝 반 짝 거 려 요
파# 파# 미 레 레 미 미 미 파# 미 레 라 라 솔 파# 파# 미 레 미 파# 레
2 2 2 0 2 0 2 2 0 0 0 2 0 2 0 0 3 2 2 0 2 0 2 2

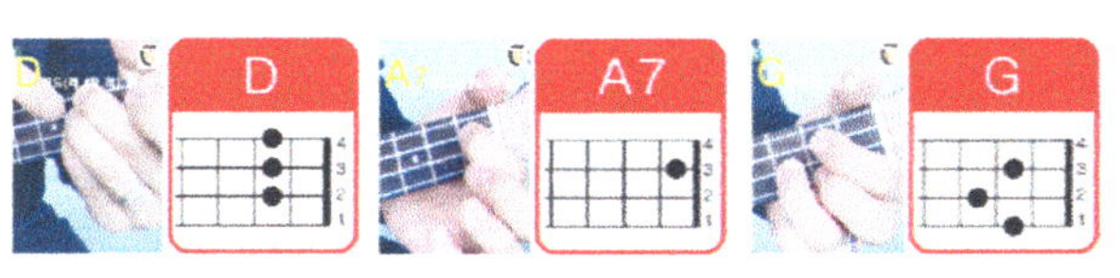

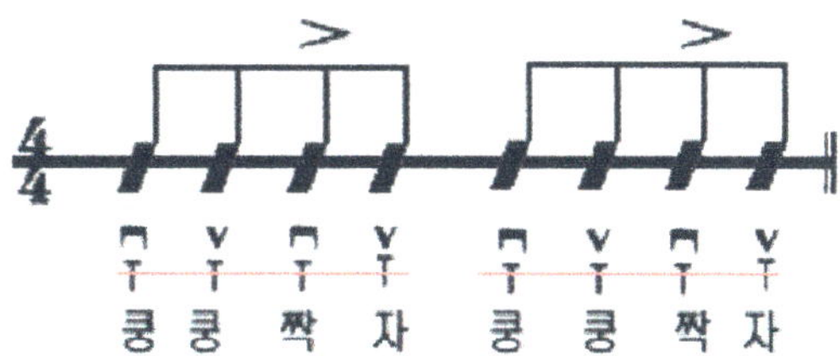

뻐꾸기

F
C7
F F C7 F
도 라 도 라 솔 파 솔 파
3 0 3 0 3 1 3 1
뻐 꾹 뻐 꾹 봄 이 가 네
C7 C7 F F
솔 솔 라 시♭ 솔 라 라 시♭ 도 라
3 3 0 1 3 0 0 1 3 0
뻐 꾸 기 소 리 잘 가 란 인 사
F F C7 F
도 라 도 라 시♭ 라 솔 파
3 0 3 0 1 0 3 1
복 사 꽃 이 떨 어 지 네

브람스 자장가

E Key
E E A E
솔# 솔# 시 솔# 솔# 시 솔# 시 미 레# 도# 도# 시
B7 B7 B7 E
파# 솔# 라 파# 파# 솔# 라 파# 라 레# 도# 시 레# 미
A E B7 E
미 미 미 도# 라 시 솔# 미 라 시 도# 시
A E B7 E
미 미 미 도# 라 시 솔# 미 라 시 라 솔# 파# 미

도레미송 -1-

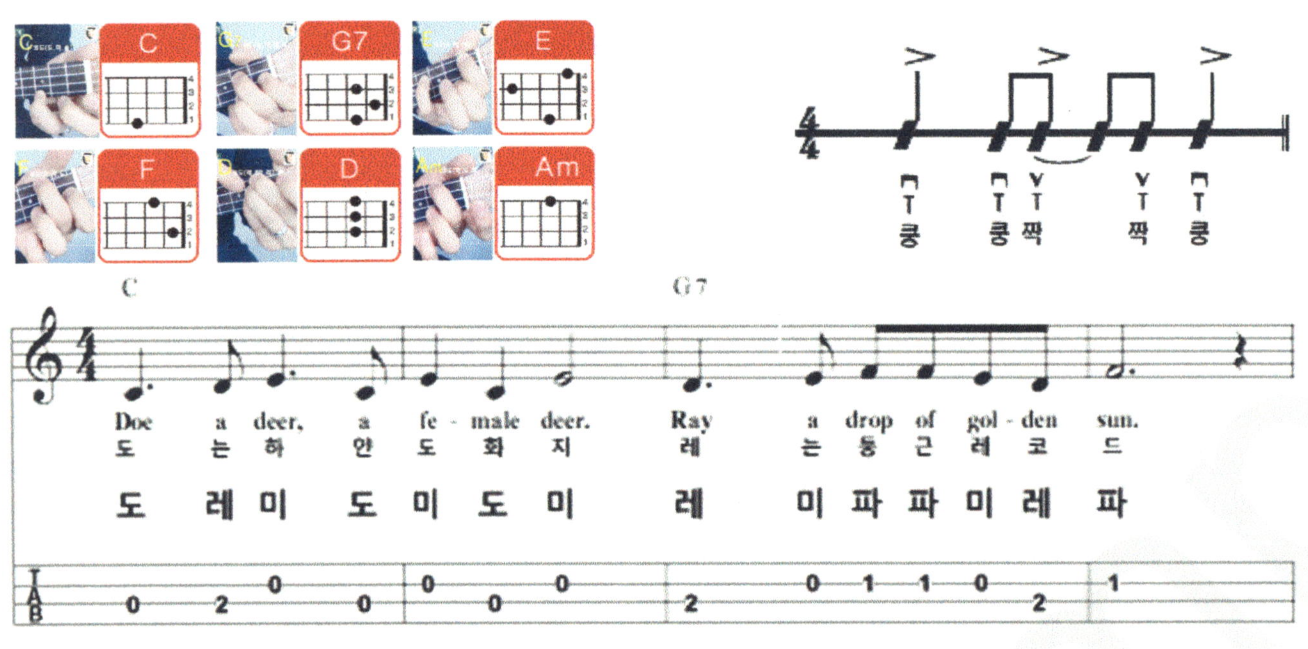

C G7 E F D Am
4/4
쿵 쿵 짝 짝 쿵
C
Doe a deer, a fe - male deer. Ray a drop of gol - den sun.
도 는 하 안 도 화 지 레 는 둥 근 레 코 드
도 레 미 도 미 도 미 레 미 파 파 미 레 파
G7

C
Me a name I call my - self. Far a long, long way to run.
미 는 파 란 미 나 리 파 는 예 쁜 파 랑 새
미 파 솔 미 솔 미 솔 파 솔 라 라 솔 파 라
F

C
Sew a nee - dle pull - ing thread. La a note to fol - low sew.
솔 은 작 은 술 방 울 라 는 라 디 오 고 요
솔 도 레 미 파 솔 라 라 레 미 파# 솔 라 시
F D G7

E
Tea a drink with jam and bread. That will bring as back to doe,
시 는 졸 졸 시 냇 물 다 - 함 께 부 르 자
시 미 파# 솔# 라 시 도 시 시b 라 파 시 솔 도
Am F G7 C

Do re mi fa so la ti do do ti la so fa mi re do mi mi mi so so re fa fa la ti ti
도레미파솔라시 도도시라솔파미레 도미미미솔솔 레파파라시시
do mi mi mi so so re fa fa la ti ti so do la fa
도미미 미솔솔 레파파 라시시 솔 도 라 파
mi do re so do la ti
미 도 레 솔 도 라 시
do re do Do re mi fa so la ti do so do!
도 레 도 도 레 미 파 솔 라 시 도 솔 도

징글벨

-1-

G
C
D
A
G Key
쿵 쿵 쿵 쿵
G   G   G   C
흰 눈 사 이 로   썰 매 를 타 고
레 시 라 솔 레   레 시 라 솔 미
C   D   D   G
달 리 는 기 분   상 쾌 도 하 다 -
미 도 시 라 파#   레 레 도 라 시 솔
G   G   G   C
종 이 울 려 서   장 단 맞 추 니
레 시 라 솔 레   레 시 라 솔 미
C   D   D   G   D
흥 겨 워 서 소   리높 옐 노 래 부 른 다 오
미 도 시 라 레   레레 레 미 레 도 라 솔 레

G Key
G   G   G   G
종 소 리   울 려 라   종 소 리   울 려
시 시 시   시 시 시   시   레 솔   라 시
C   G   A   D
우 리 썰 매 빨 리 달 려   종 소 리 울 려 라
도 도 도   도 도 시 시 시   시 라 라 솔   라 레
G   G   G   G
종 소 리   울 려 라   종 소 리   울 려
시 시 시   시 시 시   시   레 솔   라 시
C   G   D   G
기 쁜 노 래 부 르 면 서   빨 리 달 리 자
도 도 도   도 도 시 시 시   레 레 도 라   솔

창밖을 보라

-1-

C G7 F D
쿵 쿵 짝 자 쿵 쿵 짝 자
창 밖 을 보 라 창 밖 을 보 라 흰 눈 이 내 린 다
솔 솔 솔 솔 미 솔 솔 솔 솔 미 솔 솔 미 솔 도 시
창 밖 을 보 라 창 밖 을 보 라 찬 겨 울 이 왔 다
레 레 레 레 도 시 시 시 시 라 솔 솔 솔 파 파 미
썰 매 를 타 는 어 린 애 들 은 해 가 는 줄 도 모 르 고
솔 솔 솔 솔 미 솔 솔 솔 솔 미 솔 솔 미 솔 솔 도 도 시
눈 길 위 에 다 썰 매 를 깔 고 즐 겁 게 달 린 다
레 레 레 레 도 시 시 시 시 라 솔 솔 솔 라 시 도

긴 긴 해 가 다 가 고 - 어 둠 이 오 면
파 도 파 라 도 도 도 - 솔 미 도 미 솔
오 색 빛 이 찬 란 한 - 거 리 거 리 의 성 탄 빛
파 도 파 라 도 도 도 - 도 레 도 시 라 솔 라 시
추 운 겨 울 이 다 가 기 전 에 마 음 껏 즐 기 자
솔 솔 솔 솔 미 솔 솔 솔 솔 미 솔 솔 미 솔 도 시
맑 고 흰 눈 이 새 봄 빛 속 에 사 라 지 기 전 에
레 레 레 레 도 시 시 시 시 라 솔 솔 솔 라 시 도

루돌프 사슴코

-1-

C
G7
F
Dm
D
G
쿵 쿵 짝 자 쿵 쿵 짝 자
루 돌 프 사 슴 코 는 매 우 반 짝 이 는 코
솔 라 솔 미 도 라 솔 솔 라 솔 라 솔 도 시
만 일 네 가 봤 다 면 불 붙 는 다 했 겠 지
파 솔 파 레 시 라 솔 솔 라 솔 라 솔 라 미
다 른 모 든 사 슴 들 놀 려 대 며 웃 었 네
솔 라 솔 미 도 라 솔 솔 라 솔 라 솔 도 시
가 엾 은 저 루 돌 프 외 톨 이 가 되 었 네
파 솔 파 레 시 라 솔 솔 라 솔 라 솔 레 도

안 개 낀 성 탄 절 날 산 타 말 하 길
라 라 도 라 솔 미 솔 파 라 솔 파 미
루 돌 프 코 가 밝 으 니 썰 매 를 끌 어 주 렴
레 미 솔 라 시 시 시 도 도 시 라 솔 파 레
그 후 론 사 슴 들 이 그 를 매 우 사 랑 했 네
솔 라 솔 미 도 라 솔 솔 라 솔 라 솔 솔 도 시
루 돌 프 사 슴 코 는 길 이 길 이 기 억 되 리
파 솔 파 레 시 라 솔 솔 라 솔 라 솔 솔 레 도

We Wish You A Merry Christmas

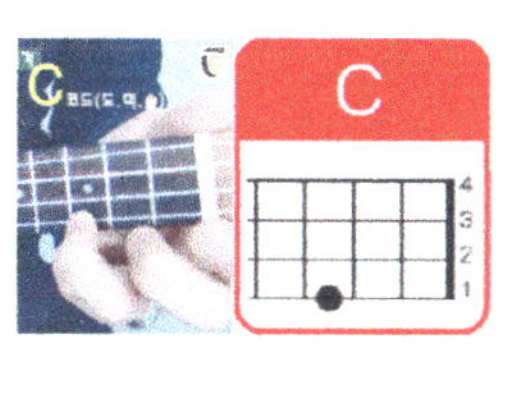

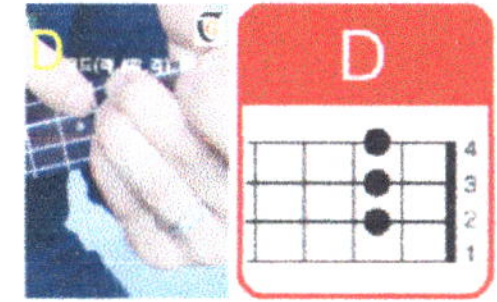

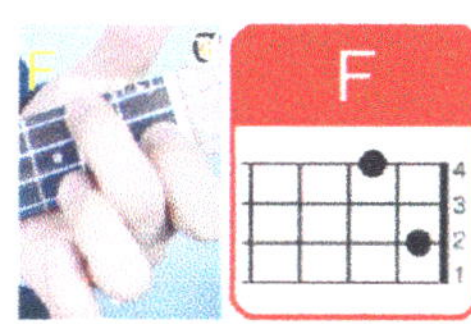

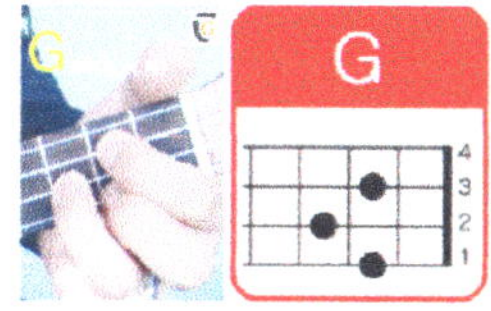

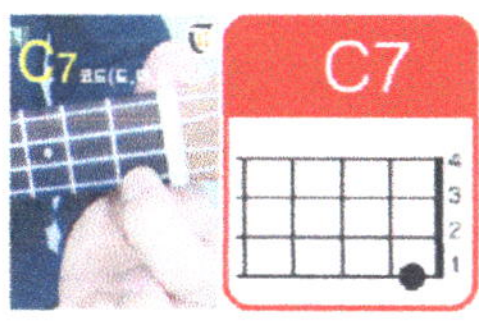

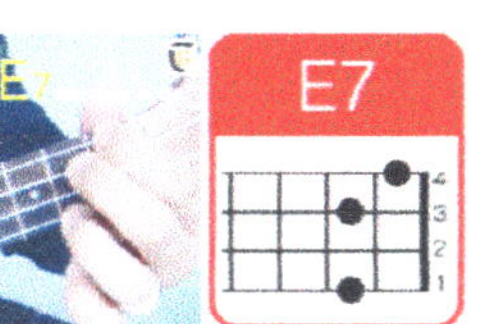

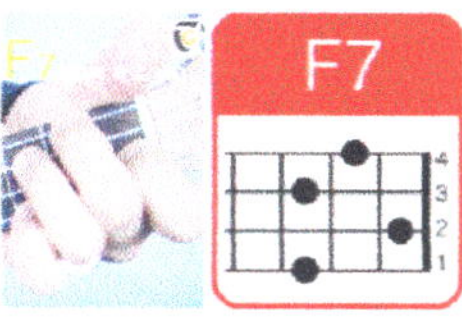

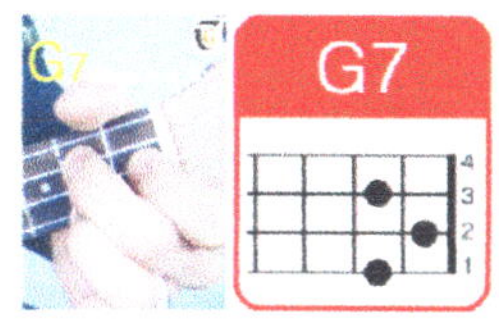

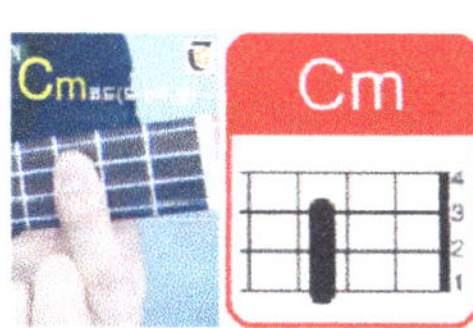

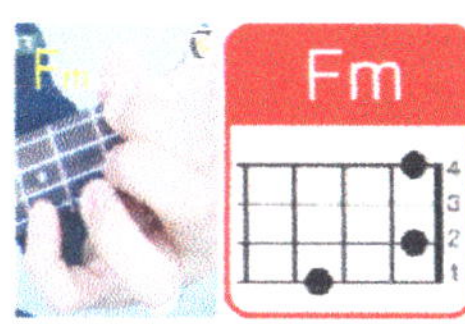

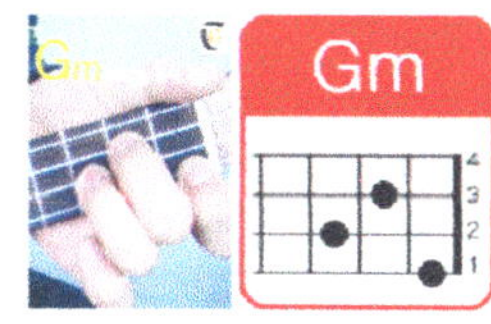

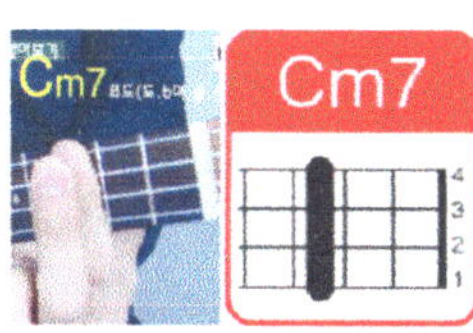

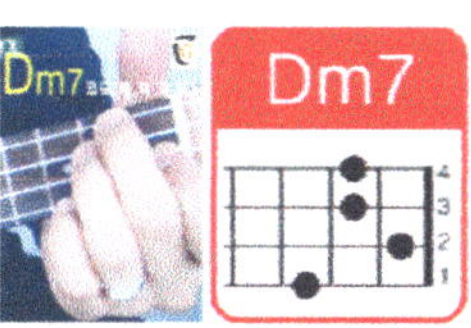

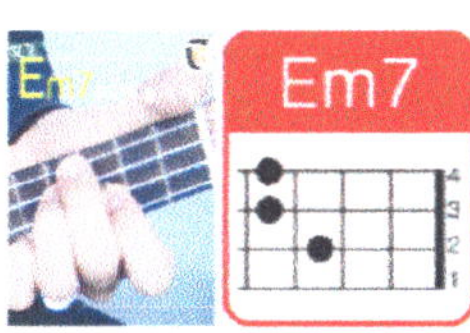

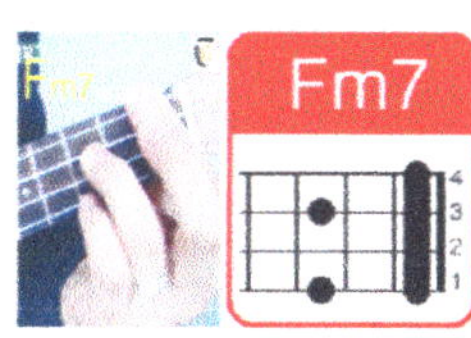

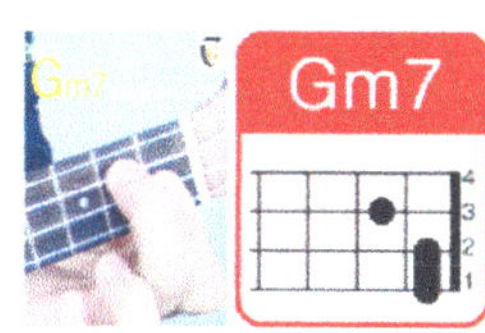

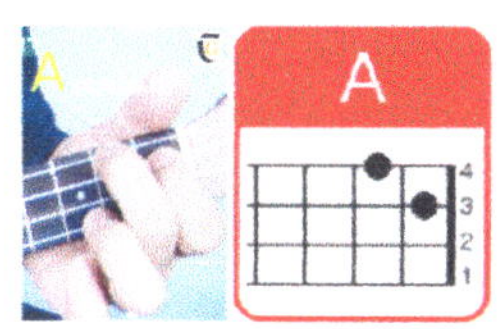

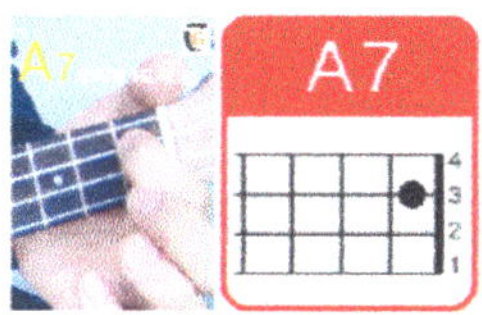

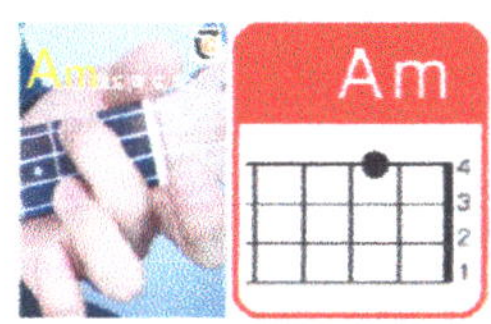

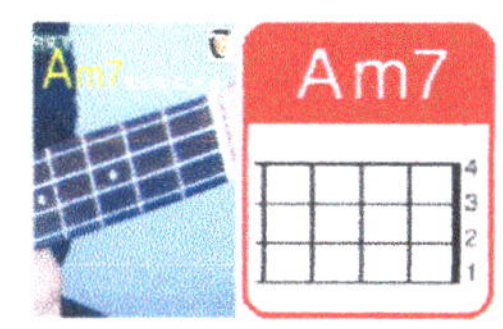

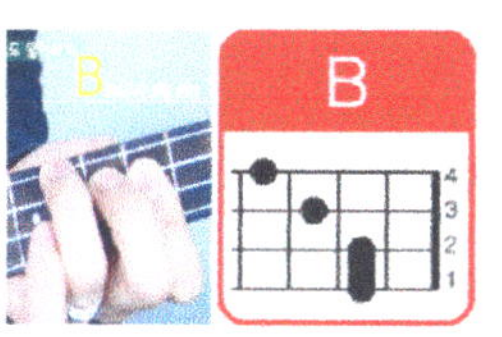

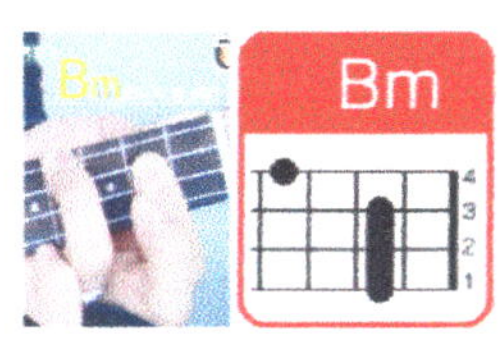

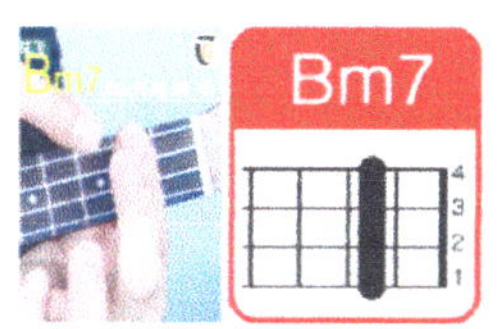

코드잡는법(왼손)

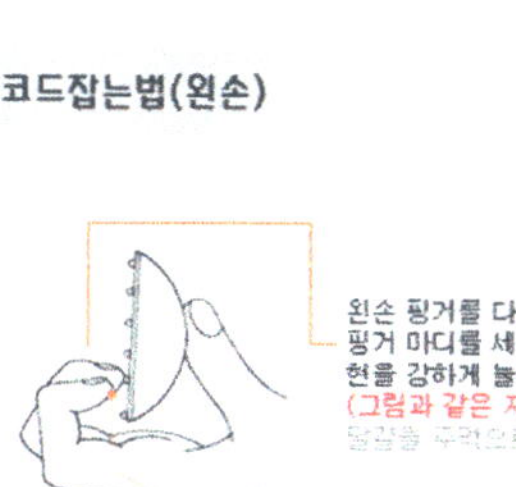
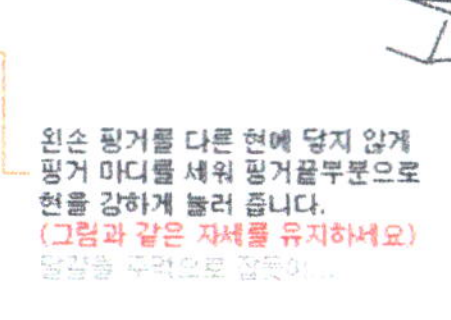

왼손 핑거를 다른 현에 닿지 않게
핑거 마디를 세워 핑거끝부분으로
현을 강하게 눌러 줍니다.
(그림과 같은 자세를 유지하세요)

이부분이 다른줄에 닿지 않게 잡아주세요!

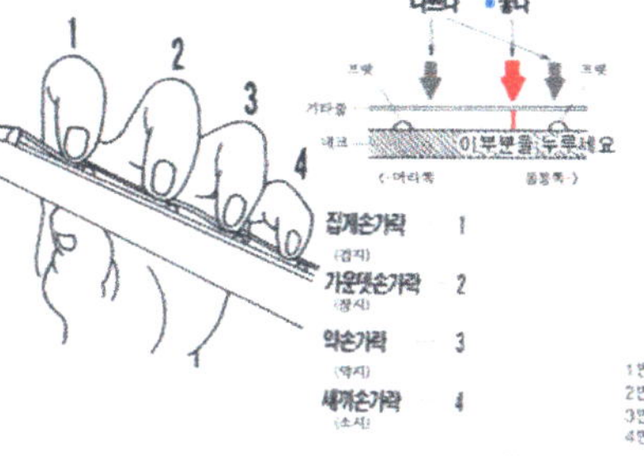

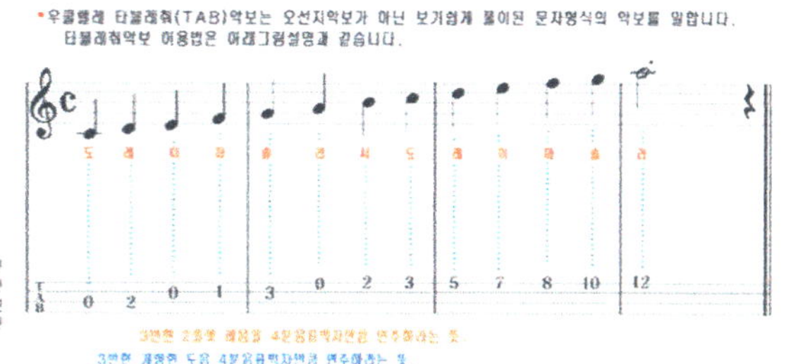

스트록(오른손)

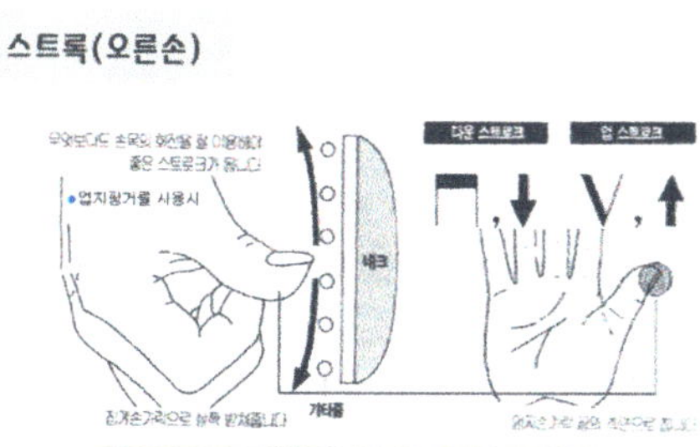

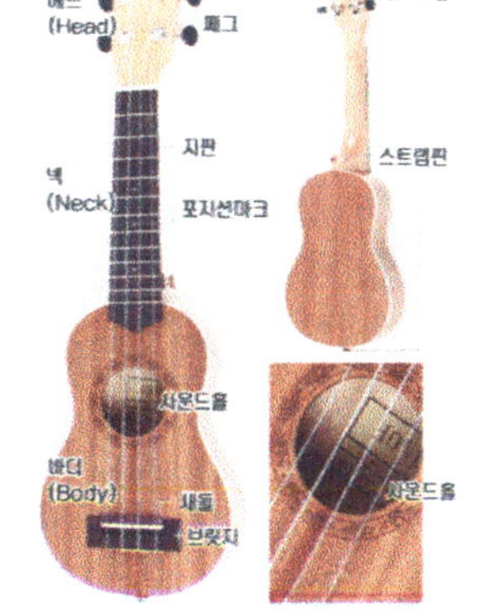

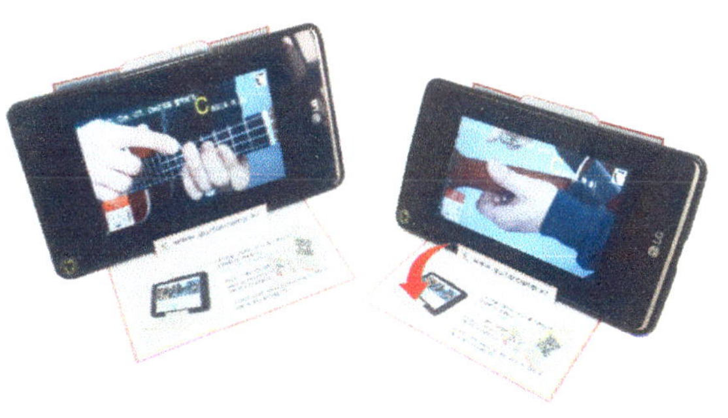

엄지손가락 스트록 : 부드럽고 조용한 사운드 연주시 이용!
검지손가락 스트록 : 빠르고 경쾌한 사운드 연주시 이용!